# Decidí Vivir

## Buscando la muerte encontré la vida

*Julie K. Hersh*

GREENLEAF
BOOK GROUP PRESS

Published by Greenleaf Book Group Press
Austin, Texas
www.gbgpress.com

Distribuido por Greenleaf Book Group.
Para información sobre pedidos o descuentos especiales por compras al mayor, favor contactar a Greenleaf Book Group al PO Box 91869, Austin, TX 78709, (512) 891-6100.

Traducción del inglés: Jorge C. Correa
Portada: Ramir Camu
Diseño de Interiores: Daniel Moreno
Coordinación editorial: Isabel Serrano

Título original en inglés: *Struck by Living*

Publisher's Cataloging-In-Publication Data

Hersh, Julie K.
  [Struck by living. Spanish]
  Decidí vivir : buscando la muerte encontré la vida / Julie K. Hersh ;
[English translation by] Jorge C. Correa.—First edition.

    pages ; cm

  Translation of: Struck by living.
  Issued also as an ebook.
  Includes bibliographical references.
  ISBN: 978-1-62634-141-8

  1. Hersh, Julie K.—Mental health. 2. Depression, Mental. 3. Depression in women.
4. Electroconvulsive therapy—Patients. 5. Suicidal behavior. I. Correa, Jorge C. II. Title.
III. Title: Struck by living.
RC537 .H4718 2014
616.85/27/0092                                                                    2014943151

ISBN 13: 978-1-62634-141-8

TreeNeutral®

Impreso en Estados Unidos en papel libre de ácido

14  15  16  17  18  19    10  9  8  7  6  5  4  3  2  1

First Edition

# Índice

El autoengaño es una fortaleza resistente;
durará toda la vida.

La verdad es un rayo perdido,
y el fuego que enciende puede arrasar con mi casa.
Me pides que anhele la verdad, Señor;
pero ¿quién elegiría ser azotado por el fuego?

A menos que de sus llamas salga una gran  luz,
a menos que el rayo que siembra el terror
ilumine tanto como para mostrar los límites
donde termina el terror,
y en esos límites, perdurables y vivos,
me vea a mí misma
y una nueva esperanza.

*Joanne Greenberg*

Encontré este poema de Greenberg mientras asistía
a los servicios de Yom Kipur. Era parte de las *Puertas
del Arrepentimiento, El nuevo libro de oraciones de la
Unión de los Días del Temor* (Conferencia Central
de Rabinos Americanos, 1978, p. 237). Además de
otras numerosas obras, la autora  también escribió
*Nunca te prometí un jardín de rosas,* un libro sobre su
propia experiencia psiquiátrica.

# 1

# El garaje

*I*ntenté suicidarme tres veces.

Ésta era la tercera vez que lo intentaba y ahora tenía que funcionar. El motor de mi camioneta sonaba prometedor. Cerré los ojos e intenté relajarme.

En el estéreo, el rasgueo de una guitarra me rodeaba en aquel santuario interior finamente tapizado de mi camioneta. La música me llegaba desde lejos en ésa, mi primera misión del día. Era incapaz de sentir las notas. El sonido ya no me retumbaba en el pecho.

Mis dedos acariciaron los suaves asientos, mientras aspiraba el aroma a cuero nuevo que hacía cosquillear mi nariz. Mi camioneta *Escalade* estaba encendida; la palanca en neutral y la puerta del garaje, cerrada. El mapa en el GPS de mi coche mostraba, al igual que el mapa de mi propia vida, un destino fijo.

Me incliné hacia el frente para adelantar el CD y el cinturón de mi asiento me dio un tirón. ¡Qué idiota! Me lo desabroché. Ningún policía iba a patrullar dentro de mi garaje. Ya no necesitaba ningún cinturón de seguridad. Quería poner fin a mi vida. Quería una muerte sin sangre, rápida y segura.

Antes de este tercer intento, en mi patio trasero había repasado la lista de posibilidades. Nada de armas de fuego o cuchillos —demasiado sucio, doloroso—. Las píldoras parecían arriesgadas; una soga, agotador.

Sopesé las alternativas con precisión y tracé una carta de navegación en mi mente. Cada ventaja y desventaja ordenada con fría lógica.

Cinco meses antes, en el primer intento, escribí una nota y llegué a sostener un cuchillo en mis manos, pero no me pude cortar. Mi esposo, Ken, me encontró con el cuchillo apoyado en la muñeca. Dos meses más tarde volví a intentarlo. Al borde de un acantilado me di cuenta que la bajada irregular tenía muchas salientes que podrían detener mi caída. Pensé que podría quedar sólo paralizada. No quería tener que explicar eso en sesiones de terapia física.

Entré a la casa buscando el método adecuado. La pregunta me obsesionaba, me seguía de una habitación a otra. En el fregadero de la cocina me serví agua en un vaso y bebí el líquido a tragos. Abajo del fregadero vi otras opciones. *El destapador de caños Liquid-Plumr, los productos de limpieza Resolve y Tilex.* No, no era ése el camino. La búsqueda de los medios adecuados para conseguir mi propio fin continuó. Pasé los dedos sobre algunos objetos afilados; examiné la letra pequeña en las etiquetas de los medicamentos, tanto de los nuevos como las de los que ya habían caducado.

Cada habitación presentaba opciones, pero sentía que ninguna era la apropiada. ¿Una caída?, pensé. Tal vez podría hacer que pareciera un accidente. Seguro. Quizás en el primer intento, pero no en el tercero.

Incapaz de terminar con mi vida, salí a hacer unas compras. Necesitábamos leche. Conduje mi coche, me estacioné y puse las luces intermitentes… Caminé por el pasillo de la tienda y busqué leche baja en grasa. Nadie se enteró, nadie preguntó. ¿Bolsa de papel o plástico? ¿Plástico? ¿Serviría? *No, muy delgado.* Elegí papel y saqué mis llaves.

De regreso a casa apagué la radio. Concentración. Una cosa a la vez. Los pensamientos se tensaban, como si les faltara oxígeno. Desalentada, metí mi auto al garaje. En ese momento nació la idea, justo cuando se cerraba la puerta del garaje. *Muerte por monóxido de carbono.*

El garaje principal no serviría: demasiado grande, se usaba con mucha frecuencia. Los niños podrían interrumpirme accidentalmente, como siempre lo hacían cada vez que hablaba por teléfono o cuando me llevaba una cucharada a la boca. La muerte tardaría menos en el garaje pequeño e independiente de la casa. *Relativamente indoloro, limpio, menos traumático para la persona que me encontrara.* Ése era el fin que más me convenía. Me sentía excitada. Decidida.

Una vez que el "cómo" estuvo resuelto me concentré en el "cuándo", el momento correcto. ¿Quién me iba a encontrar? No mis hijos, no; mi esposo no, ni tampoco mi madre. No podía permitir que ellos tropezaran con mi cadáver. ¿Quién me encontraría? Esa pregunta me asedió tanto como la primera.

La puerta a mis espaldas se abrió y luego se cerró con rapidez. Los pasos de Margaret se acercaron a mí; sus tacones resonaban en el piso de azulejo. Margaret era mi asistente. Ken la había contratado hacía unos meses como ama de llaves, niñera y madre sustituta en lugar mío, la madre discapacitada.

*Sí, sería lo mejor* —pensé—. *Sin parentesco sanguíneo. Temprano, por la mañana, después de que Ken se haya ido a trabajar. Puedo hacerlo enton-ces.* Margaret me sonrió, con su rostro maquillado con mucho esmero; con cada uno de sus cabellos castaños puestos mágicamente en su lugar sin importar hacia donde volteara la cabeza. Inclinando la barbilla me preguntó si podía hacer algo para ayudar. *Sí puedes* —seguí pensando—, *mientras negaba con la cabeza.*

—Becka, quédate parada allí.

Andrew, mi hijo de siete años, señalaba los escalones en la parte menos profunda de la piscina. Becka le hizo caso, ávida de atención por parte de su hermano mayor. Con menos de dos años de diferencia, los dos habían llegado a esa edad en la que podían entretenerse solos. Peleaban, pero no con frecuencia. Andrew ordenaba y Becka obedecía.

Yo los observaba desde la parte más profunda de la alberca, segura de que su vida sería mejor sin mi presencia. Ken nos sorprendió al regresar temprano del trabajo; sin duda tenía temor de dejarme sin supervisión una vez que Margaret se hubiera marchado.

Saltó al agua, salpicando de gotas el pálido piso de piedra. Nadó hacia mí bajo el agua y luego salió a la superficie a mi lado. Intercambiamos saludos, un beso, y me arrastró hacia la parte menos profunda, cerca de los niños.

—Haz un puente con las piernas, mamá —ordenó Becka—. Voy a cruzar nadando.

Obedecí, pero me sentía distante. Mi aislamiento aumentaba cada vez más. Vi cómo las piernas de Becka pataleaban debajo de mí y desa-parecían.

La conversación se estancó. Me salí. Secándome con una toalla, me fui sin darles ninguna explicación. Necesitaba ver el garaje, ése que había sido construido independientemente de la casa: el futuro espacio de mi desconexión definitiva. Pensaba suicidarme temprano, la mañana siguiente, después de que Ken se hubiera ido al trabajo. Los niños y mi madre estarían durmiendo. Margaret, el ama de llaves, llegaba a trabajar a las 8:30 de la mañana. Yo quería estar muerta antes de que ella llegara.

Cita con la muerte, hora reservada.

Por esos días, nuestro pequeño garaje se había convertido en el armario de la casa, con montones de cosas apiladas de las cuales yo no podía deshacerme. Nunca nos estacionábamos allí dentro. Antes, en algún momento, tenía el propósito que usaría todo; reciclaría, reutilizaría, le encontraría alguna utilidad a lo que ahí guardábamos. Ese día no. Apilé las cajas, ordené las herramientas y doblé la ropa que le quedaba chica a los niños. Necesitaba hacer espacio para mi camioneta. El tiempo pasó volando. Mis acciones eran impulsadas por una convicción que no había sentido en más de un año. Cuando terminé, me sacudí el polvo y volví a la piscina.

Ken sostenía a Becka en la cadera, mientras lanzaba una pelota de béisbol a Andrew, que seguía en la parte menos profunda. Béisbol acuático. Un lanzamiento que terminaba en el jacuzzy que estaba junto a la piscina; anotaba un jonrón en forma automática. Me zambullí.

—¿Dónde estabas? —gritó Ken por encima del hombro.

—En el garaje —mis brazos se movían en un suave estilo de pecho—, limpiando.

—¿En serio?

Sonrió. Había estado pidiéndome por más de un año que ordenara ese garaje. Para él, que yo limpiara parecía ser una señal de esperanza.

Después de eso, no puedo recordar qué sucedió en mi "casi" último día en la tierra. No recuerdo mi "casi" última comida. Impresionante. A pesar de que a menudo olvido los nombres, recuerdo las comidas con lujo de detalle. Mi madre estaba de visita. ¿Cuáles fueron mis "casi" últimas palabras para ella? ¿Qué le dije a mis hijos, a mi esposo? ¿Hice el amor con mi marido?

No recuerdo.

Estaba paralizada, un muerto viviente, un fantasma en un cuerpo que alguna vez fue lleno de vida. *Pronto, pronto,* —pensé— *la vida se acabará, pronto*. Yo quería que la mañana llegara rápido. No quería darle más vueltas a las últimas comidas ni a los últimos pensamientos. Ya me sentía muerta. La asfixia había comenzado mucho antes de que la puerta del garaje se cerrara.

Me serví agua en un vaso con hielo y miré el reloj del microondas. Las 7 de la mañana. Todo marchaba de acuerdo con mi plan.

Me sentía confundida, como con una resaca que no terminaba nunca. Los medicamentos no eran la causa del aturdimiento: sólo tomaba un antidepresivo suave. La bruma en mi cerebro la sentía todo el tiempo.

Entré en el garaje principal, abrí la puerta del coche y puse mi vaso en el portavasos. Con el cinturón de seguridad abrochado, saqué las llaves de mi bolsillo. Tintinearon. Los dientes plateados desaparecieron en la chapa de encendido.

Mis ojos recorrieron el garaje antes de girar la llave.

Los bates y pelotas de béisbol se amontonaban en el rincón y en cada poste colgaban los guantes de cada uno de los miembros de nuestra familia. El béisbol nunca fue fácil para mí, pero mis hijos cachaban y lanzaban la pelota casi como por instinto. Tenían reflejos rápidos y mantenían la calma en la base. Mi guante marca Rawlings colgaba de la percha izquierda.

¿Quién usará mi guante?

Ese pensamiento no me detuvo ni llevó lágrimas a mis ojos. Más bien, la visión de otra persona me tranquilizó. *Seré remplazada. Sin mí, mi familia podrá sanar.*

Guardábamos nuestro equipo deportivo en el garaje principal. ¡Qué alivio! Después de que me haya ido, mis hijos no tendrán que ver el lugar donde me suicidé.

Salí del garaje principal como lo había hecho infinidad de veces para llevar a los niños a la escuela, para hacer compras, para hacer trabajo voluntario o visitar amigos. Esta vez, mi salida tenía un objetivo final. Giré el volante y entré en el pequeño garaje. En el espejo retrovisor vi bajar cada panel de la puerta del garaje. Dejé el motor andando.

En el tablero, las manecillas del reloj marcaban la hora en una carátula sin números.

¿Sentiré la muerte? ¿Sólo me quedaré dormida? ¿Vomitaré? Imaginaba el vómito enmarañado en mi cabello castaño y lacio; salpicado como queso cuajado en la tapicería color canela del coche. *No van a poder vender el auto.*

Escuché que el CD pasaba a la cuarta pista.

Recargué la cabeza en el volante. ¿Sentiría que me quemaba la garganta? ¿Las ventanas deben estar cerradas o abiertas? Estaban cerradas. Las abrí, pero no pareció cambiar nada; no en forma significativa. Las volví a cerrar.

*Ten paciencia* —me dije—. La voz de mi madre llegó a mí desde algún lugar lejano, de un sermón que yo había oído durante mi adolescencia. *No busques siempre la gratificación inmediata.* Mis propios pensamientos intervinieron, un dúo perfecto. ¿Crees que va a ser fácil? ¿Qué esperas?

*Quiero que se detenga. Quiero que se acabe. Estoy cansada de esperar.*

La pantalla digital cambió a la pista ocho.

Mi madre no es cariñosa, pero tampoco es un demonio. Es dolorosamente honesta. Sus brillantes ojos azules analizan la realidad con rapidez; emite sus juicios con sarcasmo. Es divertida, casi histérica, a menos que la verdad tenga un punto débil. Mamá tiene el ingenio irlandés: rápido, poético, cortante. A menudo me deja sin habla; admiro la habilidad del arte de su incisión. Por lo general, soy lenta para defenderme verbalmente, por eso escribo. Horas después de que una conversación ha pasado, mis respuestas me llegan como chispas. Las escribo en mi diario, con la esperanza de que la próxima vez pueda responder a tiempo. Mi diario no me acompañaba en ese viaje. Nada de diarios. Ni pluma ni papel. Usualmente no me siento con las manos ociosas cuando tengo que hacer tiempo, sobre todo para la última hora de mi vida. Por lo general, en momentos críticos, escribo en un papel, como un intento obstinado de deshacer los nudos de mi vida. Esta vez no. No tenía una razón para hacerlo. No tenía una única razón, sino más bien toda una vida de razones. No podía hacer que cupieran en una página.

Pista catorce.

Escuché música de guitarra en el estéreo, pero no sentí nada. Los rasgueos de esa guitarra alguna vez significaron algo para mí, pero no aquella mañana.

¿Alguna vez sentí algo? No. Soy anormal. Quiero que se detenga la vida. ¿Por qué no para? ¿Por qué no se detiene la vida? ¿Por qué no dejo de respirar?

El estéreo ya había tocado más de la mitad del siguiente CD cuando me di cuenta de la hora. Había pasado más de una hora en el garaje. ¿Por qué sigo viva?

*Tal vez el monóxido de carbono no está entrando al coche.* Salí del automóvil, el motor todavía estaba en marcha, y respiré tan profundamente como pude. Nada. Olí la gasolina, pero no sentí nada —ni náuseas, ni mareo, ni desmayo— apoyé mi muñeca en la frente. ¿Qué diablos pasa conmigo? ¿Cuánto tiempo se necesita para morir asfixiada?

El coche de Margaret llegó a la puerta del garaje. Escuché el portazo. ¿Cómo explicaré esto? Oí los tacones sobre el pavimento. Sus pasos se desvanecieron mientras se alejaban del garaje, hacia la casa. ¿No oye el coche? ¿No huele nada? Sus pasos se detuvieron. Una puerta se abrió y se cerró. Había entrado a la casa.

Miré mi reloj. Las 8:40. La rabia me explotó en el pecho. ¿Me puedes dejar morir por el amor de Dios? Le di una patada a un neumático. ¿Qué quieres de mí?

Esperé. Nada. Ni una voz de los cielos. Ningún ángel enviado por Dios. Ni la aparición de mi padre muerto. Estaba sola. El motor del auto sonaba.

Apagué el motor, me guardé las llaves en el bolsillo. Dejando la puerta principal del garaje cerrada, abrí la puerta lateral. El mundo tenía el mismo aspecto. El mismo concreto, el mismo ladrillo, el mismo calor implacable.

¡Mierda!

La puerta se cerró de un portazo detrás de mí, mientras yo salía a un sol deslumbrante.

## 2

# Una vida con decisiones

—¡Abran la puerta! Es el vendedor de pescado —grito desde arriba—. Estoy en el tercer piso. Me pongo los pantalones deportivos, tomo los zapatos y bajo atolondradamente los escalones de nuestra casa en Londres. Aquella mañana del garaje fue hace casi ocho años. Faltan tres meses para el maratón de Londres, necesito al menos una carrera larga esta semana.

—¡Necesitamos dinero! —Grita Andrew desde el primer piso. ¡Maldición! Cambio de rumbo. Subo rápidamente las escaleras. ¿Dónde demonios dejé mi bolso? ¿En el cuarto de baño? Abro la puerta y encuentro a Ken en el lavabo, la toalla en la cintura; se está afeitando.

—Aquí no —dice encogiendo los hombros—. Busca en la cocina.

La voz de Becka sube como flotando hacia el piso superior.

—Mamá, encontré tu bolso. Saqué 20 libras. Nos vemos afuera.

Sonrío. Becka, que ya tiene 12 años, agita el billete de veinte libras, lo maneja con la confianza de un habitante local. A sus 14, Andrew ya se desenvuelve perfectamente bien en el sistema de autobuses y en la maraña multicolor del Metro. Juega fútbol con sus compañeros en el Parque Regent y luego va al Mercado de Camden a comer comida china.

Sigo bajando. En la planta baja la puerta está abierta de par en par. Una ráfaga de aire frío me recuerda que tengo que ponerme una chaqueta. Salgo. Paul, el vendedor de pescado, se encuentra en la parte trasera de su camioneta explicándoles a Andrew y a Becka sus opciones. Me paro en medio de los dos; pongo mi mano en el hombro de Andrew y le acaricio a Becka el cabello.

—¿Cuál se ve mejor?

—Todos —dice Paul, mientras pasa su brazo sobre el pescado—. Todos capturados en las últimas veinticuatro horas. Difícil elección.

Me gruñe el estómago. Lenguado, pez espada, atún y salmón, todos extendidos sobre el hielo, sin cabeza, pero cortados en grandes rebanadas que dan una idea del tamaño original del pez. Pienso en la fuerza bruta que se emplea para llevar ese pescado a tierra y tenerlo a la puerta de mi casa a las 7:30 de la mañana. Mi cerebro se llena de posibilidades: ¿Salsa de vino, soya o un glaseado de limón?

—¡Ay, mamá! —Becka señala a un pedazo grueso de pescado blanco—. ¿Podemos comprar el lenguado y hacer salsa de vino con mantequilla y ajo? —Hace una pausa; se saborea—. ¿Y champiñones?

—¿Me lo puedo comer crudo? —Andrew descubrió el sushi y ha desarrollado un gusto por todas las cosas crudas.

La cara de Paul se contorsiona en un intento por contener su repugnancia. Me río.

—Claro que sí.

—¿Sí a qué? —Becka observa mientras Paul corta la rebanada de lenguado en filetes de un cuarto de pulgada—. ¿La salsa de vino o el pescado crudo?

—¿Por qué no ambos? —Esta opinión dividida presenta un obstáculo de menor importancia logística, uno que puedo saltar sin esfuerzo—. Ya veremos.

Nuestro traslado a Londres estaba lleno de obstáculos cotidianos que nos exigían una adaptación rápida. Al principio, los niños protestaban por cada cosa que era diferente. ¿Por qué el primer piso se llama "planta baja"? ¿Qué son los "trainers" —tenis— en Reino Unido? ¿Por qué las perillas están en el centro de la puerta?

Luego descubrimos el dolor de lo que no había allá. El refresco Dr. Pepper de dieta no existía. No teníamos automóvil, ni fútbol americano, ni Pop Tarts cubiertas de canela o los bocadillos favoritos de Andrew, esos "pececitos" salados de colores Pepperidge Farm.

Además de todo aquello que nos faltaba, también llegó esa sensación constante e incómoda de todo lo nuevo. Escuela nueva, amigos nuevos, accesorios nuevos, mapas mentales nuevos que nos llevaban a lugares nuevos. Con el tiempo todos nos adaptamos; yo, con la mejor voluntad.

Como la compañía de Ken necesitaba una oficina en Londres, nos mudamos. Algunos amigos consideraron el cambio demasiado arriesgado, absurdo; una alteración innecesaria en nuestras confortables vidas. ¿Cambiar escuelas por un año? ¿Vivir en la llovizna? ¿Dejar a los amigos? ¿Vivir sin coche? Les dimos la noticia a los niños en un restaurante, pensando que no explotarían en público. Nos equivocamos.

Becka, normalmente la hija tranquila, gritó tan fuerte que un mesero intentó consolarla. Estalló en llanto. Andrew reaccionó repitiendo enfáticamente una sola palabra:

—No. No. No.

Y luego, agregó una variante:

—De ninguna manera.

El mesero nos trajo la cuenta antes de lo esperado.

Por poco no nos mudamos. La imagen de un cielo gris desencadenaba mi depresión. La idea del sol poniéndose antes de las 4 de la tarde durante el mes de diciembre me asustaba. Los pronósticos de niebla y cielos nublados disminuyeron mi entusiasmo. ¿Falta de luz y dos adolescentes sintiéndose desdichados? ¿Sin una red de amistades? ¿Volverían los pensamientos suicidas?

Decidimos aprovechar la oportunidad.

Yo le temía a mi tendencia genética a la depresión; sin embargo, no quería que el miedo definiera mi identidad. Después de tratamientos extremos, psicoterapia, volúmenes de ensayos y discusiones sin fin sobre lo ocurrido, sabía claramente cuáles eran mis tendencias como si fueran las tablas de multiplicar, repetidas hasta dejarlas grabadas en mi cerebro. Era necesario poner a prueba todo ese entrenamiento. Si Londres provocaba una recaída, yo podría sobrevivir a las consecuencias. La posibilidad me asustaba, pero no me encadenaba al cemento de Dallas. Una vida enclaustrada y el miedo a otra temporada en un pabellón psiquiátrico no estaban dentro de mis planes.

Partí hacia Londres llevando una visera con lámpara diseñada para el Trastorno Afectivo Estacional (TAE), una provisión completa de antidepresivos y el nombre de un psiquiatra en el bolsillo. Con la visera me veía como una mezcla de minero con un rayo de luz rebelde y un tenista extraterrestre. La caja del TAE anunciaba el éxito del producto con una etiqueta brillante, pero no ofrecía garantía alguna de devolver el dinero.

De cualquier forma me subí al avión.

Durante la primera semana me preguntaba si había tomado la decisión correcta. Andrew perdió el control. Echaba de menos a sus amigos. Odiaba a sus padres por esa experiencia cultural. Becka pasaba horas y horas chateando con sus amistades de Dallas. Me preguntaba si en algún momento ella haría algún amigo en Londres. Pero en el plazo de un mes ambos se adaptaron.

Andrew tuvo mucho éxito participando en deportes en equipo; Becka llegó a pasar la noche con una amiga nueva. Ken caminaba mucho y también se trasladaba en Metro; más tarde fue testigo de la quiebra del mercado financiero. Aunque el 2008 no fue su mejor año, Ken sobrevivió. Aprendimos a confiar unos en otros, a ser cariñosos el uno con el otro. Nuestra familia se unió más.

Exploramos nuevos lugares: Roma, París, Amsterdam, Marruecos, Dubai y Jerusalén. Andrew bajó a un cráter que había dejado una bomba en las playas de Normandía. Becka fue al Muro de Adriano y se convirtió en una experta en inodoros antiguos.

¿Y yo? ¿Qué provecho saqué? El mejor año de mi vida. Tomé clases, fui a espectáculos, mercados y museos. Disfruté de caminatas por el campo y di paseos históricos. Un profesor me puso el sobrenombre de "buitre cultural". Con la orientación intelectual de ese profesor y la lectura del texto *Shakespeare sin miedo,* leí las grandes obras del dramaturgo; las vi representadas en el teatro y me enamoré del sonido lírico de sus palabras. Vi a Jude Law en *Hamlet* y traté de no "babear" en la representación. Con las campanas del Big Ben anunciando la hora, hice el recorrido a pie de la Sra. Dalloway, el personaje de Virginia Wolf. Leí a Dickens y me senté en su silla en la taberna Olde Cheshire Cheese. Tomé un curso de arte contemporáneo y me di cuenta que todavía no "entendía" a Rothko. Aun así, mi cerebro funcionaba, y funcionaba bien. Mi año en Londres iluminó mi mente. Mi sombrero TAE se quedó sobre una repisa, sin usar, excepto en raras ocasiones. Mi cerebro encontró una nueva luz dentro de mi cabeza.

Hice amistades que me cambiaron la vida, que me ayudaron a creer que podía hacer cosas que antes pensaba que eran imposibles. Corrí el medio maratón de Antalya, animada por los cánticos de dos corredores turcos. En el maratón de Londres la gente me animaba y brindaban por mí con sus pintas de cerveza.

Para mis largas carreras de entrenamiento, me gustaba escoger un lugar donde nunca hubiera estado antes; estudiaba el mapa y luego confiaba en mi sentido de orientación. Oía idiomas que no podía reconocer mientras atravesaba parques, barrios étnicos y recorría el sendero a lo largo del Támesis. Cuando llegaba a mi destino, tomaba el Metro y regresaba a casa en St. John's Wood. En la tarde, mis hijos caminaban de la escuela a la casa, el cruce de Abbey Road era parte de su rutina diaria. Les preguntaba que habían hecho durante el día y me contestaban:

—Nada.

—¿Nada? ¿En serio?

—De verdad, nada.

Algunas cosas no cambian incluso cuando uno cambia de continente. Becka y yo preparábamos la cena en Dallas: siempre pescado los miércoles; ahora en Londres, pescado fresco del camión de Paul.

Si me hubiese quitado la vida, nada de esto habría ocurrido. Incluso sin la visita de un ángel como el que visitó a George Bailey, el personaje de la película *Qué bello es vivir*, puedo imaginarme las vidas de mi esposo, de mis hijos, de mi familia y de mis amigos si mi vida hubiera terminado ese caluroso día de verano.

En lugar de eso, decidí vivir.

Algunas veces eso es todo lo que la vida necesita para ofrecer su abundancia: una elección, una decisión o un giro hacia lo desconocido. Mis primeros pasos fueron temblorosos. En ese entonces, no podía ver mi futuro en ocho años más. Nunca pensé que me iba a mejorar, pero de cualquier forma di mi primer paso. Tuve suerte. La trampa mortal de mi cerebro no pudo truncar mi existencia. Crucé la puerta. La vida se abrió ante mí. El siguiente paso me llevó en una aventura a un océano de distancia, lejos del ataúd de mi propio garaje.

Paul le ha pasado el lenguado a Becka, cortado en tajadas y envuelto en papel blanco. Entramos atolondradamente a la casa, Andrew primero, Becka apurándolo, yo los sigo. Cierro la puerta al frío aire húmedo y entro a la cocina llena de luz. Pongo el pescado en el refrigerador y echo un vistazo a las verduras que tenemos, haciendo una lista mental de las cosas que necesitamos para la cena.

Ken baja las escaleras.

—¿Qué compraste? ¿Algo rico?

—Lenguado fresco.

Champiñones, vino blanco, ajo y mantequilla. Me imagino los ingredientes en una salsa que mis sentidos apenas pueden resistir. Cierro la puerta, me doy vuelta hacia Ken y le doy un beso de buenos días en los labios.

—¿Y eso por qué? ¿Todo esto por el pescado fresco?

Asiento con la cabeza. Cojo mi pluma y escribo la lista para el mercado. *Ya casi puedo saborear la mantequilla.*

# 3

# Confiando en un plan diferente

—Deben considerar la terapia electroconvulsiva. Sí, la TEC.

El Dr. Galen estiró sus largas piernas y miró a Ken.

Ken exhaló y Artie, mi psicólogo inhaló. El episodio del garaje había terminado en una cita de emergencia con mi psiquiatra, el administrador de mis medicamentos; mi psicólogo, que me daba terapia, y mi esposo, que ya no sabía qué hacer.

Después de salir del garaje, aquella calurosa mañana de agosto, entré a la casa, desconcertada, al darme cuenta de que aquellos noventa minutos no habían servido de nada. ¿Por qué no tuvo éxito mi intento de suicidio? Un amigo que trabaja en la construcción determinó que el techo abovedado sobre el garaje me había salvado la vida. Cierta ventilación proporcionada por el diseño arquitectónico había evitado que el monóxido de carbono se acumulara. Le conté inmediatamente a Margaret sobre mi intento de suicidio. Todavía no se por qué. Después de una serie de llamadas telefónicas —de Margaret a Ken, de Ken a Artie, de Artie al Dr. Galen, del Dr. Galen a Ken—, me encontré en la oficina del Dr. Galen en medio de un trío de cuidadores. Me rodeaban mientras se inclinaban hacia adelante en sus asientos. Yo era la paciente; a menudo se referían a mí en tercera persona: "ella", la que intentó suicidarse. "Ella", la que se resistió a los medicamentos y cuyos pensamientos suicidas se convirtieron en acción. "Ella", la que necesitaba la terapia electroconvulsiva (TEC).

El Dr. Galen parecía una mantis religiosa; las extremidades demasiado largas para su cuerpo y su diminuta cabeza con un toque delicado. Un hombre alto, fuerte físicamente, pero apacible. Un buen hombre. Alguien en quien se podía confiar. Sus lentes anticuados de gran tamaño le agrandaban los ojos. Ese hombre quería ayudarme. Yo lo sabía, a pesar del terror que me provocaba la abreviatura de esas tres letras. TEC.

El Dr. Galen explicó en qué consistía la TEC. La información fue para mí un golpe directo al estómago, que se retorcía como un pedazo de carne sin digerir. Las imágenes de la película *Atrapado sin salida* y de Jack Nicholson bailaban en mi cabeza. Nicholson se contorsionaba, con un trapo metido en la boca mientras temblaba incontrolablemente. Yo había mantenido esta imagen en mi mente por más de veinte años. En la película, en el momento en que el médico acciona el interruptor, el paciente pierde su calidad de ser humano. Ahora yo tenía que confiar en mi médico, cuyos dedos liberarían el mismo estallido de electricidad a través de mi cerebro.

Control de la mente, control del pensamiento. Sentía mi miedo a la TEC como se describe en el libro de Huxley, *Un mundo feliz*. Había visto la reacción de una mujer a la TEC en mi última estadía nocturna en el pabellón psiquiátrico del hospital Zale Lipshy, hacía cinco meses; justo después de mi primer intento de suicidio. La mujer, Gladys, se paseaba durante la terapia de grupo. Su pelo rojizo acomodado en mechones.

—No tengo ninguna razón para estar aquí —decía—. Ninguna razón para estar deprimida.

Ella no era capaz de recordar el nombre de su médico cinco segundos después de que se lo habíamos dicho. Yo tenía miedo de ser como ella: incapaz de controlarme a mí misma y dependiendo por completo del juicio de los demás.

Ken carraspeó. El sonido me sobresaltó, me trajo de vuelta al círculo de centinelas que esperaban mi decisión.

Sentí sus ojos sobre mi cabeza y miré hacia el piso.

—Necesito pensarlo.

En el viaje de regreso a casa, Ken quería mi respuesta. Miré por la ventana.

—¿Y bien?

Ken se volvió hacia mí, apartando los ojos de la carretera. Al principio de nuestro matrimonio, yo apretaba un freno imaginario en el piso del auto cuando Ken conducía demasiado rápido. Después de once años, había aprendido a dejar quieto el pie.

—El camino.

—¿Qué?

—¿Puedes mantener los ojos fijos en el camino?

—¡Por Dios! ¿Estás tratando de matarte y te preocupas de cómo conduzco? ¿No ves la inconsecuencia de tu actitud?

—Los niños te necesitan —dije.

Se calmó un poco y miró hacia adelante.

—Nos necesitan a ambos. Te necesito. No puedo hacer esto yo solo.

¿Cómo podía él pensar que me necesitaba? Durante nueve meses pensamientos negativos habían consumido mi cerebro. Intentó terapia y medicamentos. Me envió a un campamento de antidepresión por un mes. Contrató gente que nos ayudara y consiguió ayuda con los amigos. Nada de su arsenal había funcionado.

—Tú crees que me voy a mejorar, ¿verdad? —Miré primero a Ken y luego fijé mi mirada en el parabrisas—. Pero así soy yo, Ken. Así he sido siempre.

Mi esposo conducía con una mano en el volante, sus ojos verdes fijos en las líneas blancas que íbamos dejando atrás.

—Julie, ésta no eres tú. Es tu depresión la que te hace hablar así.

Yo odiaba esa expresión. Sonaba como una frase comercial de psiquiatría popular. Tan mala como un eslogan. "El suicidio es una solución permanente a un problema temporal."

Ken repasaba metódicamente cada uno de sus puntos.

—Tú amas la vida más que ninguna otra persona que yo conozca, Julie.

¿La amaba? La vida no parecía ser tan adorable. La depresión no se sentía como "algo", sino que más bien era como la "ausencia" de cualquier sentimiento. Vacía. Desconectada.

—No puedo seguir fingiendo —murmuré—. Hemos invertido mucho tiempo y mucho dinero en una recuperación que es muy difícil de alcanzar.

Y continué:

—Hay otra mujer para ti…

Y pensé: *La persona que ellos desean que sea es una farsa que yo no puedo sostener.*

—Ken, eres joven… rico… Muchas mujeres querrán casarse contigo.

Ken le dio un golpe al volante y se desvió. El hombre que conducía a nuestro lado un maltratado Chevy Impala blanco gruñó y me hizo una seña obscena. Lo ignoré. Hice como que si no existiera.

—¿Cómo puedo hacerte entender? —Se le saltaron las venas en el cuello a Ken.

—Me veo a mi misma… por primera vez en mi vida.

Ken puso los ojos en blanco:

—¿Y los niños? ¿Ellos van a estar mejor sin ti?

Pensé en eso por unos segundos.

—Sí.

Ken inhaló y exhaló, una y otra vez. Como si intentara tomarse su tiempo. Ken no explotaba cuando se enojaba, por lo menos no conmigo. Se quedó en silencio. Se acomodó en su asiento y enderezó los hombros.

—Tienes dos opciones: Te haces la TEC o yo me voy. Ya no puedo más.

Lo odié por eso. Acorralada, tuve que decir que sí. Mi cerebro, controlado por la depresión, me decía que los niños podrían soportar un suicidio, pero no un divorcio.

—De acuerdo. Me haré la TEC.

Ken asintió con la cabeza. Él sabía que no debía continuar hablando después de haber cerrado un negocio.

Cuando llegamos a casa, Andrew y Becka corrieron hacia Ken. Balanceó a uno y luego lanzó al otro en el aire. Mis hijos me miraban con recelo, como a un familiar no deseado que hubiera entrado a su casa. Estoy segura de que estaban confundidos, aunque yo seguía teniendo el mismo cuerpo que la madre que alguna vez los llevó al zoológico, jugó béisbol con ellos o estiró largos rollos de papel de envolver para crear un mural improvisado; pero ahora yo era diferente. Frágil.

—Hola, mamá —Becka me tomó de la mano—. ¿Quieres jugar "*Clue, quién es el culpable*" conmigo?

—De acuerdo.

Le apreté la mano. Se soltó y subió las escaleras.

Mis pasos sonaron pesados en las escaleras, sordos en la alfombra, faltos de energía. Al llegar arriba, entré a la sala de juegos. Habían puesto el tablero al centro de la mesa, las piezas en el punto de partida.

—¡Éste es juego de bebés! —espetó Andrew.

—¡Tú dijiste…! —respondió velozmente Becka .

—No es cierto. Papá me obligó a jugar. Mamá tampoco quiere jugar. No parecían fijarse en mí.

—Sí voy a jugar, Becka.

Giraron la cabeza hacia a mí, perplejos. No se habían dado cuenta de mi presencia.

Eso ocurría a menudo.

—De acuerdo, mamá, vamos a jugar.

Becka me dio una tarjeta y un lápiz.

Tiró el dado y comenzó el juego. Cometí todos los errores posibles. El dado salió volando de la mesa. Moví la pieza en la dirección equivocada, conté mal los espacios en el tablero. Becka me corrigió la primera vez con paciencia, luego con la mirada: un reflector enfocado en mi estupidez. El juego seguía y seguía. Por algún motivo no podíamos adivinar el lugar. Becka, una campeona en este juego, no podía entender nuestra incapacidad para resolver el misterio.

—Muestren sus cartas —dijo—. Tal vez nos olvidamos de algo.

Obedecí, esparciendo mis cartas sobre la mesa.

—¡Mamá! Justo ahí… ¡Hiciste trampa! Apuntó con el dedo, señalando la carta de la casa en el árbol que yo tenía en la mano.

Cogí la carta, la evidencia de mi incompetencia. ¿Cómo no había reparado en eso?

—¡Te pregunté! Fue mi primera pregunta. ¡Tramposa!

Mis pensamientos se agitaron por las preguntas del juego. Escuchaba nuestras voces, que iban y venían. Los garabatos que había hecho al azar en mi hoja de detective no me daban ninguna pista sobre los lugares que yo había eliminado. Cuando levanté la vista, Becka se había ido.

Leí las instrucciones en la caja. Juego apropiado para niños de cuatro a seis. ¿Cómo puedo criar niños?, si ni siquiera sé jugar *"Clue, quién es el culpable"*.

Cuando miré de nuevo, Andrew estaba parado en la puerta.

—¿Qué te pasa, mamá? ¿Qué pasa contigo? —preguntó.

Mi boca se movió, pero no dije nada. Meneó la cabeza y se alejó.

Las siguientes semanas fueron dolorosas. Unos días antes de que me encerraran bajo llave en el pabellón de psiquiatría, unos aviones se estrellaron contra las Torres Gemelas, el Pentágono y un campo al oeste de Pensilvania. Mientras el resto del mundo se asombraba con horror, yo accedía al tratamiento.

En el interior de mi cabeza seguían reproduciéndose una y otra vez las imágenes de las pantallas de televisión. Estrellarse, quemarse, desplomarse. Estrellarse, quemarse, desplomarse. Mientras otros lamentaban la muerte de tantas personas, yo deseaba ser una de las víctimas.

*Déjame ser una de ellas.*

¿Dios hacía pactos con mujeres suicidas? Las familias de las víctimas las necesitaban. *Y yo* —pensé— *estoy causando daño a la mía.* Miraba aquellos pequeños puntos que saltaban de los edificios al vacío. *Sálvalos a ellos* —rogué—, *no a mí.*

Mis primeras sesiones con la TEC en el hospital Zale Lipshy fueron como paciente interna, programadas los lunes, miércoles y viernes. Si mejoraba dramáticamente, considerarían la posibilidad de hacer las siguientes tres sesiones como paciente externa. Después de eso, las sesiones serían más espaciadas: dos por semana y luego una vez por semana, para completar de ocho a doce sesiones.

Ken me acompañó la noche del domingo cuando me interné. Al llegar a Zale Lipshy, tomamos el ascensor al cuarto piso, hasta llegar a la puerta cerrada bajo llave del pabellón psiquiátrico. Tocamos el timbre.

La puerta me acobardaba; era el límite que separaba a los cuerdos de los dementes; el que distinguía la realidad, del estado alterado que mi mente había inventado. Estar en un pabellón bajo llave era prueba que me encontraba fuera de control y demente; que tenía que confiar en que otra persona pudiera cuidar de mí mejor de lo que yo podía cuidarme a mí misma.

Un médico abrió la puerta; nos recibió en la sala y nos explicó el procedimiento para registrarse en el hotel para psicópatas. La ley del estado de Texas exigía que un paciente firmara un documento para dar consentimiento antes de ingresar a un hospital psiquiátrico. El documento constataba que el paciente no era forzado a entrar y que permitía a la institución mantenerlo ahí hasta que pasara el peligro. El médico me dio un momento para leerlo y luego me entregó una pluma.

—No puedo hacerlo.

Aparté el papel. Pensé: ¿Qué pasa si Ken decide dejarme aquí para siempre? O peor aún, temí que pasaría el resto de mi vida en un vacío; como Gladys, la mujer de la terapia grupal después de la sesión de la TEC. Incapaz de pensar o de tomar decisiones, dependiendo de los demás. *Ésta no es la vida que yo quiero. Prefiero estar muerta* —pensé.

Le devolví el documento al médico, caminé hacia el ascensor con Ken pisándome los talones. Presioné el botón de bajada. Cuando se abrió el ascensor me agarró del brazo, pero yo me solté bruscamente y entré. Ken me siguió. Las puertas se cerraron.

—Tienes que hacerlo —me decía Ken—, mientras el ascensor iba bajando—. Lo prometiste —insistía—. Y enumeraba una serie de razones para hacerme la TEC.

Conté los segundos hasta que se abrieron las puertas.

— Necesito un poco de aire.

Al final del pasillo, empujé la puerta de vidrio y salí al estacionamiento. El calor se levantaba del asfalto. Los coches pasaban a toda velocidad por la autopista.

—¿Quieres algo de comer? —me preguntó Ken.

A Ken le gustaba tomarse un Dr. Pepper bajo en calorías y alguna otra cosa con azúcar en sus paseos conmigo; nunca sabía cuando una caminata se convertiría en una excursión.

Dije que no con la cabeza.

—Está bien. Regreso en seguida; voy adentro a buscar algo.

Volvió hacia el edificio. Se me hizo un nudo en la garganta.

—No, no me dejes sola.

Yo hacía eso a menudo: lo apartaba y lo atraía. La presencia de Ken me irritaba, pero su ausencia me daba pavor.

Ken exhaló.

—Bueno, tengo sed. Voy a entrar.

—Espera. De acuerdo, firmaré.

Me di cuenta de que no podía escapar de la TEC. Tenía que confiar en el Dr. Galen. Tenía que confiar en Ken. Tenía que confiar en que yo era la persona que todos me decían que era. Tenía que confiar más en el mundo externo que en mi propio cerebro.

—Vamos —le tomé la mano a Ken, dispuesta a mentir para tranquilizarlo—. Me siento mejor.

Así recuerdo yo ese día: un viaje hacia abajo, dos viajes para arriba, la segunda vez con comida. Ken dice que hicimos varias veces ese viaje de arriba a abajo en el ascensor. Yo no quería firmar esos papeles o cruzar esa puerta. Firmé de todos modos y entré al pabellón cerrado bajo llave.

El pabellón psiquiátrico no era tan aterrador al otro lado de aquella puerta. La enfermera registró mi ingreso al lugar. Había conocido a

LaTisha durante mi primera visita al pabellón de psiquiatría, cinco meses antes, después de mi primer intento de suicidio.

LaTisha no era mucho más alta que yo, pero probablemente me superaba por unos veinte kilos. Ella no era gorda: yo era delgada como un lápiz. No comía cuando estaba deprimida, una dieta instantánea con resultados impactantes. No era consciente de que no comía. Simplemente no tenía apetito. Durante un examen físico unos meses antes, mi médico me acusó de ser anoréxica. Me informó que sólo los gimnastas tenían menos de once por ciento de grasa corporal.

LaTisha me envolvió con su abrazo, su pelo peinado como hileras de plantas de maíz, se balanceaba cuando se movía.

—¿De regreso tan pronto? Está bien, mujer, te vamos a reparar bien esta vez.

Sus palabras me consolaron, me relajaron, acaso porque ella parecía ser la única que creía en mi recuperación. Ken, el Dr. Galen y Artie sugirieron la ruta con la mejor probabilidad, pero aún así denotaban su temor y sabían del riesgo. En cambio, LaTisha hablaba como si ya me hubiera visto normal, una persona completa.

LaTisha me mostró mi habitación. Ken me seguía; me abrazó.

—Te amo. Gracias por ser tan valiente.

¿*Valiente*? No me sentía valiente. Atrapada, sí. Aterrorizada, sí, pero no valiente.

—¿Vas a estar bien?

Asentí con la cabeza. Miré el techo. Invoqué una oración de mi infancia: *Dios te salve María, llena eres de gracia, el Señor es contigo…* ¿Qué seguía? Conté las losas del techo—. *Todavía puedo contar, ¿no? una, dos… ¿Benditas son las mujeres? ¿Bendita eres?* Ken ya no podía ayudarme. Lo alejé, le dije que se fuera, que se preocupara por los niños. Me apretó la mano y se fue por el pasillo. La puerta de salida se abrió y él la cruzó. La puerta se cerró. El cerrojo sonó.

Me dirigí hacia la sala de estar común del pabellón psiquiátrico, una zona espaciosa con ventanas del piso al techo y un piano de cola en la esquina. En el extremo opuesto de la habitación, una pared de ventanas alineadas separaba la central de control, un hervidero de enfermeras, médicos y técnicos, lleno de pizarras blancas con horarios, medicamentos y estación de teléfonos móviles, todos cargando sus baterías, con los cables bajo estricta supervisión. Un cable de teléfono podía convertirse en un lazo en las manos equivocadas.

Caminé hacia unas sillas cerca del piano. Me senté junto a una atractiva rubia de maquillaje impecable, que probablemente tendría unos treinta años. Tan pronto como me senté, interrumpió la conversación con la mujer que estaba a su lado.

— Te ves normal —me dijo—. ¿Eres una paciente o trabajas aquí?

— Paciente.

— ¿Estás segura?

—Sí, estoy segura.

—Qué bien. No eres una espía.

Se volvió y terminó la conversación con la mujer a su lado.

—Estamos haciendo unos malditos protectores de mesa. ¿Quién demonios necesita un protector de mesa para las ollas calientes? Se inclinó hacia mí y extendió la mano:

—Cathy.

Se echó el pelo largo sobre el hombro y tomó un sorbo de su Coca Cola de dieta. Le contesté:

—Julie. También tú te ves normal.

Ella se rió y le devolví la sonrisa.

—¿Por qué estás aquí? —le pregunté mientras la miraba buscando cicatrices, pistas.

— Maníaco…, maníaco depresiva. Oh, espera, al último lugar que fui no lo llamaban así. "Bipolar". Suena mucho mejor—. Sus palabras salieron como fuego de metralleta.

—¿El último lugar?

—Menningers, Sierra Tucson. Soy una verdadera loca profesional. Sigo metiendo la pata. Esa vez choqué mi automóvil. Ebria, con mis dos hijos en el asiento de atrás.

—Traté de suicidarme.

Mis palabras salieron con calma, con facilidad, como si estuviera dándole mi dirección.

—¿En serio? Cathy se detuvo y bebió otro sorbo.

Asentí con la cabeza.

—Eso está mal. ¿Tienes hijos?

—Dos. Un niño y una niña. Siete y cinco.

—Entonces, ¿Qué vas a probar? ¿Litio? A mí me funciona a veces…

—No. La TEC —miré las patas plateadas de la silla—. Pero tal vez no lo haga.

Ken ya había salido por aquella puerta. Era mi vida ahora. Y todavía no estaba segura.

—¿Por qué no? —preguntó.

—La última vez que estuve aquí, conocí a una mujer, Gladys. Se veía hecha polvo.

—Pero no muerta —agregó Cathy.

—No, no muerta; pero ni siquiera recordaba su nombre. No quiero vivir así.

Cathy me preguntó acerca de todos los medicamentos y terapias que yo había probado. Para alguien que hablaba tan rápido, ella sabía escuchar mejor de lo que yo hubiera esperado. Cuando terminé, me habló de Gerald, otro paciente del piso de psiquiatría, que se había sometido a la TEC 14 años antes y estaba de regreso a causa de una recaída en la depresión.

—La TEC funcionó para él —me dijo—. Obsérvalo.

—¿Funcionó? Y ¿está de vuelta en el manicomio?

—Tuvo catorce años más de vida y después regresó.

Gruñí:

—Gran vida, dentro y fuera del manicomio.

—¡Es un pequeño ajuste! —rugió la voz de Cathy—. Podría seguir por otros catorce años sin problema —se cruzó de brazos—. ¡Demonios!, ¿preferirías estar muerta o viva para permitirles a tus hijos tener una madre?

Yo no estaba segura. Cathy continuó cuestionándome:

—¿No es mejor para ellos que estés viva?

— No sé… —exhalé—. ¿Y si estoy echándoles a perder la vida? Podría estar lastimándolos. Alimentándolos mal, deteniendo su crecimiento.

—Dios mío, tú estás loca. ¿No los golpeas, verdad?

—¡No!

—Entonces, ¿cómo puedes pensar que ellos estarían mejor sin ti? Cathy había presentado su argumento en forma perfecta. Aplastó su lata de Coca Cola Light, agitándola. Unas cuantas gotas cayeron en sus jeans.

—¿Qué será mejor: quedarte de baja estatura por mala alimentación o pensar que tu madre te amaba tan poco que se suicidó?

Secó las gotas de refresco.

—Pero estarán mejor si yo no estoy.

Cathy me sujetó de los brazos y me dio una pequeña sacudida para obligarme a mirarla a la cara.

—Ellos nunca van a pensar eso, aunque sea verdad.

Aparté la vista. Sabía que ella tenía razón, pero no quería oírla. Estaba muy cansada.

—Y... ¿qué pasa si la TEC me jode? ¿Qué pasa si no puedo recordar?

—Tienes dos bebés en casa —dijo—. Yo te ayudaré cuando salgas. Te diré quién eres. Pero tienes que hacerlo, mujer.

— De acuerdo, de acuerdo.

La aparté.

—Hablaré con Gerald.

Gerald tenía un negocio de plomería y su compañía prestaba servicios a más de cincuenta complejos de apartamentos. Parecía tener unos sesenta años. Su esposa había fallecido. Un año después de su muerte, estuvo a punto de perder su negocio. Para entonces, no le importaba si todos los baños de los Apartamentos Terrace se tapaban y se desbordaban en un mismo día. Se arrastraba hacia el cuarto detrás de su oficina donde tenía un catre, se tapaba con la cobija hasta la cabeza y se dormía. Cuando su psiquiatra le sugirió la TEC, pensó que su médico estaba loco. A pesar de ello, accedió y se sometió a ocho sesiones de la TEC.

—Me entusiasmé con la vida de nuevo. Quería hacer cosas, probar nuevas ideas. Mi sonrisa se encendió como una lámpara —dijo.

Si bien Gerald no es el prototipo del niño ejemplar de un cartel para promover la salud, él creía en la TEC. Volví a mi habitación asustada, pero con un sentimiento esperanzador. Me tiré en la cama y cerré los ojos. Vaya concepto: *Entusiasmado por la vida*.

Incapaz de descansar, tomé mi diario. Escribí acerca de Gerald: "Yo creo que la TEC funcionó para él; pero ¿para mí?" La duda golpeó la página. ¿Qué pasaría si yo empeoraba?

Había visto las estadísticas. La TEC tenía una tasa de éxito más rápida y mejor que cualquier otro antidepresivo. Había leído *Corrientes submarinas* de Martha Manning. Ella se había sometido a la TEC y se había recuperado. Se parecía a mí: el mismo origen religioso, una madre muy ocupada. Devastada por la depresión, pero recuperada. ¿Podría ser como ella? Yo sentía la TEC como algo tan aleatorio, un éxito inexplicable y un proceso tan inhumano...

Tuve que desconectar mi cerebro. El Dr. Galen, mi familia y algunos de mis amigos recomendaban la TEC, un camino que creían que me llevaría a la salud. ¿Podía confiar en su esquema? Nadie podía garantizar la recuperación. Yo quería un método a prueba de errores, pero sólo conseguí un procedimiento que tal vez podría funcionar. Tenía que confiar. Cerré mi diario, guardé mi pluma.

# 4

# La terapia electroconvulsiva

*A* la mañana siguiente, cuatro camillas portátiles desocupadas de hospital se alineaban contra la pared. Tres de nosotros nos encontrábamos de pie, recargados contra la pared opuesta, por temor de que nuestras batas de hospital se pudieran abrir en la parte posterior, dejando al descubierto calzoncillos viejos o ropa interior desgastada.

Gerald acercó su silla de ruedas hacia mí y me tocó el hombro. Nuestros apellidos e iniciales se veían en letras verdes en la pizarra blanca cerca de la sala donde se administraban las descargas eléctricas. Gerald sonrió.

—Parece que soy el número uno.

Se subió a la primera camilla, se estiró y puso sus manos detrás de la cabeza.

—Todo va a salir bien. A la hora de almuerzo vas a estar comiendo pollo frito y preguntándote a qué le habías tenido miedo.

Gerald se reacomodó en la camilla para caber mejor.

—¿Qué elegiste? —me preguntó.

Los demás seguíamos parados contra la pared, perdidos en nuestros propios pensamientos.

—Julie. ¿Para el almuerzo? ¿Qué elegiste para el almuerzo?

Pestañeé. El encargado me había pasado un menú la noche anterior, pero no podía recordar mi elección. *Si mi memoria es así de mala antes de la TEC, ¿qué sucederá después?*

—Vamos mujer, es sólo el almuerzo; no es una cuestión de vida o muerte.

Gerald sonrió burlonamente. Para ser un tipo deprimido se veía muy, muy feliz.

—¿De vida o muerte? —preguntó LaTisha, que había aparecido en la esquina—. Gerald, ¿qué estás tratando de hacerle a esta mujer?

LaTisha me guió para acomodarme en la segunda camilla.

—¿No te das cuenta, Gerald, de que está loca de miedo?

—Entonces, parece que está en el lugar correcto —dijo Gerald con una risita—. Va a estar bien, lo sabes.

—Sí, yo lo sé, pero ella no —dijo LaTisha mientras sacaba una sábana de debajo de la cama—. Ten un poco de compasión.

Me subió la sábana hasta el cuello. Se volvió hacia los otros pacientes:

—Vamos, ustedes dos... Señorita Judith, usted es la tercera.

LaTisha encaminó a la mujer delgada y frágil a la tercera camilla y la ayudó a acomodarse.

—Carson, eres el cuarto —advirtió LaTisha mirándolo por encima del hombro—. Acércate allá.

Carson resopló.

—¿No puedo fumar antes?

LaTisha lo fulminó con la mirada.

—¿Tú qué crees?

Carson dijo algo en voz baja. La peste de su último cigarrillo lo seguía. Cuando se subió a la camilla, la estructura metálica golpeó contra la pared.

—Un poco de cuidado, por favor —LaTisha frunció el ceño—. Algunos pacientes aún duermen.

Apareció otro asistente. Él había tomado mis signos vitales el día anterior.

—Oye, Tisha, estamos atrasados. Tenemos que apurarnos con estas camillas.

—Estamos listos, estamos listos —LaTisha le acomodó la sábana a Judith—. Llévate a Gerald, está listo.

—Vamos —dijo Gerald—. Estoy listo para un sueño rápido.

—Muy bien hombre, andando.

El asistente empujó la camilla hacia el pasillo.

—¿Qué vas a almorzar? —la voz de Gerald desapareció detrás de las puertas giratorias dobles.

*¿Esto me mejorará?* Pensé en el libro de Manning. Ella era una buena católica. Rezaba el rosario y decía un Ave María para bloquear sus pensamientos suicidas. *¿Seré como ella?*, me pregunté.

Yo ya no podía decir que era católica, en el mejor de los casos era una CARD, esto es, una Católica Apostólica Romana Desertora. Disgustada con la Iglesia Católica había dejado de ir a misa hacía unos veinte años. Pero algunas cosas quedan. Las palabras volvían a mi mente con facilidad, como si las hubiera dicho todos los días de mi vida.

*Padre Nuestro, que estás en el cielo.*

LaTisha apareció a mi lado.

—Muy bien, señorita Julie, es su turno.

Asentí con la cabeza. *Santificado sea tu nombre.*

Los médicos entraron en fila a la habitación. El anestesiólogo charló conmigo, me dijo que no tuviera miedo, mientras la enfermera me colocaba los electrodos en el pecho.

—Hacemos esto para controlar la frecuencia cardíaca, para asegurarnos que usted permanecerá estable durante el procedimiento.

*Venga a nosotros tu reino. Hágase tu voluntad.*

Apareció el Dr. Galen. La enfermera puso gel en cada electrodo, un disco plateado del tamaño de una moneda de veinticinco centavos de dólar y me puso uno en cada sien. El anestesiólogo bromeó, revisó las jeringas que contenían los diversos medicamentos. Me recosté sobre la mesa y la enfermera me ató los brazos y las piernas por si el relajante muscular no fuera suficiente para detener los espasmos. El Dr. Galen puso su mano en mi brazo derecho.

—¿Estás lista?

Negué con la cabeza, luego asentí. *Así en la tierra como en el cielo.*

—Julie, vas a vivir, te lo prometo.

*¿Pero qué tipo de vida? ¿Quién seré yo después de la tormenta eléctrica?* Tenía que confiar en él, pero no recuerdo otro momento de mi vida en que me hubiera sentido tan sola y con tanto miedo. Mis labios se movieron sin emitir sonido mientras la anestesia inundaba mis venas. *No nos dejes caer en tentación, más líbranos de todo mal.*

Parpadeé. La luz me lastimó los ojos. *¿Dónde estaba? ¿Quién era yo?*

Una mujer me ayudó a bajar de la cama y me sostuvo del brazo mientras yo caminaba hacia la puerta. Mi cerebro estableció una conexión con su gafete de identificación. *LaTisha*. Enfermera. Diente de oro. Objetos punzocortantes.

Otra mujer se reunió con nosotros mientras entrábamos a la sala de estar común del pabellón psiquiátrico: pelo rubio y abundante, maquillaje aplicado con esmero. Tomó mi cara con sus dos manos.

—Eres Julie Hersh, tienes dos hijos. Andrew de siete y Becka de cinco años.

—¡Qué diablos estás haciendo! —LaTisha empujó a la mujer a un lado.

—Está bien, está bien —levanté la mano.

Las dos me miraron, sorprendidas. Probablemente no pensaron que pudiera decir algo tan rápido, a menos de una hora después del procedimiento.

—Yo le pedí que me dijera quien soy.

LaTisha mostró exasperación con la cabeza y me sentó en una silla.

—Da igual. Eso sí, no te caigas.

La mujer se sentó a mi lado y continuó dándome información:

—Estás casada con Ken, vives en Dallas.

—¿Texas?

—¡Sí, Texas! —aplaudió ella.

—¿Y quién eres tú? —le pregunté. *Sabía que debía conocerla, pero no podía recordar su nombre.*

—Cathy, ¿recuerdas? Nos conocimos ayer.

Así fue. Me acordé.

Cathy me tuvo de la mano la hora siguiente. Me hizo acordarme que Gerald me animó el día anterior, me recordó lo asustada que estaba. Desesperanzada. Ilógica.

—No tenía ningún sentido lo que decías —aseguró Cathy.

Cathy hablaba como si mis problemas fueran parte del pasado. Me sentía tranquila. Sin temor, sin confusión, sólo tranquila.

Después regresé a mi cuarto, tomé mi diario y leí la última anotación. Las palabras confirmaban lo que ya sabía: incluso después de sólo una sesión, yo estaba mejor. Por fin, había podido surgir al otro lado de la ola que me había tragado durante nueve meses. Mi depresión me había atrapado en una jaula acuosa por tanto tiempo que ya no sabía dónde o cómo encontrar el aire. Vértigo psicológico. La muerte había sido una posibilidad real, inevitable e inminente. Finalmente emergí del agua, con sal en los labios, sal de las lágrimas que hasta ese día había sido incapaz de derramar. Desde ese instante, pude respirar de nuevo.

La mayoría de la gente no tiene este nivel de respuesta con únicamente una sesión de la TEC. Por lo general, los pacientes requieren de seis a diez sesiones para experimentar una mejoría sostenida de la depresión. Algunas personas, como en mi caso, tienen una mejoría inmediata y se sienten mejor en forma instantánea. A menudo la familia y el personal médico pueden darse cuenta de un cambio positivo antes de que la persona deprimida sienta el cambio por sí misma. A mí, una sesión me cambió completamente la perspectiva.

Hice llamadas telefónicas que no recuerdo, una de las consecuencias de hacer correr electricidad por un cerebro terco. Ken me dijo que lo había llamado al campo de golf y que había notado energía en mi voz, por primera vez en nueve meses.

Mi madre me dijo que habló conmigo y después lloró, aliviada de que su hija hubiese regresado. Estoy segura de que hablé con mis hijos, pero ellos eran demasiado pequeños para recordar; inconscientes de lo diferente que podrían haber sido sus vidas si esta opción, junto con las otras, hubiese fracasado. Mi vida no se reordenó por arte de magia, pero yo ya no sentía que merecía la pena de muerte.

A la mañana siguiente, desperté con dolor de cuello, de hombros, de mandíbulas y de piernas, todo me dolía. LaTisha me aseguró que el dolor era normal, que pasaría y que probablemente tendría dolor de cabeza. Así fue.

Me sentía cansada pero optimista, suficientemente positiva como para notar un cielo azul despejado y la vista del centro de Dallas desde mi ventana. Mi diario muestra que por fin pude volver a sentir, a darme cuenta de la presencia de los demás, a sentir empatía con su dolor. La jaula que me había encerrado, que me permitía ver el mundo, pero no tocarlo o sentirlo, había desaparecido.

Mis palabras al cierre de ese día en mi diario resumen mi vida en ese momento:

Ahora puedo descansar.

Con la ayuda de Cathy, de Gerald, del personal y de los médicos, comencé a reacomodar las piezas para volver a armar mi identidad. Los recuerdos no se perdieron, sólo las conexiones a los recuerdos. Mis recuerdos flotaban como islas en mi cabeza. La TEC sacudió los puentes hacia esas islas como un terremoto. Algunos de esos puentes se colapsaron y fue necesario reconstruirlos. Otros sólo necesitaban ser reforzados. Algunos acontecimientos de las semanas inmediatamente antes y después de la TEC, desaparecieron para siempre. De todos modos, prefería olvidar la mayoría de los momentos inmediatamente anteriores a la TEC. Y los momentos perdidos después, los considero un costo mínimo. Por primitivo que parezca este tratamiento, me ayudó: la TEC me salvó la vida.

Ken me trajo el almuerzo por la tarde y me visitó a la mañana siguiente, pero no tengo ningún recuerdo de su visita. Mi compañera de ejercicio, Kate, pasó a verme dos días después. Kate, bronceada y vestida con sus shorts color caqui y una camisa de golf de algodón blanca parecía fuera de lugar en el pabellón cerrado con llave. Veía con atención todas las cosas extrañas a las que yo ya me había acostumbrado.

Un hombre grande y musculoso que se encontraba al otro lado de la sala estallaba en exabruptos cada veinte minutos o algo así, hablando de su miembro o de las partes íntimas de las mujeres. Otra paciente, una mujer, lo ponía en su lugar con un comentario: "John, no seas vulgar." John se calmaba.

Mi amiga Kate se comió una ensalada; los ojos fijos en su plato. Me miró con las cejas levantadas.

—Todo está bien —murmuré.

Los estallidos verbales eran comunes en el pabellón psiquiátrico, ya que la gente conversaba entre sí sin los límites de una conversación educada, cortés. Recorrí con la mirada desde donde estaba John, el vulgar, pasando por la mujer que lo ponía en su lugar, hasta llegar a mi amiga Kate. Cuando Kate apartó la vista, pude entender cómo se sentía ella. Pero yo sí me sentía cómoda en esa sala, un lugar donde yo encajaba.

En el pabellón, la gente hablaba de suicidio, de incesto, de la muerte, de drogas y de alcoholismo de la misma forma que un grupo de amigos hablan de sus partidos de golf en un bar, después de una ronda de tragos. Supongo que por eso el pabellón se mantiene bajo llave y en la puerta revisan que no se introduzcan objetos filosos.

Aun así, me sentía como en casa. Una vez que hablaba con la gente en la sala de estar, sus acciones tenían más sentido. La diferencia entre ellos y yo era una diferencia de grados. Tal vez porque recibí ayuda antes, quizás porque tuve ayuda de amigos y familiares o porque, tal vez, tenía los medios económicos que me permitieron tener acceso a un tratamiento mejor.

La mente es algo tan frágil, tan impredecible. ¿Qué es la locura?, ¿por qué enloquecen las personas? No sé responder a estas preguntas. Sólo sé que, cuando el cerebro está comprometido y se dan las circunstancias adecuadas, cualquier persona es vulnerable.

Kate le temía al interior de la sala común del pabellón psiquiátrico. Yo le tenía miedo al mundo exterior. ¿Qué pasaría cuando yo saliera? El pabellón era un capullo, un lugar donde todo lo que yo dijera sería tolerado y donde otra persona controlaba mis horarios. El miércoles, Kate me preguntó si ya contaba los días que faltaban hasta el viernes, el día que me darían el alta.

Lo hacía. Pero por diferentes razones de las que ella pensaba.

Me sentía a salvo detrás de esa puerta cerrada con llave.

Ken me llevó a casa el viernes. No hay anotaciones en mi diario sobre ese día: perdí la mayor parte de los recuerdos. Sí recuerdo haber vuelto a mi habitación, en casa; el sol entraba por las cortinas de gasa color crema. La misma escena ya se veía diferente una semana antes, artificial, incómoda y pretenciosa. Después de la TEC, la luz me maravillaba.

Me senté en la silla blanda, pasé mi mano por encima de la tela y subí los pies en el taburete. Los pasos de Andrew correteaban por el pasillo de madera al otro lado de mi puerta. Se echó a reír. Lo abracé con fuerza cuando entró en la habitación.

—¿Quieres nadar? —me preguntó.

—Por supuesto.

¿Cómo podía sentirse tan diferente la vida? Pero así era. La vida se sentía muy diferente.

Continué mi tratamiento en forma ambulatoria el lunes y el miércoles de la semana siguiente y cada vez me sentía mejor. Esa semana, llevé a Becka a la Feria Estatal de Texas y navegué a través de la multitud y de filas de gente para comprar comida, algo que me habría causado terror dos semanas antes. Mi mundo era diferente. Vi el mismo mundo, pero lo veía entonces con nuevos ojos.

La TEC ayudaba a mejorar mi estado de ánimo, no había duda; sin embargo, me sentía confundida y olvidadiza después de cada sesión. Una vez, conduje hasta el final de la calle, rumbo a la YMCA (GUAY). Yo había entrenado ahí, había ido a cientos de partidos y entrenamientos de fútbol. Al llegar al semáforo que en ese momento estaba en "alto", mi mente quedó en blanco. Me propuse recordar cómo llegar a la YMCA. Finalmente, cinco minutos más tarde, volvió a mí el siguiente paso. *Girar a la izquierda*. Una vez que me acordé de ese paso, el resto de las instrucciones fluyó solo. El puente se conectó a la isla en mi cabeza. Sabía el camino.

Esto no parecía ser tan malo, excepto que, siendo madre de dos niños pequeños, había un montón de islas para un sinfín de cosas pequeñas: el camino a la tienda, dónde buscar los juguetes perdidos, cómo llegar a las casas de los amigos. Se iban sumando los minutos en el limbo, mientras yo esperaba que se reconstruyeran los puentes.

Cuando comenzaba a tener algo de lucidez, ya debía ir a otra sesión de la TEC. Los puentes se colapsarían y en mi mente yo perdería el mapa a esas islas. Estaba calmada, pero el proceso de reconstrucción era frustrante.

Ken me animaba, pero yo me sentía como una idiota. Mis hijos probablemente no entendían por qué su mamá estaba tan confundida. Otras mamás no se quedaban tanto tiempo en la señal de alto, hablando solas.

*De acuerdo, piensa. Vamos. Lo puedes hacer* —me animaba a mí misma.

Después de asistir a las primeras cinco sesiones, quería suspenderlas. Sentía que ya había obtenido los beneficios del procedimiento y yo ya no quería enfrentarme a la desorientación que ocurría después de cada sesión.

La TEC maniataba mi vida diaria.

El Dr. Galen estaba de vacaciones, así que llamé al psiquiatra interino para comunicarle que no asistiría a la próxima sesión. El psiquiatra me aseguró que con las sesiones más espaciadas entre sí, mis problemas de memoria disminuirían dramáticamente. No le creí. Le dije al médico que me sentía mucho mejor y que seguiría tomando mis antidepresivos, pero que necesitaba parar las sesiones de tratamiento electroconvulsivo.

—No, eso no es posible.

El ritmo y el volumen de la voz del médico aumentaron.

—Los porcentajes muestran que casi todo el mundo vuelve a caer en la depresión si no se realizan los tratamientos programados en forma regular.

Su voz transmitía pánico; era interesante escuchar este tono en otra voz que no fuera la mía.

—Entiendo el lado negativo, pero ¿me puede mostrar un estudio que explique los porcentajes? —le pregunté sin alterar el tono de mi voz.

—¿Qué?

Obviamente ese médico no estaba acostumbrado a que sus pacientes con depresión le exigieran estadísticas.

—¿Cuáles son mis riesgos? ¿Tengo un 80 por ciento de posibilidades de reincidencia? —volví a preguntar.

—¿Y bien? —insistí— ¿Sesenta? ¿Veinte? Sólo necesito saberlo. Y pensé entonces: *Que yo conduzca en dirección contraria por una calle de un sólo sentido mientras reconstruyo mis puentes mentales también podría ser peligroso.*

—Estoy seguro que esos porcentajes pueden consultarse en alguna parte —hizo una pausa—. Mire, tiene que escucharme. Usted no puede simplemente suspender las sesiones. No puedo hacerme responsable de lo que pueda suceder.

—No le estoy pidiendo que se haga responsable.

Por primera vez en mucho tiempo, me gustó el sonido de mi voz.

—Sólo quiero hechos.

Yo sonaba como la antigua Julie y, al mismo tiempo, como una nueva Julie.

Me negué a tener más sesiones de TEC.

Cuando una semana más tarde, volvió el Dr. Galen, hablamos de mis alternativas. Me dijo que no existía ningún estudio asociado en forma definitiva con una reincidencia más frecuente a la depresión, si el paciente había tenido al menos seis sesiones de TEC y continuaba con otras formas de terapia. Si el paciente dejaba todo —TEC, psicoterapia y medicamentos— la posibilidad de recaída era alta:

—De hasta un 80 por ciento en seis meses.

El Dr. Galen creía que incluso con sólo cinco sesiones, siempre y cuando yo siguiera tomando mis medicamentos, continuara la psicoterapia y siguiéramos controlando cuidadosamente mi conducta, mis posibilidades serían tan buenas como si continuara con más sesiones de TEC. La elección dependía de mí. De nuevo yo estaba a cargo.

*De nuevo yo estaba a cargo.* Me gustaba como sonaba.

# 5

## De nuevo yo estaba a cargo

*L*os números brillaban más allá de la almohada arrugada de Ken. Las 3:30 de la madrugada. Me acosté de lado y mentalmente conté las horas de sueño. Cuatro. Cinco la noche anterior, tres y media dos noches antes. *Tengo que dormir.* Cerré los ojos, esperé y luego miré el reloj de nuevo. Las 3:35.

Aparté las sábanas, salí de la cama y como un ladrón atravesé los oscuros pasillos de mi casa. Mi cerebro, ya corriendo a toda velocidad, calculaba todas las cosas que yo podría hacer en las cuatro horas que faltaban para llevar los niños a la escuela: planear menús para la semana, revisar el correo electrónico, volver a hablar con una amiga sobre la división espiritual entre mis raíces cristianas y el judaísmo, hacer el resumen de mi libro para Rashmi, organizar fotografías y hacer una lista de compras.

Encendí mi computadora con la seguridad de un ilusionista dispuesto a llevar a cabo un truco bien ensayado. Mis dedos golpeaban el teclado, los párrafos se desparramaban sobre la página.

—¿Qué demonios estás haciendo? —la voz de Ken me sacudió a media frase.

—Sólo un poco de trabajo. ¿Te desperté? Lo siento.

Ken se frotó la frente.

—Son las 5:30. ¿Cuánto hace que estás despierta?

—Oh, no lo sé —miré mi computador.

¿A qué hora envié los mensajes? ¿Se dará cuenta de la hora en la pantalla?

—¿Una media hora?

Ken gruño, sacudió la cabeza:

—¡Mientes! Saliste bastante antes de las cinco. Tu lado de la cama esta frío.

Me levanté de la silla y pasé junto a él.

—¿Tú quién eres? ¿La policía? —salí a trancas de mi oficina—. Finalmente estoy mejor y tú estás criticándome.

Me siguió, me agarró la muñeca:

—¡Cálmate!

Me volví, aparté con brusquedad su mano.

—Yo no soy como tú. No tengo un asistente. Éste es el único momento del día en que puedo trabajar.

—Te vas a agotar. ¿Quieres acabar allá de nuevo? Yo no podría soportar otra crisis.

—¡Ya no estoy enferma! ¿Me oyes? ¿Cuándo vas a confiar en mí?

Ken dio un paso adelante. Podía sentir su aliento.

—Cuando dejes de mentir.

Le devolví su mirada fulminante y luego balbuceé:

—Tengo que vestirme.

—¡Son las putas cinco y media!

Le di la espalda y caminé hacia nuestro cuarto al final del pasillo.

—Voy a correr— contesté con brusquedad.

—Perfecto —gritó—. ¡Huye!

Después de la TEC, volví a toda velocidad a la vida, de cero a cien por hora, en cuestión de días. El Dr. Galen me envió a casa, me prescribió un antidepresivo y un control semanal con él, así como también una sesión de terapia con mi psicólogo, Artie. Acudí a las consultas y me tomaba el medicamento. No me gustaba. Sentía que la terapia me controlaba, como un collar que me ahorcaba, que apretaba mi garganta cada vez que yo avanzaba.

Había pasado un año completo bajo la estricta supervisión de médicos, familiares y amigos. Quería recuperar mi vida. Tomé el volante de mi vida y pisé el acelerador. Mi velocidad de recuperación puso a todos nerviosos. Desde mi perspectiva, su cautela me parecía asustadiza, un voto de desconfianza en mi evidente mejora. En los ojos de Ken vi mi reflejo como el de una persona con la mente alterada, carente de juicio. Me molestaba ese rol. Nuestra relación se había vuelto incómoda, como una camisa de fuerza impuesta por un esposo condescendiente.

Incluso cuando discutía con Ken sobre la legitimidad de esta nueva Julie, tenía mis propias dudas. Con la TEC me sentí mejor casi al instante. ¿Por qué? ¿Cómo podía yo querer matarme un día, no como un simple pensamiento pasajero, sino como una verdadera obsesión y, al día siguiente, comprender la inutilidad del suicidio? Yo tenía la misma vida, el mismo cuerpo, incluso la misma mente. ¿Qué causaba mi depresión? ¿Las hormonas? ¿Alguna disfunción química del cerebro? ¿Predisposición genética? No podía plantearme todas estas preguntas sin enfrentar la más difícil de todas.

*¿Va a ocurrir de nuevo?*

Aunque las preguntas eran de enormes proporciones, yo estaba decidida a proteger mi vida de una recaída. Tenía la energía para dirigir el ataque. Uno de los efectos secundarios de la TEC, por lo menos en mi caso, fue un período de seis semanas de "hipomanía." No me gustaba el término usado por el Dr. Galen, prefería pensar en el cambio como el de una "Julie feliz" versus una "Julie deprimida".

Cuando despertaba yo me sentía incansable, en pie desde las 3:30 de la madrugada y con batería hasta la medianoche; escribía larguísimos e-mails, transportaba niños, compraba palos de golf, buscaba decoraciones de Halloween, almorzaba con mi esposo, era entrenadora de fútbol, tomaba fotos, redactaba escritos, creaba un plan de vida marcado con viñetas, hablaba, leía, animaba partidos de fútbol, asistía a funciones escolares, preparaba comidas, mantenía una casa, creaba una nueva estructura de asignación semanal de dinero para los niños y, después, caía rendida tras un día de diecisiete horas. Luego despertaba a las 3:30 de la madrugada del día siguiente para repetirlo todo. La vida vivida como una larga oración sin punto final. Yo pensaba que era extraordinaria. Ken me describía como una rata con cocaína.

Ahora tengo días saturados de actividades, como lo hace la gente mentalmente equilibrada, pero me agoto. Muchos de nosotros actuamos impulsados por la cafeína y por un horario sobrecargado. La diferencia radica en un flujo natural de energía. Cuando yo estaba enferma, la relación entre energía y actividad estaba distorsionada. Cuanto más hacía, más energía tenía. No había descanso, ni inactividad. Entre más hacía, más me convencía de mi invencibilidad, de mi infalibilidad y de mi propio poder mágico.

Me metí en docenas de actividades al mismo tiempo, con el entusiasmo de la pasión de toda una vida pero con la concentración de un mosquito. Escribí. Mi pluma atacó las páginas con entusiasmo. Oré y me hice miembro de una iglesia Episcopal. Para estimular mis talentos ocultos tomé una clase de arte y practiqué el piano con Becka. Jugué golf y corrí al menos seis kilómetros casi todos los días. Ser madre seguía siendo fundamental. Establecí nuevas reglas para mis hijos: menos televisión, más lectura, práctica de fútbol, una lista de quehaceres. Todo estaba en primer lugar de mi lista; todo era la prioridad más importante.

Hice fiestas y desarrollé una habilidad especial para iniciar conversaciones profundas con casi perfectos desconocidos, a los que trataba como amigos íntimos. En mi tiempo libre, por lo general entre las cuatro y las seis de la mañana, escribía un resumen detallado de un estudio de casos sobre la recuperación de la depresión. Escribí e-mails profundos y largos, absorta en mí misma, observaciones que habían surgido de tanto "mirarme el ombligo", concentrada sólo en mí, y que nunca obtendrían la aprobación de un editor. Llegué a hacer todo esto en unas seis semanas.

Continué con algunas de esas actividades y con algunas de esas amistades; pero, a pesar de mis firmes propósitos, la mayoría de esas ideas se quedaron sólo en ideas. En el mejor de los casos, fueron semillas sembradas con desesperación, pero sin la luz o el agua suficiente para echar raíces. La lista de quehaceres, incompleta y sin revisar, estuvo colgada en el tablero de anuncios de Andrew por años.

Durante mi período frenético, me reunía todas las semanas con Artie, mi psicólogo. Intelectualmente, acepté la necesidad de la psicoterapia. Hoy en día, la única medida del progreso de una enfermedad mental es la conducta y la actitud del paciente, que a menudo es difícil de medir. El Dr. Galen no podía escanear mi cerebro y señalar las áreas que se habían recuperado o las que todavía requerían sanación. Él me estudiaba y observaba los cambios en un pabellón psiquiátrico, pero la reintegración a mi mundo era algo completamente diferente. La psicoterapia daba un punto de referencia para determinar si mi salud mental decaía o permanecería en el camino trazado.

Una parte de mi cerebro aceptaba la psicoterapia. La otra, registraba las horas consumidas por ésta cuando ya me sentía mejor. Emocionalmente, sentía la psicoterapia como pesas en mi cuerpo de corredora. No tenía ningún deseo de que alguien examinara con detenimiento mi vida y señalara todas las partes negativas.

Artie me acompañó a través de la peor parte de mi depresión. Aguantó durante mi primer intento de suicidio, mi primera estadía en el hospital Zale Lipshy y mi intento en el garaje. Soportó la TEC a mi lado. Artie siempre estaba allí, no fallaba. Lo podía llamar a cualquier hora del día y esperar una respuesta inmediata, incluso una visita de emergencia si era necesario. Después de la TEC, Artie aportó algo que fue crítico para mi recuperación: otro par de ojos para monitorear mi progreso.

Artie tenía un gran corazón. Realizaba las sesiones en su hogar, un lugar con poca luz, tenue, con un ambiente Zen. Siempre me esperaba con un refresco frío y también con una silla de cojines abultados. Con casi veinte años más que yo, Artie tenía mucha más experiencia de vida. Pocos meses después de la TEC, sin embargo, nuestras reuniones me provocaron más consternación que consuelo. El hombre parecía excesivamente concentrado en mi relación con mi madre.

Al pensar en el futuro, me preguntaba si Artie sería la persona adecuada para guiarme. Con cuarenta y un años y casada, vi grandes desafíos emocionales: equilibrar lo que esperaba de mis relaciones con los demás y la amenaza de la menopausia. Artie no tenía hijos, se había divorciado más de una vez, y era hombre. Artie adquirió su experiencia indirectamente, a través de pacientes y de libros. Yo necesitaba a alguien que hubiera vivido la vida que yo quería tener. Artie me había ayudado a pasar la parte más difícil de mi depresión, su disponibilidad y apoyo me salvaron en diversas ocasiones. Por eso, yo le estaba agradecida. Con su ayuda, me encontraba frente a una nueva fase de mi recuperación, una parte que me exigía dejarlo atrás.

La descripción del puesto de trabajo para la terapeuta perfecta tomó forma en mi cabeza como un anuncio del periódico: "Se solicita psicóloga con experiencia. Debe hablar y entender las necesidades de las mujeres. Casada, con un matrimonio largo y comprobable, sobreviviente a la menopausia. Las referencias de sus hijos y esposo deben estar disponibles al momento de ser solicitadas. Se pagará un incentivo en efectivo por un trabajo bien hecho y por la pronta toma de conciencia de la clienta."

Elegante, atractiva, tranquila, la doctora Yvonne Wolfe se ajustaba a la descripción del trabajo. Parecía satisfecha consigo misma y, al mismo tiempo, comprensiva con mis preocupaciones. Había obtenido su doctorado mientras criaba a dos niñas y todavía hablaba con cariño de su marido. Su ropa mostraba comodidad y estilo en un mismo traje; su cabello perfectamente peinado, pero no convertido en casco con laca para el pelo, como a menudo sucede con las mujeres que pasan de los sesenta en

Dallas. Me acomodé en el sofá de su oficina.

—Háblame de ti.

La doctora Yvonne se recostó en su sillón de cuero negro. Pasamos por conceptos básicos y terminamos hablando de mi padre y de mi madre.

Mi padre: Oficial naval de carrera. Trabajador. Amado por todos. Proveniente de una familia de trece hijos de un barrio polaco de bajos ingresos en Detroit. Su lema favorito: "Si no puedes decir nada positivo..." Brillante atleta. Físico increíble. Llevaba bermudas a cuadros y calcetines negros en la cancha de tenis del club. Le gustaba la jardinería y la cocina. Su abrazo me envolvía, me hacía sentir segura. Se jubiló para convertirse en profesor de finanzas. Murió de cáncer a los cincuenta y ocho años.

Mi madre: Inteligente. A menudo frustrada con su rol de madre. Gritona. Divertida. Sarcástica. Bien vestida. Le gustaba beber martinis con aceitunas, muchos martinis. Después, los manhattans con ron se convirtieron en su bebida favorita. Más tarde, cambió a vodka. Más de alguna vez, después de la "hora feliz", tocaba melodías de Broadway y nos hacía desfilar al compás de las marchas de John Philip Sousa. A los cincuenta y un años, mi madre obtuvo su maestría en psicoterapia y trabajó para el hospital mental del estado, especializándose en adicciones. Mamá tenía un don especial para el orden. La gente que ella trataba podía tener la vida hecha un caos por el alcohol y las drogas, pero ella les forjaba una estructura de nuevo en su vida cotidiana. Mi madre es muy pequeña, de apenas cinco pies de alto, pero puede acabar con cualquiera con menos de una frase. Comenzó su propio consultorio de psicoterapia a los sesenta y cinco años. A la edad que la mayoría de la gente sueña con jubilarse, ella acababa de abrir su negocio.

La doctora Yvonne escuchaba mientras yo le presentaba mi historia familiar en varias sesiones. Quería entender mi origen familiar y, con esa información, ayudarme a comprender por qué reacciono de la manera que lo hago con mi marido, mis hijos y el mundo que me rodea.

Mi predisposición genética a la depresión se manifestaba en la mayoría de las ramas de mi árbol genealógico, expresada de diferentes maneras. La doctora Yvonne quería entender qué desataba mi tendencia genética a la desolación. Y una vez que yo entendiera los factores desencadenantes, me explicó la doctora Yvonne, yo podría manejar mi depresión con mayor eficacia. Una persona puede ser propensa a una enfermedad cardíaca, pero puede evitar la aparición temprana de la enfermedad mediante una dieta apropiada, ejercicio y reducción del estrés. Yo necesitaba comprender cuál era mi equivalente emocional a las papas fritas.

La doctora Yvonne me pidió que describiera mi mesa familiar a la hora de la cena, una situación conflictiva; quizás podría ofrecer algunas pistas.

—¿Hablaban en la mesa? ¿Había algún ganador? ¿Me puedes describir una de esas noches?

Me hundí en el sillón y traté de recordar. Nosotros no éramos la familia Cleavers de serie de televisión. Me quedé en blanco. Le pregunté a la doctora Yvonne si podría pensarlo y después escribir sobre mi familia. La doctora Yvonne estuvo de acuerdo en que escribirlo podría ayudarme a analizar las tendencias de mi familia.

Miró su reloj.

—Mira, se nos acabó el tiempo.

El reloj de la psicoterapia hacía tic-tac sin importar el contenido o la dinámica de la discusión. Esa vez, la sesión cooperó con el reloj, pero había otros días en los que me sentía interrumpida; la hora llegaba a su fin antes de que una nueva revelación saliera completamente del cascarón. En cambio, otros días, hablar parecía ser tan sólo algo más que un balbuceo. Yo entendí desde el principio que la doctora Yvonne era una guía. Tenía interés en mi recuperación; ella me ayudaría, pero si yo quería estar bien, tenía que enfocarme en el "por qué" de mi depresión fuera de nuestras sesiones. La revelación interior no se manifiesta en incrementos prolijamente empaquetados, cada uno en sesiones de una hora. Descifrar mi vida era mi responsabilidad.

Dispuesta a afrontar el reto de la doctora Yvonne, me subí a mi coche, mientras las sillas de la cena de mi niñez se arrastraban por el piso cuando tomaban sus lugares en mi cerebro.

6

# La mesa familiar de mi infancia

—¿Lo quieres con fresas y crema batida?

Miré el pastel de ángel que se encontraba en el mostrador.

Mamá dijo que no con la cabeza.

—Penuche, el que lleva caramelo de azúcar morena, mantequilla y nuez.

Le dio un sorbo a su coctel manhattan mientras agitaba la mezcla.

Se me hizo agua la boca al sólo pensar en el azúcar morena y la mantequilla. Yo misma había preparado un penuche alguna vez, agitando el burbujeante jarabe hasta que espesaba. Vacié la mezcla sobre la torta. El glaseado chorreó por los lados.

—Casi se me olvida. Los condimentos.

Mamá apuntó con la cabeza hacia cuatro tazones de cerámica azules, más pequeños que una taza de té y me dio instrucciones para llenarlos con los cacahuetes machacados, coco, salsa picante y pasas.

—Ten cuidado.

Mamá observaba mientras yo sostenía un tazón en mis manos.

—¿Para qué es esto?

El tazón de coco, que yo sostenía como si fuera un cáliz, lo equilibraba en la punta de los dedos.

—Para espolvorearlo sobre el curry de camarones. Es un plato indio; de la India. No de indios y vaqueros.

A los ocho años, no estaba segura de haber entendido la diferencia.

Mamá suspiró y miró el reloj.

—¿Dónde está tu padre?

Por la forma en que subió la voz en el "está", deduje que mamá había hecho un comentario, no una pregunta. Lo decía casi todas las tardes cuando la hora pasaba de las 6:30 de la tarde, como si esperara que él llegara a las 5:00, aunque nunca lo había hecho.

Las ruedas chirriaron en la calzada. La puerta de un coche se cerró de golpe.

—Por fin.

Mamá cortó el pimiento verde en tiras finas.

Papá abrió la puerta lateral de la cocina al mismo tiempo que yo jalaba el picaporte. Llevaba un cuaderno negro y ancho bajo el brazo izquierdo y un fólder en el derecho, los dos llenos de papeles.

—Hola, cariño —saludó a mamá moviendo la cabeza—. Las cosas se ven mal allá fuera. ¿Tienes puestas las noticias?

Dejó su cuaderno de notas en uno de los tres taburetes de mimbre que se encontraban junto a la barra de la cocina, colgó el abrigo en un armario, sacó una silla de la mesa y se sentó al borde del asiento frente al televisor.

—Qué tal un: "¿Cómo estuvo tu día?" —dijo mamá.

—¡Ese periférico es increíble! —los ojos de papá se enfocaban en la pantalla en blanco y negro.

—Mi día...—mamá arrojó los pimientos a la ensalada.

Papá se acercó más al televisor. Una mujer con el pelo largo y negro extendía los brazos sobre la cabeza, en lo que parecía más un reto que una rendición ante los policías que la rodeaban.

—¿Joe?

—Una locura, eso es lo que es... —dijo papá señalando la TV—. Cantantes famosos bloqueando el paso a los reclutas. Joan Baez... ¿qué diablos sabe ella? Probablemente es una agente del Viet Cong.

—¿Qué es el Viet Cong?

Me acerqué más. Mamá se quitó el delantal y bebió un largo trago de su manhattan. Le dio un vaso a papá.

—Gracias, cariño. La cena huele bien.

—Si me saludaras sería agradable —dijo mientras se revolvía el pelo.

Papá tomó a mi madre por la cintura y le acarició la cadera.

—¿Qué es el Viet Cong? —repetí.

—Un grupo malo —murmuró—. Comunistas.

Mamá le apartó el brazo.

—Vamos, Joe… —Mamá puso sus manos sobre mis hombros y me alejó de papá—. Es un poco más complicado que eso, ¿no te parece?

—Si te fijas…

Papá hablaba con los ojos fijos en el televisor.

—Es hora de cenar. Julie, ¿puedes llamarlos a todos?

—¿Qué es un comunista?

Me acerqué de nuevo y puse la mano en el hombro de papá.

—¡Julie!

El tono de mamá me obligó a poner atención, por lo que llamé a mis hermanos.

Después de que Patrick, Matt, Eileen y Teddy llegaron a donde estábamos nosotros, pregunté de nuevo.

—¿Qué es un comunista?

—Oh Dios, aquí vamos de nuevo.

Patrick retiró su silla. En casa, y de vacaciones de la Universidad de Duke, Patrick se había negado a recibir una beca militar ROTC (Cuerpo de Entrenamiento de Oficiales de Reserva).

—Joe —dijo mamá apuntando hacia el televisor—, apaga eso. La cena está lista.

—Sólo un segundo. . . —papá le pasó la mano izquierda por la espalda—. Quiero ver esto.

Eileen apoyó la mano en el respaldo de la silla de papá.

—Papá —Eileen arrastró sus palabras con impaciencia adolescente—, estás en mi silla.

—¿Qué es un comunista? —le susurré, acercando mi asiento a la mesa.

—¡Está bien, está bien, está bien!

Papá se puso de pie, apagó el televisor y se sentó a la cabecera de la mesa. Mamá se fue a su asiento, al otro extremo del de mi padre. Yo siempre me sentaba a la derecha de papá, un lugar peligroso. Papá mantenía una cuchara de madera grande en la mesa. Si yo apoyaba los codos en la mesa durante la cena, papá me recordaba las reglas de etiqueta con un golpe firme en el brazo. Papá no me escogía a mí en especial, pero estar a la derecha de papá me dejaba en clara desventaja. Los hermanos mayores me seguían en orden, mi hermano menor, Teddy, a mi lado. Poníamos nuestras servilletas en nuestro regazo.

Papá comenzaba y todos lo seguíamos: "Bendícenos, Señor, y a estos alimentos que vamos a recibir de tu generosidad, por Cristo, nuestro Señor. Amén."

Pasamos el tazón lleno de arroz blanco al vapor, luego el curry de camarones, cada uno sirviéndose en su propio plato. Papá se aclaró la garganta cuando me eché una segunda cucharada llena de arroz en el mío.

—Prueba un poco de ensalada—, me dijo.

—¿Qué es un comunista, papá?—.

Le sostuve el tazón a Teddy mientras se servía una cucharada de arroz.

—Alguien que nos roba la libertad. Alguien que quiere que todos seamos iguales.

Teddy le pasó el tazón a mamá. Tomó el tenedor en la mano izquierda y engulló un bocado. Apretó el cuchillo con la mano derecha.

—Papá, vaya, pensé que te gustaría eso —sonrió Patrick—. Compartirlo todo —con una cuchara pequeña roció cacahuetes en su curry de camarones—. Suena muy cristiano.

Mamá dejó caer el tenedor en el plato y se inclinó hacia adelante, con el puño izquierdo en la cadera y el codo del otro brazo doblado, moviendo un dedo que apuntaba a Patrick.

—Oye, tú que rechazaste la beca ROTC porque no fuiste capaz de hacer una cita para cortarte el pelo, no te burles de tu padre. ¿Cómo vamos a pagar ahora?

—¿El pelo? —Patrick atravesó un camarón con el tenedor—. ¿De eso crees que se trata? ¿Del pelo? —se metió el camarón en la boca y lo masticó—. Voy a encontrar un trabajo, pediré préstamos, pero de ninguna manera voy a pelear en esa guerra.

Teddy se despejó la garganta y bajó los cubiertos.

Hice crujir los cacahuetes entre los dientes. Sentí el dulzor de las pasas por un momento, mezclado con la sal. Revolví el curry de color amarillo brillante con el arroz blanco.

—Pat —, dijo papá— si te llaman a servir a tu país, debes...

—Servir a mi país ¡Me importa un carajo! Nadie me pidió que votara por Vietnam. Nadie siquiera le preguntó a Vietnam por Vietnam.

Tomé un bocado de comida. Miré a papá, luego a Patrick, después a papá, luego a Patrick una vez más; mi tenedor en piloto automático, paleando el arroz. No quería perderme de nada, como si estuviera presenciando una noche de boxeo en la televisión.

Papá levantó su antebrazo derecho, los dedos extendidos, el pulgar doblado, como si fuera a dar un golpe de karate.

—Si pusieras atención a los hechos. . . —papá cortaba el aire al hablar, haciendo hincapié en cuatro palabras.

*Pon atención a los hechos.* ChopChopChopChop. Su mano se paralizó en la palabra "hechos" para hacer notar el punto más importante. Cuando papá usaba esta frase, y lo hacía a menudo, yo sabía que él tenía razón. Papá era infalible, como el Papa, pero mejor.

Patrick se aprovechó de la pausa dramática de papá.

—"Los hechos" son que los Estados Unidos entraron en Vietnam y proclamaron a nuestro país como un regalo de Dios para el gobierno. El presidente Lyndon B. Johnson fue un fascista. Nixon es un fascista.

—Está bien, Patrick, dejemos que el Viet Cong administre nuestras escuelas—, dijo papá con calma, el tono de su voz no concordaba con sus palabras—. De esa manera, tendrás una gran cantidad de opciones. Tal vez te pongan brotes de bambú en las uñas...

—¡Eres un fascista, te han lavado el cerebro!— Patrick apuntó con el dedo a la cara de papá.

—Tal vez te quiten a tu futuro bebé del vientre de tu esposa.

Las palabras salían de la parte de atrás de la garganta de papá, condescendientes, como si atraparan su ira retorcida en el pecho. Cogió su cuchara de madera. Me eché hacia atrás, asegurándome que mis codos no estuvieran ni siquiera cerca de la mesa.

—¡Joe! Los niños pequeños. . . ¿Qué te pasa?

Mamá miró a papá, mientras que Teddy y yo nos mirábamos. Papá vio la cuchara de madera que tenía en la mano, sorprendido, como si no supiera cómo había llegado hasta allí. Soltó la cuchara, le pasó los dedos por encima, como si quisiera asegurarse de que la cuchara se quedaría en su lugar.

—¿Qué es un vientre? —preguntó Teddy.

—¡Propaganda! —el volumen de la voz de Patrick aumentaba mientras sus palabras crecían—. ¿No te das cuenta? Ellos aplastan a quienquiera que se les oponga. Ahí tienes a Joan Baez.

—Echémosle una mirada a Joan Baez —, dijo papá—. Protestar está bien, ella puede hacer un letrero o cantar sus baladas —movía los ojos entre Patrick y Eileen, esperando poder encontrar un aliado— Baez está bloqueando la entrada a un edificio. Obstaculizando el proceso. Joan Kumbaya Baez no se da cuenta de eso.

Eileen golpeó su vaso en la mesa. Miró hacia otro lado. Por ser la segunda hija, ya había oído muchos de esos discursos.

—Es el proceso hacia la muerte, papá —dijo Patrick—. ¿No lo entiendes?

Matt tomó una cucharada de arroz, que comía en gran cantidad para aumentar el volumen muscular que requería para jugar fútbol. Matt tenía una forma estratégica de interactuar con la familia, igual que lo hacía con el deporte. Si no puedes ganar, desconéctate. Busca otro camino. Juega con más inteligencia. Al ser pequeño, lo había aprendido en el campo de juego, a la mala.

—La gente se está muriendo, Joe —dijo mamá, subiendo el tono de voz—. Jóvenes. Niños. No muy mayores a los nuestros.

Todos nos detuvimos, esperando la siguiente palabra.

El silencio no se daba con frecuencia en nuestra mesa. Con siete personas, el ruido estaba siempre presente. Los tenedores y cuchillos en los platos, las sillas que se arrastraban contra el piso de linóleo, las voces que entrechocaban, las risas, la gente masticando, tragando, los gruñidos; aun cuando las palabras cesaban, los ruidos continuaban. En ese momento, yo pude oír el viento, la brisa, a través de la ventana detrás de mí. Pero el silencio sólo duró un segundo.

—Vamos a ver —papá enumeraba los elementos con los dedos—. ¿Preferirías que bombardearan tus iglesias? ¿Que te sacaran a la fuerza de tu casa en una lancha? ¿Que asesinaran a los funcionarios civiles junto a sus esposas, hijos y hasta al gato de la familia?

Hizo una pausa esperando una respuesta, pero nadie respondió. Moví mi arroz de un lado a otro en el plato.

—Eso es lo que consigue el comunismo.

Patrick apartó su silla de la mesa.

—¿Cómo puedes estar tan seguro? —preguntó mamá.

—Son los hechos —dijo papá—. Documentados.

—¿Pero nuestros hijos? ¿Nuestros hijos deben MORIR por ellos?

Eileen dio otro sorbo. Teddy se acercó más a mí. Nuestras piernas se tocaron bajo la mesa.

—Si es necesario… —dijo papá.

—¿SI ES NECESARIO? ¿Qué clase de respuesta es ésa?

—¿Cómo? Está bien que ellos sufran, ¿pero no nosotros? ¿No estamos obligados a ayudarlos? —papá se encogió de hombros—. Vamos a sentarnos cómodamente, echados hacia atrás, entonces—. Papá se reclinó en su silla y puso los brazos a los costados para enfatizar—. No hagamos nada.

—Yo no he dicho…

Papá se inclinó hacia adelante.

—Simplemente no te quejes cuando el comunismo llame a tu puerta.

Mamá y papá se quedaron en silencio por un momento. Yo podía sentir que algo zumbaba en el aire aunque nadie dijera nada, como agua a punto de hervir.

—¿No SIENTES nada? —mamá soltaba sus palabras en staccato, como dardos—. ¿Y si a Patrick lo reclutan? ¿Si lo matan? ¿Eso te dolería? "SI ES NECESARIO", dices. ¿Quién eres? ¿El señor Spock, nuestro líder Vulcano? ¿Analizamos las probabilidades de éxito y corremos el riesgo?

Teddy se echó hacia atrás en su asiento y yo me incliné hacia adelante. Matt puso los ojos en blanco, y Eileen se retorció en su silla como si quisiera irse, pero no pudo.

—¿Puedo levantarme? —Patrick deslizó su silla hacia atrás—. Voy a salir con unos amigos.

*¿Levantarte?*, —pensé yo —; *pero, ¿y el pastel? ¿y el glaseado? Yo nunca me perdía el postre.*

—Patrick, todavía tenemos…

—Basta con mirar los hechos —insistió papá.

La prioridad de mi padre no era el pastel.

—¿Los hechos? Muy bien, señor Spock —mamá le agitó el dedo desde el otro lado de la mesa—. No me hagas tener bebés para luego matarlos con tus hechos, ¿de acuerdo?

—Contrólate, sé que en el fondo estamos de acuerdo.

—En el fondo. . . —Mamá miró su copa con el coctel. Ya no quedaba líquido; jugó con el hielo.

—Mamá —le susurré—, ¿y el pastel de ángel?

Mamá miró el Ronrico que estaba en la barra y se puso un cubito de hielo en la boca. Su mandíbula se flexionó cuando lo masticó y se lo tragó.

—Tal vez me voy a hacer otro—, dijo.

—¿Mamá?

Se levantó de su asiento, con el plato y el vaso vacío en la mano. Rodeó el gabinete rumbo al fregadero de la cocina. Dejó caer el plato de plástico en el fregadero con mucho ruido.

—¿Julie? —mamá dejó el vaso en el plato, concentrada en lo que hacía—. ¿Me ayudas a servir el pastel?

# 7

# La ficción de las tazas de té

—*E*scribir te ayuda.

La doctora Yvonne tomó otro sorbo de té. Habíamos estado hablando de lo que ocurría en mi casa a la hora de la cena.

—Escribe un poco más. Busca una excusa para estar sola.

—Pero, usted debe entender que yo soy madre y esposa. No tengo tiempo para estar sola.

—Hay que darse el tiempo —dijo—. A ti te atrae el caos, la diversidad, la polémica de los pensamientos, pero hay una parte tuya que necesita estar a solas.

*Estar a solas. Soledad.* El sonido de la palabra me hacía cambiar mi ritmo. Algo en su voz me tranquilizaba, me daba cuenta de que no íbamos a encontrar la respuesta a la depresión en tan sólo algunas sesiones. Yo sabía que ella tenía razón, pero yo no era una monja. ¿Cómo iba a meter la soledad a la fuerza dentro de mi vida?

Me imaginé varias situaciones diferentes y a Ken preguntándome al final del día: ¿Compraste ropa para los niños? ¿Imprimiste el horario de los entrenamientos de fútbol? ¿Qué hay para cenar? *No, cariño, nada. Necesitaba estar a solas.*

—¿En qué momento? ¿Cuándo puedo pasar algún tiempo a solas?

—Te puedes matricular en un taller de escritura. Fíjate metas —la doctora Yvonne movía la cabeza de un lado a otro—. O pasas tiempo a solas contigo misma o dejas que el tiempo se te pase. Tú eliges.

Días más tarde, cuando pensaba hacerle un espacio a la soledad entre el yoga, las clases de arte y una obra épica sobre la depresión, recibí una señal. Las señales son coincidencias tan estrechamente vinculadas a nosotros que estoy convencida de que hay una intervención divina. Una amiga me dio un volante: "Supe que estabas tratando de escribir un libro."

Las letras negras del volante se veían con claridad. **Taller de escritura**. No se requería título. Ambiente informal. Asesoramiento profesional en un ambiente relajado.

Llamé por teléfono.

Edén, la instructora del taller de escritura, para explicar algo, agrupaba las palabras en frases disparadas como con resortera. Al hablar, se hizo evidente su origen de otro estado mucho antes de que dijera la palabra «Chicahhgo». Después de haber estado rodeada tanto tiempo por el suave acento cansino de Texas, ya me había olvidado de que algunas mujeres, como Edén, tenían voces tajantes, con un tono que sonaba muy decidido.

Edén me explicó el formato de la clase. El grupo se reunía en su casa. Todas las semanas, Edén asignaba una obra literaria para examinarla durante la primera mitad de la clase; a continuación, en la segunda mitad, analizaríamos una historia escrita por uno de los miembros del grupo, todos aspirantes a escritores. Al terminar la llamada telefónica, ya me había decidido a tomar el curso.

Las tareas para la primera clase llegaron por correo una tarde. Abrí apresuradamente el sobre. Los niños estaban hambrientos, apurándome por la cena.

—Cómanse un pedazo de queso —les dije.

Entré en mi oficina, cerré la puerta y comencé a leer.

*Cómo alimentar a una musa y conservarla*, la obra de Ray Bradbury, encendió una chispa en mi cabeza. *Musa*. Hacía años que no leía esa palabra. Cuando comencé a tener hijos, mi lectura se redujo a fragmentos de tiempo, como pausas comerciales o jingles de radio. Leía cuando llevaba a los niños a la escuela, en los quince minutos que tenía antes de que Ken llegara del trabajo y, por lo general, también leía unas cuantas páginas antes de desplomarme en la cama a la hora de acostarme. Bradbury fue como un salvavidas.

Pasé a la tarea siguiente: una historia de Stuart Dybek. Me apresuré a leer hasta que llegué a: "Ella parecía un clarinete, aflautada, delgada, con un vestido negro con botones de plata, un cinturón plateado y un collar que le hacía juego." Subrayé la frase con tinta azul brillante y escribí mi comentario al margen. *¡Vaya!* Sentí un tirón en el pecho. ¿Algún día podría ser capaz de escribir una frase así?

Oí la puerta del garaje. Mierda. Eran las siete de la tarde. Las pisadas de Ken resonaban en el pasillo fuera de mi oficina. Hizo una pausa. Sin llamar, abrió la puerta y se dirigió hasta mi silla. Tenía su portafolios colgado al hombro.

—¿Por qué está cerrada la puerta?

Dejó caer su portafolios sobre mi escritorio y me dio un beso en los labios.

—Ah. . .

—¿Qué hay para cenar?

Revolví los papeles en mi escritorio. Ken se dio media vuelta, salió de la oficina, miró a su alrededor y volvió a entrar.

—¿Dónde están los niños?

¿Dónde estaban los niños? Habían estado en silencio o, al menos, yo pensaba que habían estado tranquilos. Demonios, hasta una bomba podría haber explotado fuera de mi puerta. Los sonidos de la sala de televisión a la distancia me salvaron.

—Oh, están viendo televisión.

Salté de mi asiento y lo abracé.

—¡Vaya! —sonrió—. ¿Qué pasó hoy?

—Mucho, estas cosas, esta clase, tú sabes…, lo que dice Bradbury.

—Bueno, cariño, me interesa saberlo. En serio. Pero comamos primero.

Las puertas de la sala de televisión se abrieron y los niños salieron como si alguien les hubiese dado una señal.

—¿Cuándo va a estar la cena? —preguntó Becka—. Tengo hambre.

Mis ojos fueron de Andrew, a Becka, a Ken. ¿Estar a solas? ¿A quién voy a engañar?

Ken levantó la correa del portafolios y la puso en su hombro.

Voy a dejar esto en mi escritorio.

Caminó hacia la puerta y preguntó:

—¿Qué tal si cenamos en Boston Market?

La primera clase aumentó la confianza en mí misma y me dio más ideas.

A pesar del alto nivel educativo de los participantes, nadie había publicado nada. Edén nos habló del argumento, dijo cosas como "la ficción envuelve la historia en un vehículo que se mueve a través del tiempo".

Redescubrí el mundo: lo veía con los ojos de un escritor. Los objetos ordinarios adquirieron un significado metafórico. Mientras salía a trotar temprano por la mañana, olía el jacinto, adoraba la luna; y volví a hacer algo que había aprendido cuando niña: me fijaba en una casa, miraba la puerta de entrada y comenzaba a imaginar. ¿Quién vivirá ahí? ¿Quién será el padre? ¿La madre? ¿Habrá padre o madre? ¿Quién será ese chico con el ceño fruncido? ¿Qué pasará? Me imaginaba mis libros, escritos y publicados, extendidos sobre la mesa en el show de Oprah.

—¿Cómo sucedió? —me preguntaría Oprah—. ¿Cómo se inició tu brillante carrera de escritora a los cuarenta y un años?

—Bueno —imaginaba mi respuesta, segura, pero con mucha modestia—, todo comenzó con una señal, un simple pedazo de papel…

Esas fantasías jugaban en mi cabeza, cada una de ellas mejor que la anterior. A la semana siguiente, yo estaba lista, segura de que sería la próxima Gran Novelista Americana.

—Vamos a comenzar con la historia de Julie—, dijo Edén.

Mi historia describía un viaje con Ken a Lourdes. Metafóricamente, la historia describía mi depresión. ¿Podría alguien captar el significado más profundo?

Nos sentábamos en un círculo, seis mujeres, yo la menor; la mayoría de ellas entre cinco y diez años más que yo. Todas mejor vestidas que yo, pero eso no requería mucho esfuerzo. Yo llevaba jeans y sandalias Teva. Tenía las uñas de los pies arregladas.

—Chandani —indicó Edén—, tú ya has hecho esto antes. Tú comienzas.

Chandani tenía un doctorado en literatura inglesa.

—Es un comienzo, un buen comienzo —la suave voz de Chandani modulaba las palabras con precisión—. Pero necesitas tener más descripciones físicas del personaje principal —continuó—. También cambias los tiempos verbales, te saltas del pasado al presente.

Eché un vistazo al papel. Ella tenía toda la razón. ¿Cómo no me di cuenta de esto?

Siguió Pam, una mujer de la elegante zona de Highland Park. Su ropa impecablemente bien planchada, la blusa combinaba con los pantalones, los pantalones combinaban con los zapatos; la sombra de ojos hacía resaltar sus ojos azules. Cada parte de ella parecía estar hecha con buen gusto, sin una arruga. Yo estaba predispuesta a odiar lo que ella dijera, antes de que abriera la boca.

—Me encanta la escena en la que tú y Ken están en la multitud. ¿Sabes?, ésa con la gente en camillas esperando a ser sanada —Pam se rió—. Y después los ladridos de la señora italiana en el teléfono, en medio del *Ave María* —Pam se arregló la blusa—. ¿Realmente hizo eso?

—Sí, es verdad.

—Julie —Edén interrumpió—, no hagas comentarios hasta el final. Y tú Pam, cuando estés analizando, recuerda que nunca debes referirte a la protagonista como 'tú' ya que esto no se trata de Julie: la historia es sobre el personaje principal.

Pam y yo nos miramos.

—Gracias—, pude balbucear. Pam asintió.

—Después fue el turno de Joanne, la artista.

—Es descriptivo, pero creo que el narrador mantiene al lector a muy corta distancia. Yo quiero estar dentro de la cabeza del narrador.

¿Dentro de mi cabeza? ¿Cómo puedo conseguir llegar a poner eso en el papel? Yo quería preguntar, pero esperé mi turno.

Continuamos por la sala, cada una ofreciendo sus impresiones personales. Todas parecían reacias a decir algo crítico. A algunas les gustaba tal o cual línea o descripción y yo disfrutaba de los elogios; no hubo tantos como yo esperaba, pero de igual forma me hacían sentir bien.

Edén tenía mi historia en la mano, se sacó las gafas y examinó sus notas. Bajó la mano en la que sostenía mi texto. Sacudió la cabeza, como si tuviera un escalofrío, y luego se concentró en mí.

—Tu historia la siento como el reflujo de un bebé, ya sabes, esa cosa con grumos.

¿Reflujo? Me sentí como si me hubiera vomitado encima.

No dije nada. Esa era la regla. El escritor no podía hacer comentarios hasta que todos terminaran la primera ronda de críticas. Me concentré en la cruz de mis sandalias Teva, en las imperfecciones del barniz de mis uñas.

Edén señaló la página.

—Estás escondiendo algo.

¿Vio a través de mí? ¿Era tan transparente mi depresión?

—Al final, sucedió algo, pero ¿qué?

En la segunda mitad de la historia, corro hasta llegar a una colina que domina Lourdes. Estoy abrumada. Lloro, sabiendo en mi mente que estoy viva únicamente porque mi intento de suicidio fracasó. Admitir esto fue algo que nunca llegué a plasmar en el papel. En su lugar, en la historia, lloro y agradezco a Dios por la vida.

Edén me miró, como un halcón, con las garras extendidas. Su pelo oscuro, abundante y salvaje alrededor de su rostro, caía sobre sus ojos. Se apartó un mechón.

—¿Lloras? ¿Das gracias a Dios? No lo entiendo. Como escritora, necesitas tomar distancia. Esto te puede haber sucedido, pero para escribir bien, tienes que pensar en ti misma como el personaje de un cuento. Aumentar la emoción. ¿Qué pasó con el personaje? ¿Cuál sería una reacción razonable? —Edén hizo una pausa—. Tiene que haber algo más.

Miré hacia abajo, incapaz de levantar el rostro. Sólo veía rodillas. Algunas piernas cruzadas, otras no. ¿Una reacción razonable? La depresión siempre parece ser una respuesta exagerada para el resto del mundo, excepto a la persona que se encuentra perdida en la perspectiva que la misma depresión ha creado. ¿Cómo *le explico esto a ellas? ¿Cómo se lo explico a una persona cualquiera?* Nos sentábamos en el estudio de Edén, un espacio pequeño, cómodo, con libros apilados hasta el techo. Su gato persa gris y gordo se le enroscaba alrededor de las piernas.

Suspiré.

—Hay. . . hay algo más.

—Pues, ¿qué es? Cuéntalo.

*¿Contarlo? ¿Que yo había tratado de matarme? ¿Cómo iba a contar mi historia si ni yo misma la entendía? Edén no tenía idea de que ella estaba jugando con dinamita. ¿Cómo reaccionarían estas mujeres frente a una persona que había estado en un pabellón psiquiátrico encerrada bajo llave? Me imaginaba el impacto en sus rostros. La TEC. El nido del cucú. Miembro oficial. ¿Serán capaces de aceptar lo que hice?*

—¿Estás ahí? —insistió Edén—. Vamos, ¿qué tan malo puede ser? ¡Danos un poco de sustancia! —sacudió la cabeza—. De lo contrario, esto es sólo un poco más que literatura de tacitas de té; sí, de fantasía.

—¿Literatura de tacitas de té?

—Ya sabes, cosas triviales, mentiras. Y no tengo tiempo para escritores así.

*¿Literatura de fantasía?* Levanté la cabeza, mirando a cada uno a la cara.

¿Mentiras? Podía sentir el calor que me subía por la espalda, pasando por mis hombros y alojándose en mi cuello. ¿Triviales? Ésa era mi vida. Ésa era yo, no un personaje, no una fantasía con la que jugaba para entretenerme.

Tenía que contarles. Sin metáforas, sin un contexto escénico, tenía que ser honesta. Necesitaban una transparencia normal, sin adornos. De lo contrario, mi escritura era una mentira que les hacía perder su tiempo y el mío.

Sentía que a mis labios llegaba el momento de la confesión. Me quedaría desnuda. ¿Puedo arriesgarme a esto? ¿Me van a juzgar? Algo dentro de mí estalló. Oí las palabras como si otra persona las hubiera expresado.

—Estuve en un pabellón psiquiátrico encerrada bajo llave.

Mi cara se enrojeció. Nadie abrió la boca, pero sentía que la habitación estaba conteniendo un suspiro colectivo.

—Está bien—, Edén sonaba accesible por primera vez—. Éste es un tema que merece nuestra atención. ¿Se puede hablar de ello? ¿Quieres hablar de ello?

Las lágrimas me corrían por la cara.

—Estuve deprimida —dije entre sollozos—. Tuve que, tuve que hacerlo…¿Cómo puedo decirlo?

—¿Qué cosa? ¿Medicamentos? —Edén se encogió de hombros—. Eso no es nada nuevo. Te apuesto que la mitad de las mujeres en esta sala toman algo.

Pam y Sandy, las dos mujeres de Highland Park, intercambiaron miradas, como si fueran a ser las próximas.

—TEC. La terapia de shock.

—¡Mierda!

Edén me miró con incredulidad. ¿Qué estaba haciendo este animal de laboratorio vivo en su casa?

—Yo creía que ya no hacían eso— se levantó, se acercó a la caja de pañuelos desechables de la repisa. Me pasó uno.

Asentí con la cabeza, me soné la nariz.

—La TEC me salvó la vida.

—Está bien —Edén volvió a su asiento—. Es suficiente por hoy. Me miró fijamente, con sus intensos ojos marrones—. Debes escribir sobre esto.

—¿Qué? ¿Cómo… ¿Cómo puedo empezar?

—No tiene importancia. Escribe sobre algo significativo, algo que conozcas. Deja unas horas en tu agenda y escribe.

La clase terminó; salimos en grupo hacia la puerta, cada una se dirigió a su coche en forma separada. Las mujeres se ponían los cinturones de seguridad, se despedían y decían "Mucho gusto", mientras se iban. Yo también me despedí con la mano, dije las mismas palabras, pero no le di marcha a mi coche. Éramos mujeres civilizadas, con nuestras emociones guardadas y todas muy bien aseguradas con nuestros cinturones para el viaje a casa. En cuestión de minutos, ya no quedaba nadie en la calle.

A solas.

Saqué mi agenda electrónica y encontré unos cuantos espacios de una hora en la semana siguiente. Anoté: "Hora para escribir." Cuando terminé, giré la llave para arrancar. Los narcisos del jardín de un vecino me llamaron la atención, brillantes, amarillos. Bajé las ventanas y respiré el aire fresco de primavera.

# 8

# El dolor enterrado

Aburrida del columpio de llanta, me adentré profundamente en el bosque. El bosque olía a tierra húmeda. Los árboles caídos se pudrían y brotaban las setas anaranjadas. Las telas de araña colgaban de las ramas con sus hileras adornadas de gotas de humedad. Un cardenal llamaba a su compañera y uno de color rojo se abalanzó detrás del marrón, hacia arriba, hacia abajo, hasta que los dos se posaron sobre una rama. Un rayo de luz se extendía desde las copas hasta el suelo. Motas de polvo giraban en espiral bajo uno de los rayos de luz. Permaneció por unos segundos, luego cambió de dirección y desapareció.

Cuando salí de la espesura de los árboles que había cerca de mi casa, encontré a mi madre en el porche trasero. Con una escoba en la mano, tarareaba una canción mientras trabajaba. Atravesé el césped, en silencio. Puse mi mano en la puerta, con la esperanza de colarme a la casa sin que me mandaran a hacer algo.

Mamá levantó la vista.

—¡No entres! Estás hecha un desastre, toda cubierta de lodo.

Mi mamá creía que una vida al aire libre consistía tan sólo en una carne a la parrilla y un jardín muy bien cuidado. Movía la cabeza de un lado a otro.

—Tenemos que comprarte ropa nueva, pareces vagabunda.

Me sacudí el polvo de los shorts. A mamá le encantaba ir de compras, especialmente a comprar ropa. Yo carecía del gen de las compras. Mamá se desmayaba de gusto por los zapatos infantiles de charol; a mí me gustaba andar con los pies descalzos. Llegar a un acuerdo entre las dos a menudo resultaba difícil.

Mamá recogió una hoja del cemento.

—¿Qué vio hoy, la señorita exploradora? Pensé por un momento y luego respondí lo obvio.

—Vi a Dios.

—¿Qué? —Dejó la escoba a un lado—. ¿Tuviste una visión?

Como buena católica, mamá conocía las historias de Bernardita y de Fátima.

—No, sólo vi a Dios.

Metí las manos en los bolsillos y me encontré una piedra de una excursión anterior. Le conté a mamá acerca de la luz, mi experiencia religiosa en el bosque.

Ella se rió, se arrodilló, me quitó una ramita del pelo.

—Eso es sólo luz, tontita, no es Dios.

No discutí. Yo sabía que la luz era Dios, aunque mi madre no lo supiera.

Algunos de mis mejores recuerdos de infancia son de dos lugares: el bosque y el armario de mi dormitorio. Nunca sufrí de soledad al estar sola. Quizás porque nos mudamos seis veces antes de mi séptimo cumpleaños. No me divertía con los juegos que las chicas americanas preferían: jugar con muñecas, con Barbies o vestirme elegante. No eran actividades que yo considerara relevantes para escribir en mi diario, como sí lo eran una caza de cangrejos de río o una visión de Dios en el bosque. El bosque le daba claridad a mis ideas, algo que perdí cuando comencé a rodearme de otras personas.

En mi casa de Annandale escribía dentro de mi clóset; una bombilla sin ningún tipo de protección brillaba por encima de mi cabeza. Acurrucada en el piso de madera, equilibraba el cuaderno sobre las rodillas; las notas para mi diario y los poemas fluían de mi lápiz. Los temas iban desde juguetes y gatos hasta Jesús y las brechas generacionales.

Mi habitación era la más pequeña, con paredes pintadas de amarillo pálido y cortinas de color naranja con flecos y esponjadas bolas marrones, amarradas con una cinta. Unos pocos centímetros separaban mi cama de unos muebles blancos con borde dorado. Aunque sentía cerca las paredes, no me agobiaban; era un lugar seguro para mis ideas. Mi única ventana daba hacia los cerezos, arbustos y bulbos, todos plantados por mi padre. A finales de abril, nuestro patio delantero estallaba en un mar de rosa y amarillo. Más de alguna noche, caminé de puntillas, abrí la ventana y contemplé el mundo desde mi segura posición.

A los diez años, me mudé de mi habitación amarilla al cuarto azul de mi hermana. Mamá necesitaba una oficina, un lugar para escribir su tesis de maestría. Ella quería una habitación propia, así que tomó la mía. No protesté por el cambio. Mi hermana, Eileen, estaba en la universidad. Yo sólo tendría que compartir la habitación azul, más grande y mejor, en sus días de vacaciones. Todos consideramos el paso a la habitación azul como una promoción.

La carrera de mamá como terapeuta surgió después de su propia y larga batalla contra la depresión. Mamá me contó, después, que ella nunca pensó en el suicidio. Cinco hijos, numerosas mudanzas y montones de ropa que lavar no le dejaban mucho tiempo para pensar. Además, mamá prefería el ataque verbal a la autoflagelación. Ella gritaba, limpiaba y se preocupaba de los gérmenes, el dinero y los pecados que nunca le vi cometer. Algunos sábados por la mañana me despertaba pasando la aspiradora por debajo de mi cama. Atacaba la suciedad con una intensidad sólo comparable con su temor a las lombrices.

Papá se llevaba la peor parte de la ira de mamá. A sus cuarenta años, mamá vivía la mayor parte de los días con resentimiento por su vida. Mamá culpaba a papá por su lamentable estado, luego a la Iglesia y después de tres años con su psiquiatra, a sí misma. No quería cinco hijos, me dijo una vez. Tres eran más que suficiente. Siendo la cuarta hija, esta noticia me afectaba muy de cerca.

La maternidad y los cambios geográficos eclipsaron a mi madre de manera tal que ni un nuevo color de pelo, la ropa o un coctel podían darle alguna vía de escape. Dos veces por semana se recostaba en el sofá y hacía una lista de sus problemas mientras el Dr. Jamison se sentaba detrás suyo y desenmarañaba sus pensamientos.

—El doctor sólo puede ver mis pies—, me decía—, así que me aseguré de ponerme mis mejores zapatos.

Algunas personas, de adultos, se vuelven cristianos renacidos, bautistas o metodistas. Mi madre se convirtió en una Psicóloga Renacida.

Estimulada por su nueva religión, mamá comenzó una expedición de auto-descubrimiento. Parapsicología, reflexología, lectura del aura, control mental, mantras, astrología, cartas del tarot y quiromancia. En el coro de la iglesia, mamá cantaba a todo pulmón al mismo tiempo que aplaudía los cambios del Concilio Vaticano II. Yo no podía dar un mordisco a un pedazo de pan tostado en el desayuno sin que ella preguntara en voz alta: "¿Qué me quieres decir con eso?"

Mamá se decidió por llevar el pelo corto, con rayos platinados que le daban un destello de elegancia y un aire despreocupado a pesar de sus siete kilos de más. En nuestro viaje a Francia, ordenó "café glasé", con una amplia sonrisa y un movimiento de la mano.

Papá aplaudía sus actividades. Él la amaba a ella misma, tal como era, no a una imagen inmóvil, fija en su cabeza. Mamá devolvía ese amor a papá pero calculaba su afecto. Ella lo daba sólo de "a poco", siempre preocupada de mantener las apariencias.

Mamá escribió su tesis en mi habitación amarilla, mientras yo vivía en la habitación azul de Eileen. La alfombra, las paredes, incluso el dibujo de las cortinas, lucían un azul pálido. Un "azul azul", no un azul brillante, azul eléctrico o cualquier cosa con intensidad. Ese azul casi transparente me absorbía la energía. El clóset, un poco bajo y ancho, no tenía la profundidad que me permitiera usarlo como un lugar para escribir.

Cuando Eileen regresaba a casa durante las vacaciones de la universidad, compartíamos la habitación azul. Además de los retos que una diferencia de edad de siete años involucraba, yo era una desordenada. Mi idea de la limpieza consistía en apilar artículos en el clóset. Forzaba la puerta para cerrarla.

Yo dormía en la litera de arriba. Una tarde, me acurruqué en mi cama con mi diario. La puerta se abrió de golpe. Eileen tropezó con mi pila de ropa.

—¡Julie!

Ella lanzó la ropa a la litera de arriba.

La miré desde el borde de la cama.

—Lo siento.

Me senté e hice una bola con toda la ropa.

Eileen venía envuelta en una toalla y con otra alrededor del pelo mojado, como turbante. Era viernes por la tarde y no tenía mucho tiempo para prepararse para su cita. Con asombrosa habilidad se puso la ropa interior, el brasier, los jeans, la camisa y el cinturón. Se puso rímel, rubor y escogió un collar. Se volvió hacia el armario para buscar sus zapatos. Una oleada de pánico me invadió. Yo acababa de limpiar.

Eileen abrió la puerta corrediza y se encontró con un montón de ropa, libros y una rama de árbol apilados en el clóset. La puerta se atascó, se enganchó en algún objeto invisible.

—¡Julie!

Me apresuré en bajar de la litera y mi diario cayó al piso. Eileen recogió el diario.

—¡Devuélvemelo! —me tiré al suelo.

Eileen le dio una mirada rápida a las páginas. Me preguntaba si habría visto mi último poema. Había escrito muchos poemas patrióticos y los había leído por el altavoz de la escuela. Cerró el diario de golpe y me lo devolvió.

—¿Vas a tirar algo a la basura? ¿Cómo puedes vivir así?

—¿Te gustó mi poema?

—¿Qué poema? ¡Estoy buscando mis zapatos!

Abrí la página del poema.

—Aquí —leí en voz alta y con voz autoritaria—. Estados Unidos. Me han dicho que hay un país, un país fuerte, un país valiente.

Eileen me miró, estupefacta.

—¿Has oído hablar del llamado a servir en el ejército?

—No, pero papá dice...

Ella negó con la cabeza.

—No importa, nunca lo vas a entender.

Se volvió hacia el armario y cavó entre la ropa para buscar sus zapatos. Encontró uno. Se puso el zapato en un pie y siguió buscando.

Eileen tiró de algo que sacudió la puerta del armario.

—¡Maldita sea!

Me acerqué a la puerta de la habitación para poder escapar.

—¡Mi zapato se atoró en la puerta!

Yo podía oír su voz mientras corría escaleras abajo.

—¡Eres una desordenada! Vas a pagar por esto. . .

Salí por la puerta corrediza de vidrio al patio trasero; ya en el bosque, me dirigí hacia un roble que había descubierto en un paseo anterior. Me sentía atraída por ese árbol. La rabia de Eileen me sacudió la cabeza. Echaba de menos mi habitación amarilla, echaba de menos tener mi propio espacio. No importa lo que yo hiciera, parecía estorbarle a los demás. Yo era un fastidio.

Puse mi mano en la corteza áspera irregular. Una ardilla se acercó, cogió una bellota y escapó. Con la cabeza recargada en el árbol, me acosté en el suelo usando las hojas como colchón. Miraba las ramas que se cruzaban. La luz penetraba en ráfagas claras y cortas. Los árboles se mecían con el viento, realizando una danza intermitente con el sol. Mis pensamientos se elevaron hacia las ramas más altas y se dispersaron en el cielo.

Ese año, junto con la habitación azul, tuve mi primer encuentro con la escuela secundaria, la pasión y el amor no correspondido. Estaba atrapada en un cuerpo al que le brotaban pechos y le crecían pelos en lugares extraños, con piernas de gorila ocultas bajo gruesas calcetas a la rodilla. Mi ceja continua era lo único que superaba una sonrisa deslumbrante de frenos plateados unidos entre sí por bandas elásticas.

Mi amiga Patti Weinberg no podía creer que yo pudiera haber llegado a los once años sabiendo tan poco. Ella asumió toda la responsabilidad de mi educación. Me arrastró al baño de niñas para enseñarme lo básico: maquillaje Bobby Sherman para el color de ojos, la mejor canción de la Familia Partridge y lo que realmente sucedía en Sombras Tenebrosas, un programa de televisión que mi madre no me dejaba ver.

Luego, por partes y con intervalos, me enseñó a maldecir.

No sé por qué pensaba Patti que una "boca sucia" podía ayudar a mi imagen, pero ella lo convirtió en su misión. Comenzamos con las palabras fáciles: "maldita sea", "demonios", "mierda", "puta", hasta llegar a "joder".

Patti decía una palabra, daba una definición y luego usaba el impro- perio para asegurarse de que yo entendiera. Algo así como en una clase de español. "Escucha y repite." Llegamos a ser tan descaradas en nuestro programa de entrenamiento que nos enviábamos mensajes en clase. "La señorita Carr es una perra." "Tom es un engreído de mierda." La señorita Carr interceptó nuestro mensaje justo en el momento en que yo sacrifi- caba a mi amiga Connie en la nota. "Connie se jode sola." ¿Qué había hecho Connie para merecer eso? Yo no pensaba en Connie. Para mí, la palabra tenía poderes secretos. Mi lápiz trazaba las letras mientras la san- gre de aventura me latía en las venas. Justo hasta aquel momento en que la pálida mano de la señorita Carr nos arrebató la nota en el aire.

La señorita Carr me dio la opción de contarle yo misma a mis padres o dejar que ella lo hiciera. Bajé la cabeza y le conté a mi mamá. Mamá me llamó "boca de alcantarilla" y me envió a mi habitación. Cuando papá llegó a casa, llamó a mi puerta. Papá se sentó en la cama donde yo lloraba sobre mi almohada.

—Supe lo de la nota.

—Sí —la almohada apagaba mi voz.

—¿Sabes lo que significa esa palabra?

—Claro, papá— yo quería sorprenderlo—. Sé lo que significa "joder".

Lo fulminé con la mirada, lista para una pelea.

Sacudió la cabeza y sonrió.

Yo no entendía lo que encontraba tan gracioso. Mis dientes, a pesar de los frenos, rechinaron con fuerza.

Papá tomó aire.

—Julie, esa palabra. . . —Se miró las manos.

—¿Qué pasa con ella?

—Los muchachos en el barco la usaban todo el tiempo. La palabra no me sorprende. Sólo que. . .

Puse otra vez mi cara en la almohada.

—No tiene sentido —me tocó en el hombro, pero me aparté—. El sexo es más que los cuerpos, es una. . . conexión. El sexo es lo máximo que una pareja de enamorados se puede entregar uno al otro.

Volví la cabeza, pero no lo miraba a los ojos.

—La palabra "joder" te roba todo eso —dijo—. ¿No te das cuenta? Cuando se utiliza esta palabra, se pierde esa conexión. ¿Lo entiendes?

Las lecciones de sexo de papá parecían haber salido directamente de los cuentos de hadas que mi madre me leía. Yo quería creerle. Yo quería ser así de pura. La camisa de algodón de papá secó mis lágrimas, pero no pudo detenerlas. Me dio un abrazo largo y fuerte. La mayoría de las veces, papá no hablaba mucho. A veces él ofrecía sus mejores argumentos sin hablar.

Para cuando me quitaron los frenos y transformé una ceja en dos, la habitación azul se convirtió en un lugar donde dormir por las noches y nada más. No cambié el color. Mi relación con Eileen mejoró en esos años, pero ella regresó de la universidad con un modo de ser extraño que yo no podía entender. Una vez volvió pesando casi cincuenta kilos y tenía una respuesta para cualquier pregunta que yo le hiciera. La siguiente vez, con 20 kilos más, un aumento del 50 por ciento en su pequeña estatura de 1.55 metros. Se quedaba en la cama por horas; algo que nunca hizo en sus peores estados de ánimo mientras vivía conmigo. No parecía la misma persona.

Todos los cursos de psicología de mi mamá indicaban la necesidad de terapia y amor con disciplina para la depresión. Mis padres contrataron a un terapeuta, monitoreaban sus comidas y su sueño, y rezaban. En la década de los 70, los médicos no recetaban antidepresivos como si fueran pastillas Tic Tac para el aliento.

Mis padres, tratando de imponer una estructura en los aletargados días de Eileen, la forzaron a trabajar. Eileen trabajó de mesera, que no era la mejor ocupación para una persona deprimida. Su aspecto era deplorable.

—Cancela, cancela ese pensamiento —le recordaba mi madre apuntándola con un dedo—. Nada de pensamientos negativos.

Lo bueno es que nunca tuvimos una pistola en casa.

Yo no mostré signos evidentes de depresión hasta mi primer año de universidad. Un patrón de comportamiento, sin embargo, se instaló en mí mucho antes de esa edad. Cuando me sentía herida, me aceleraba, me llenaba de actividades y enterraba el dolor.

Una amiga tiene la capacidad de desacelerar o detener ese patrón. El dolor compartido con una amiga disipa el dolor. Una vez que llegué a la adolescencia, los árboles ya no aliviaban mi angustia por sí solos. Necesitaba una amiga, una que llegara a ser mi mejor amiga.

Mi amistad con Karen, que se inició en el sexto grado, servía exactamente para ese propósito. Recorríamos el camino entre nuestras casas, separadas por más de kilómetro y medio de acera suburbana. Hablábamos por horas, de chicos, de chicas, de nuestros padres. A veces, a escondidas fumábamos un cigarrillo. Cuando se acercaba la hora de la cena, caminábamos de regreso a nuestras casas. Nos llamábamos por teléfono después de cenar.

En abril del séptimo grado, Karen se mudó a California por un año. Yo estaba devastada. Yo lloraba y ella lloraba. Le escribí un poema que terminaba diciendo "Porque ¿qué es el mañana sin mi mejor amiga?" Nuestros padres nos veían como dramáticas adolescentes sobrecargadas de hormonas.

Me llené de actividades: porrista, tareas, Vida Joven en la Iglesia, actuación, dirección. Insatisfecha con el papel de una simple participante, era líder en todo lo que participaba. Mis amigos y familiares me decían que estaba haciendo muchas cosas, pero yo no los escuchaba.

Me aceleraba porque no podía soportar el silencio, el que alguna vez busqué para consolarme. El ritmo acelerado funcionaba como un sedante con su propio encanto adictivo. Sin tiempo para pensar, el dolor desaparecía. Cuando Karen regresó un año más tarde, mi ritmo nunca volvió a ser lento. Ese ritmo acelerado se había convertido en mi amigo, mi elixir. Yo ya no necesitaba una confidente.

Ciertamente, con el tiempo, una vida llevada como jet de propulsión a chorro te pasa la cuenta. Contraje neumonía en el otoño de mi segundo año de la escuela secundaria. Durante dos meses, no hice caso de la tos, incapaz de faltar a las prácticas, a los partidos o a los ensayos. Finalmente mamá me llevó al Hospital Naval de Bethesda. Me enviaron de vuelta a casa, declarándome sana.

—Te lo dije —sentencié con desdén a la cara de mi madre.

Una semana más tarde, no podía respirar.

Durante la segunda visita a Bethesda, el doctor me dijo que tendría que ser hospitalizada.

—No puedo —sacudí mi cabeza ante la imposibilidad—. Tengo un partido el sábado, la obra de teatro por la noche, no hay forma de que yo...

—Mira —me interrumpió—, uno de los pulmones está completamente congestionado. El otro funciona a la mitad. Tu elección es permanecer en el hospital o morir en dos semanas.

Por mucho que creyera en la curación espiritual, yo no quería correr ese riesgo. Mi mamá me ingresó en el hospital y se fue.

Por alguna razón, mis padres no podían quedarse conmigo en el hospital. Por ser una de cinco hijos, yo no cuestioné la decisión ni tampoco me sentí mal por esta situación; así era y punto. El médico entró en la habitación donde yo esperaba. Sus gafas de aros oscuros, las huellas de acné en las entradas de las sienes y su piel pálida daban a entender que la mayor parte de sus años de universidad las había pasado con libros, no con personas y, definitivamente, no con mujeres. Me dijo en tono monocorde que, debido a que había tenido tos por varias semanas, haría un examen para el cáncer. *¡Cáncer! Primero, la muerte en dos semanas, ahora cáncer, ¿qué viene después?* Empujó el armazón de sus gafas hacia arriba, hasta el arco de su nariz.

—Vamos a tener que hacer un examen de Papanicolaou. ¿Sabes lo que es eso?

No lo sabía. Yo tenía quince años. Negué con la cabeza sin comprender.

—No.

—Tú no eres virgen, ¿verdad?

Me quedé con la boca abierta mientras trataba de entender la conexión entre la tos, el cáncer, el examen de Papanicolaou y la virginidad. Cerré y abrí los ojos.

—Y ¿bien?

Esperó. Sus brazos, que salían de las mangas de su bata blanca, estaban cruzados sobre el estetoscopio.

—Sí —tartamudeé—. Soy virgen.

—Oh, vamos— sonrió él—. Tienes que estar bromeando. Tú no eres virgen.

—¡Pero sí lo soy!

—Sí, claro.

Se quitó las gafas y limpió los lentes con un extremo de la bata.

—Está bien, niña virgen, te he programado un examen de Papanicolaou para esta tarde.

Yo no sabía qué esperar, pero cuando la enfermera me dijo que me tendiera una vez más en la camilla, que abriera las piernas y que pusiera los pies en los estribos plateados, supe que no podía ser nada bueno. Jalé hacia abajo los lados de mi bata de papel para cubrir la piel. Los zapatos del médico rechinaron contra el piso cuando entró. Se situó entre los estribos y me echó la pierna izquierda a un lado.

—Hmmm… —gruñó. Se volvió sobre sus talones y salió de la habitación.

*Dios, espero que no haga nada más.*

Volvió dos minutos más tarde, acompañado de otras diez personas. Diez. Apreté las rodillas y volví a jalar la bata de papel. Separó mis rodillas y levantó la bata como yo si fuera un cadáver. Cerré los ojos.

—Esto, amigos míos, es una virgen. Echen un vistazo de cerca, ya que no tendrán la oportunidad de ver muchas de éstas.

No lloré. Algo se apagó, me desconecté mientras los internos susurraban y mi médico exhibía mi cuerpo como un bicho raro en un circo. Mi cerebro comenzó a trabajar. Vi mi cuerpo envuelto en un escudo transparente, una caja de cristal a prueba de balas, desde un lugar seguro en un rincón del techo. El escudo era frío, metálico, al igual que la sonda de acero que metió bruscamente en mi vagina. Me raspó el cuello del útero para sacar una muestra.

—Eso es todo —dejó caer sus guantes en la basura.

Sentí que el escudo desaparecía y mi mente volvía a caer en mi cuerpo. Abrí los ojos cuando él acercaba su cara a mi oído, susurrando para que nadie más pudiera oír:

—Supongo que ahora ya sabes lo que se siente.

Las palabras quedaron flotando en el aire. Giré la cabeza y sentí la sangre que goteaba de mi cuerpo sobre la hoja de papel que había debajo de mí. Los internos, en su mayoría hombres, pero también algunas mujeres, arrastraban los pies hacia afuera de la habitación, seguidos por el médico.

La enfermera me preguntó qué necesitaba. Una ducha. Eso es lo que yo necesitaba. Una ducha y nada más, nadie más. Quería estar sola.

Me senté en el suelo de cemento de la ducha con el agua caliente golpeándome la cabeza. Tenía que salir de ese hospital. No conseguía limpiarme. Me puse a pensar en otras personas que habían sufrido más que yo, en libros que había leído. Los prisioneros de guerra, los judíos en el Holocausto, ¿qué habían hecho? *Escapar, había que escapar. Él era un médico, ¿no? Era un procedimiento, ¿no? ¿Por qué me sentía tan inmunda? ¿Estaba mal? ¿Por qué lo sentía tan malo? Tenía que escapar.*

El medicamento me hizo vomitar, dieta instantánea para perder peso. Cuando se lo hice saber a los médicos y a las enfermeras no me cambiaron el medicamento o la dosis. Escondía las pastillas en la comida o las arrojaba en el excusado. Ya había perdido cinco kilos en pocos días. Temía que me mataran. Mientras tanto, una mujer que moría de cáncer estuvo gritando de dolor toda la noche en la habitación de al lado. Recé por ella.

Eileen, de vuelta a casa para las vacaciones de Navidad de la universidad, me recogió en el hospital. En mi familia, esto sucedía a menudo, tan pronto como los mayores podían conducir, mamá los reclutaba como choferes para los más jóvenes.

Vomité en cada bote de basura mientras salía del edificio. Eileen me miraba con incredulidad.

—Julie, todavía estás enferma. Tal vez deberíamos volver.

—No —me limpié la saliva de la boca con el dorso de la mano—. Me voy a casa.

Ella sacudió la cabeza, conducía, y me pidió bajar la ventanilla y sacar la cabeza. Mamá me mataría si vomitaba en el coche.

A pesar de todas las clases de psicología que mi madre había tomado, no hizo ninguna pregunta, y yo no se lo dije. ¿Cómo podría siquiera haber sospechado algo así? No se lo dije a nadie: no a mamá, ni a Eileen, ni siquiera a mi mejor amiga Karen. Ni una palabra. Yo no lo planeé así, ese voto de silencio. Algo en mi cerebro lo decidió por mí, selló mi vergüenza en una bóveda. Me sentí violada, pero al mismo tiempo no estaba segura de que el médico hubiera hecho algo malo. Los internos y las enfermeras fueron testigos; nadie se opuso. El procedimiento parecía normal, el médico no hizo el examen de Papanicolaou en secreto. ¿El problema lo tenía yo o el médico?

Si esto me hubiese sucedido a los veinte o treinta años, yo habría sabido defenderme. ¿Examen de Papanicolaou? ¿Es una broma? ¿Quién se hace un examen de Papanicolaou para el cáncer *de pulmón?* El médico nunca se habría atrevido a preguntar. Pero él sabía que, a los quince años, podía hacerlo conmigo. Este incidente sacudió mi sentido del orden, el equilibrio entre el bien y el mal en mi mundo, y mi habilidad para notar la diferencia. Así que en lugar de cuestionar sus acciones, las ignoré, así como también mis sentimientos sobre lo que había ocurrido. Si no hablaba sobre el incidente, si no lloraba, tal vez no había ocurrido. Quizás entonces me sentiría de nuevo limpia, purificada de sus dedos, del metal y de su voz húmeda y cremosa en mi oído. No hice caso de lo que me había hecho el doctor ni permití que esa tarde transformara toda mi vida. Enterré el dolor, lo enterré en lo más profundo. Mi silencio permitió que mi dolor echara raíces.

Nos mudamos cerca de seis meses después de mi ataque de neumonía, pero volví periódicamente a Annandale. Mi amistad con Karen se distanció. Ella se convirtió en evangélica con el programa Vida Joven, mientras que yo cambié a negro mi ropa de colores brillantes; comencé a fumar y a beber alcohol furtivamente.

En uno de esos viajes de vuelta, me paré frente a nuestra vieja casa a mirar los narcisos. Papá los había plantado en el patio delantero, donde se habían multiplicado produciendo un mar de color amarillo. Me armé de valor para llamar a la puerta y pedir ver el interior de la casa. La nueva dueña me dio la bienvenida, pensando que era raro que una estudiante de secundaria se tomara el tiempo para recordar.

—¿Me permitiría echar un vistazo a mi antigua habitación?

—Por supuesto —la mujer abrió la puerta—. ¿Cuál es?

—Le muestro.

Comencé a subir las escaleras, anticipando los tonos ámbar, la habitación pequeña y el clóset con la bombilla sin pantalla. Giré a la derecha rápidamente en la parte superior de las escaleras y llegué a la puerta abierta. Me quedé sin aliento. La habitación ya no era amarilla. Sentí náuseas. Habían pintado la habitación de azul. No podía respirar. *Vamos, es sólo una habitación. Contrólate*, me dije. Mi cuerpo temblaba.

—El sol de la mañana alumbra mucho a través de la ventana; lo hace insoportablemente caliente. Pintamos el cuarto de azul para darle un efecto más fresco. ¿Qué te parece?

La mujer debe haber notado que mis ojos se llenaban de lágrimas.

Abrí la boca, pero no pude decir nada, sólo un leve jadeo. Corrí escaleras abajo y salí a través de las puertas corredizas de vidrio hacia el patio trasero. No me detuve hasta que llegué a mi roble. Derramando lágrimas, los hombros me temblaban. De reojo podía ver a la mujer en la puerta, llamándome. Me escondí, avergonzada. Para entonces, ésa ya era su casa. Yo no podía pintar la habitación amarilla, mudarme y esconderme en el clóset con mi diario. Yo lo sabía, pero aun así me dolía. Esperé a que soplara el viento; pero las ramas permanecieron inmóviles. Yo quería que la danza de la luz elevara mis pensamientos y esparciera mis lágrimas en el cielo despejado.

# 9

# Patrones de conducta

$M$e até los cordones de los zapatos y salí temprano a correr, a las 5:00 de la mañana. No fue el sol, sino la luna la que me dio la bienvenida. Mis mejores pensamientos me llegan por la mañana, antes del apresurado desayuno, del zapato perdido y de ese mal día en que el cabello necesita un fijador extra fuerte. Una vez que el resto del mundo se despierta, comparto mi día con los demás, mi concentración se dispersa a cada minuto que pasa, a veces en menos. Cuando corro, mis pensamientos son sólo míos. Me concentro en resolver problemas sin el clamor de otras voces.

Salí corriendo por la puerta de adelante. El incidente con el médico me daba vueltas en la cabeza. En seis años no le había contado la historia a nadie. Mi secreto salió a la luz con una compañera de la universidad, por accidente, después de varias cervezas.

—Es una violación —sus ojos de estudiante de leyes le brillaban de emoción—. Tenemos que agarrar a ese tipo.

¿Violación? No estaba de acuerdo con ella, después de todo, ¿una violación no requiere de la participación de un pene? Ella me aseguró lo contrario.

Respiré el aire fresco, ideal para correr. Doblé la esquina, me topé con los cornejos tupidos de flores blancas, en un patio cercado. En Virginia, los cornejos crecen en forma silvestre; el bosque está lleno de ellos detrás de mi casa en Annandale. Dallas no tiene el suelo adecuado para los cornejos:

demasiada arcilla y en general demasiado sol. Esa familia había encontrado la combinación correcta de tierra que yo aún no había descubierto.

La gravilla crujía bajo mis pies. Yo sabía que el médico de Bethesda no era "el motivo", que no era la razón por la cual terminé encerrada en un pabellón psiquiátrico. Sin duda, la experiencia había sido dolorosa. Claro, tenía que sanar esas viejas heridas. Pero había algo más, algo más que me condujo al hospital Zale Lipshy. He llevado una vida productiva por años después de aquel día en Bethesda. Me gradué de la universidad, conseguí un empleo, hice amigos, desarrollé mi vida y tuve éxito de acuerdo con la opinión unánime de todos.

Un incidente a los quince años no fue lo que me hundió en una depresión clínica.

Los faros de los coches brillaban atrás de mí. Salté hacia un lado de la carretera para dejarlos pasar.

En los meses posteriores a la TEC, empecé a diseccionar mi vida tal como lo haría un científico. ¿Dónde está la información? ¿Cuáles son las tendencias? ¿Ha pasado esto antes? Sí. La depresión me golpeó durante mi primer año en la Universidad de Notre Dame, después de terminar mi relación con el jugador de hockey, cuando tenía calambres en las piernas a causa del hielo y no podía correr. Me estremecí. Ese primer año en Notre Dame fue excepcionalmente brutal, demasiado duro para una chica de Virginia que necesitaba el suelo adecuado, al igual que los cornejos.

Gris, de noviembre a mayo.

¿Podría el clima realmente tener algo que ver? Una parte de mí se burlaba de esto.

¡Ridículo! Yo había leído sobre el Trastorno Afectivo Estacional, TAE. Comencé a preguntarme: ¿El tiempo gris podría ser el catalizador de mi depresión? Analicé la información que tenía. Dos depresiones mayores: ¿el cielo nublado había estado presente en ambas? Sí. Las dos se iniciaron en enero, uno en el gris de la región central del país; la otra, en un inusualmente lluvioso mes de enero en Dallas. Tal vez la luz del sol, o la falta de ella, causaba algún tipo de reacción química. Sin embargo, el TAE parecía entregarme una respuesta incompleta.

Contuve la ira y el dolor y yo sabía que eso conducía a la depresión. ¿Qué hago en lugar de resolver las cosas? ¿Por qué?

Di la vuelta a otra esquina, un perro blanco gruñó al borde de su cerca invisible, el ladrido era su advertencia. Corrí un poco más rápido.

*Eso es. Eso es lo que hago. Me acelero para olvidar las cosas.* Me aceleré para superar mi dolor con Karen, lo que me llevó a una neumonía. Después del incidente con el médico, me aceleré de nuevo. ¿Me aceleré también en Notre Dame?

Doblé la esquina del último kilómetro, un tramo recto. ¿Así que es eso? Mal tiempo. Crisis. Acelerar. ¿No pedía ayuda? Para poner a prueba mi hipótesis tenía que pensar en la primera vez que sufrí de depresión. Entré en la casa y me dirigí a mi oficina, con curiosidad por ver lo que había escrito en mi diario el invierno después de que Becka naciera: la segunda precipitación de lluvia más alta registrada en la historia en Dallas. No recuerdo haber estado deprimida, sólo ocupada. Con un bebé y otro hijo de dos años de edad, muy activo, yo estaba agotada. Busqué en mi diario. Nada por casi tres años. No es de extrañar. Con dos niños menores de cuatro años, nunca escribí. La soledad no existía.

Cerré el diario. *Necesito encontrar los patrones*— pensé—. *Tengo que regresar a la primera vez que apareció mi depresión...* La primera vez. Notre Dame, el invierno de mi primer año de universidad. Para mí, una persona que pensaba que el invierno iba de diciembre a febrero con unos pocos días de nieve entremedio, el frío que experimenté en Notre Dame fue más intenso, más gris y más profundo de lo que nunca imaginé.

# 10

# El invierno en South Bend

—Jules, yo ya no siento lo mismo—. Apartó la mirada. En sus ojos verdes apagados, no quedaba nada de la chispa que me había atraído en septiembre. Estoy teniendo un romance con una mujer de treinta años de edad, divorciada.

—¿Qué?

Retrocedí, choqué contra mi cama del dormitorio. Me senté mientras él permanecía de pie. ¿Estaba bromeando? ¿Dónde conoce un estudiante universitario de primer año, de diecinueve años, a una mujer divorciada?

Se apoyó en el lavabo de porcelana, dándole la espalda al espejo, y se cruzó de brazos.

—Ella se quedaba después de mis partidos, seguía al equipo cuando viajábamos.

Su voz sonaba a un mundo de distancia, como si pronunciara las palabras desde el final de un largo y oscuro túnel.

—Jules, ¿estás bien?

Vi mi reflejo en el espejo. Dieciocho años de edad. Pálida. Las cejas oscuras, cabello oscuro hasta los hombros. Me había dado un suéter de cachemira rosado para Navidad. Nunca usé nada rosado, pero yo me ponía ese suéter. El color hacía que mi piel brillara. *Apuesto a que es hermosa. Buena en la cama.*

—¿Jules?

Él había sido mi protector desde el otoño, fuerte, ligero, ágil de pies. Me había dado confianza.

—Jules, lo siento, pero así es como tiene que ser.

Se inclinó hacia adelante, me tomó de los brazos y me besó en la frente como a un niño. Parecía preocupado.

—¿Estás bien? ¿Puedo llamar a alguien?

Sacudí mi cabeza para decir que no. Se volvió hacia la puerta y miró hacia atrás por encima del hombro.

—Lo siento.

—Está bien— mentí—. Voy a estar bien.

El fin de la relación fue el catalizador para mi primera crisis depresiva. Las preocupaciones, al igual que los leños, se recolectan una a una. Había logrado estar en el cuadro de honor del Decano durante el primer semestre; pero en diciembre supe que nunca podría sobrevivir al curso propedéutico de medicina. Perdí la intensa concentración que había tenido el primer semestre. No sabía qué quería ser. Mis calificaciones bajaron. El cielo estaba gris. Me daban calambres en las piernas por correr sobre el hielo, así que guardé mis zapatos de correr durante todo el invierno. Más cielo gris. Mis calificaciones bajaron aún más. El fin de la relación me quemó como un fósforo.

Durante el otoño, correr había sido mi antídoto, un sedante para mi estómago alterado por los nervios. Corría para tranquilizarme. Un lado de mi cabeza daba vueltas, tratando de encontrar un espacio de tiempo para cada actividad que quería realizar. El otro lado me susurraba mientras mis pies golpeaban el suelo: *Puedes hacerlo. Tú puedes hacerlo. Sigue adelante.* A medida que la temperatura bajaba, la niebla de los lagos se levantaba y se mezclaba con las hojas amarillo brillante.

En el siguiente mes de enero en South Bend, la nieve se amontonaba a los lados de la carretera; se acumulaba pesadamente sobre los árboles y en las aceras por donde caminaba a la escuela. La nieve que los camiones quitaban del camino tenía líneas, grises y negras, que mostraban el número de nevadas anteriores, como las capas que muestran los años en las piedras. Un invierno gris y crudo, interminable. Nunca había sentido un frío así. Apenas me asomaba a la calle, el interior de mi nariz se congelaba. Cuando tocaba con los dedos el metal desnudo, me dejaba huellas en la piel, testimonio de mi ingenuidad sureña.

Dejé de comer. Dejé de dormir. No asistía a clases, desilusionada al principio y luego irremediablemente atrasada. ¿Para qué trabajar tan duro? ¿Para qué? Yo no sabía lo que quería ser, ¿Para qué intentarlo? Sin hacer un esfuerzo extra, no podía mantener el ritmo. Mi fuerza en el mundo académico nunca se basó en mi rapidez, sino en mi resistencia. Finalmente, y haciendo lo que suelo hacer cuando estoy estresada más allá de mi punto de quiebre, me aceleré.

Sin contar con el beneficio de la alimentación, el ejercicio o el sueño, empecé a ver cosas y a relacionar coincidencias. La estructura de los edificios estilo gótico de Notre Dame adquirieron un aire siniestro y empecé a imaginar voces en rincones oscuros. A veces veía cosas, seres o criaturas fantasmales. Sacudía la cabeza y desaparecían. No le conté a nadie sobre esto sino hasta mucho después, cuando las alucinaciones me superaron. Sabía que a quien yo le hubiera contado, habría pensado que estaba loca.

Entre más desorientada estaba, hacía amistades fugaces con desconocidos, algunos muy peculiares. Uno de ellos, un estudiante de magia de 1.98 metros de alto, me pidió que fuera su ayudante. Mi compañera de cuarto me aconsejó evitarlo. Duerme, come y concéntrate en tus libros. La ignoré. A los pocos días, las alucinaciones se intensificaron. El mago estaba poseído; quería poseerme. Vi símbolos satánicos en su puerta.

Me escapé de él, bajé las escaleras de dos en dos. Me paré en medio del patio norte, frente a mi dormitorio.

—Que alguien me ayude. Por favor. ¡Ayúdenme!

Mi boca despedía columnas de humo en el aire de enero. Le imploré a Dios.

—¿Qué quieres de mí? ¿Por qué no me ayudas?

Sopló el viento y sacudió los árboles sin hojas, pero no oí ninguna respuesta. Caí de rodillas en el concreto duro y me cogí la cabeza entre las manos.

Nadie me ayudó. Grité y nadie corrió a mi lado. O al menos creí que había gritado. En Notre Dame, con una proporción hombre-mujer de tres a uno, había un montón de hombres desesperados en busca de damiselas en apuros. Sobre todo una doncella disponible. Supongo que si yo hubiera gritado en voz alta, habría causado una estampida. Los gritos fueron silenciosos, dentro de mi cabeza. A los dieciocho años, inducido por la falta de sueño y comida, tuve mi primer episodio psicótico.

A la mañana siguiente, con las manos temblorosas, tomé el teléfono y llamé a mi madre.

—¿Hola? —La voz entrecortada.

—¿Hola? ¿Estás ahí?

—Mamá, soy yo. Tengo que volver a casa.

—¿Qué? Espera un minuto, déjame bajarle a Donahue.

Mamá veía religiosamente el show de Phil Donahue mientras doblaba la ropa después de lavarla.

—Julie, ¿cuál es el problema? Ya vendrás a casa, ¿recuerdas? Para las vacaciones de primavera.

—Ahora. Mamá, tengo que volver a casa ahora.

—¿Cómo? ¿Hoy? ¿Tuviste un accidente?

—No.

—¿Se trata del jugador de hockey? Ese idiota. ¿Qué motivo tuvo para terminar contigo? —Hizo una pausa—. No te acostaste con él, ¿verdad?

—Mamá, tengo que volver a casa, por favor.

—Vamos, Julie, sea lo que sea, aguanta. Nosotros…

—Mamá, no puedo.

—No podemos darnos el lujo, ya lo sabes. Nosotros no…

—No puedo hacerlo—, le susurré.

Las lágrimas brotaron de mis ojos y gotearon sobre el teléfono.

—No podemos gastar dinero de esa manera. Tienes que seguir adelante. Si abandonas a mitad del trimestre no serás capaz de terminar el año. Tienes que aguantar.

"Aguantar". El Credo Familiar. Tan previsible como "No dejes las cosas a medias" y "Toma tus vitaminas".

Mamá parecía distraída. Me dijo que la abuela se estaba quedando en nuestra casa. Los derrames cerebrales de la abuela le habían dejado una mano curvada como arco y, además, no podía articular palabras. No le conté a mamá sobre el mago o los símbolos satánicos en la puerta. No estaba segura de qué era real y qué no lo era. Además, mamá tenía las manos atadas.

—Prométeme que lo vas a intentar, aunque sea por unos pocos días.

Yo conocía ese tono. No importaba lo que le prometiera.

—Vamos, vas a estar bien —al otro lado del teléfono, un timbre sonó a la distancia—. Maldita sea, hay alguien en la puerta. ¿Me lo prometes?

—¡Mamá…!

—Sé que vas a estar bien. ¡Un minuto! —gritó a la persona que tocaba a la puerta—. Te llamaré más tarde, Julie. Te quiero.

El teléfono hizo "clic" al otro extremo de la línea.

Mis manos sostenían la bocina, esperando alguna pista acerca de qué hacer a continuación. Una voz emitía un mensaje a través del receptor:

«Su llamada no se puede conectar como la ha marcado. Por favor, cuelgue y vuelva a intentarlo.» Colgué el teléfono. Fui al cajón de mi escritorio, busqué un bolígrafo y tomé mi diario del librero. La fecha de la última nota era de hacía dos meses. Mis palabras revoloteaban sobre el jugador de hockey y el maldito suéter rosa que me había dado para Navidad.

Mi pluma se clavó en el papel mientras elaboraba mi lista.

1. Comer.
2. Dormir siete horas por noche.
3. Correr 25 kilómetros a la semana.
4. Orar por lo menos veinte minutos al día.

Mis diarios están llenos de listas. La lista cambiaba, pero «perder cinco kilos» era el propósito que con mayor frecuencia ocupaba el primer lugar durante mi juventud. Yo hacía una lista casi siempre para Año Nuevo, para los cumpleaños, en tiempos de crisis. El proceso en sí se convirtió en un ritual.

Escribía como si la velocidad pudiera acelerar mi recuperación. Aunque el ritual parecía familiar, algo lo hacía sentir diferente, más desesperado. Estaba agitada, ya no confiaba en mi instinto. No era un pánico momentáneo, no era un desafío con el propósito de perfeccionar mis habilidades para una gran aventura. Estaba perdida. Peor aún, los rasgos que supuse eran mis fortalezas: la cabeza bien asentada, mi determinación y el sentido común se comenzaron a disolver ante mis propios ojos. Mordía la punta de mi pluma mientras leía y releía mi lista de cuatro puntos.

Yo nunca me había obligado a mí misma a comer y la palabra se veía extraña encabezando mi lista. Esos cinco kilos extra habían desaparecido y me habían dejado sin mi aislante natural. La balanza llegaba a los 45 kilos y mi peso había bajado tanto como cuando salí del hospital con neumonía, hacía más de tres años. Mucha gente puede medir 1.52 metros, tener ese peso y verse bien; pero yo me sentía delgada, frágil, sin reservas. Mi piel tenía escamas y un extraño color gris, sin importar cuánta crema humectante me aplicara. Me había secado. Incluso así, escribí la lista de cosas que tenía que mejorar y me la repetí a mí misma como un mantra de autoayuda con cuatro pasos a seguir.

Durante las siguientes cuatro semanas, evité al mago gigantesco y comí mantequilla de cacahuate a cucharadas. Necesitaba ganar peso. El fuerte olor me seguía y permanecía en mi guitarra aun tiempo después de haberme lavado las manos. La guitarra se convirtió en mi voz de febrero a marzo, los acordes menores hacían sonar los miedos que yo no podía expresar. Versos lúgubres emergían de lo que yo tocaba. *Ataron las palabras de mi madre con cadenas. Patearon a mi padre hasta dejarlo cojo.* Escribía letras revolucionarias del estilo de los 60, perdidas en la década equivocada. Mi rabia atacaba toda forma de autoridad: la Iglesia Católica, Notre Dame, el gobierno; pero no a mí misma. Nunca etiqueté lo que me pasó como un caso psicótico, ni tampoco me pregunté si la terapia o la medicación podrían ayudar. Yo tenía dieciocho años y me sentía claramente oprimida. Los genes, el estrés y el clima no eran la mejor ayuda para escribir buenas letras de canciones.

Vivía en el límite. Mi cuerpo quemaba las calorías de la comida a un ritmo sin precedente, como si la estuviera catapultando a un engranaje desconocido de alta velocidad. Asistía a clases e iba a la biblioteca. *Muéstrate normal* —me decía a mí misma—, *lo que sea que eso signifique.* No creo que yo haya engañado a nadie, pero nadie me cuestionó. Nunca nadie me sugirió ver a un terapeuta, incluso después de que le conté la historia de la posesión a mi rectora. En su lugar, rezó conmigo un Ave María.

Yo no sabía qué me atormentaba, pero me negaba a investigar. Seguí adelante; me esforcé más. *Ignórala. Niégala. Ocúltala.* Yo no sabía quién era yo o quién debería ser, y las preguntas sin respuesta me volvían loca.

Al mismo tiempo, el resto del mundo mantenía un cronómetro invisible que exigía una decisión inmediata de mi parte. *Elige una carrera. Ve a clase. Gradúate y consigue un trabajo. No te detengas o no podrás aguantar el paso.*

Cuando fui a casa para las vacaciones de primavera, rogué que me permitieran tomarme un año de descanso. Nunca vi a un terapeuta o a un médico. Mis padres consideraban que la angustia universitaria y las rupturas románticas eran peldaños menores que me llevarían a la edad adulta; eran problemas que en algún momento todo el mundo enfrentaba, no ameritaban el costo de un terapeuta. Completar el año, por incierto que pareciera, era de suma importancia.

Regresé a la escuela después de las vacaciones de primavera para terminar el año, esforzándome frenéticamente para ponerme al día. Química, materia impartida por el profesor Emil T. Hofman, me dejó estupefacta. Toqué a la puerta de Hofman y le rogué que me eximiera del examen final. Se rió y me dijo que pensara en mi carrera. Yo le dije que quería ser escritora. La papada de Hofman se moldeó en un inusual arco hacia arriba. Se veía decepcionado, como que si ya antes hubiera tenido la misma conversación con otra estudiante.

—Tienes que vivir primero, para poder tener algo sobre lo cual escribir.

Entre mi crisis sentimental y mi fracaso académico, me di cuenta que había un universo de cosas que yo no era capaz de hacer. En el último examen, la tensión de la cuerda floja que me había mantenido suspendida durante meses se rompió. Ese año, manejando con una amiga a casa de regreso de la universidad, luchaba por mantenerme despierta. Las líneas blancas de la carretera destacaban sobre el negro pavimento en medio de la oscuridad. Llevaban el mismo ritmo que sonaba dentro mi cabeza. *Fracasé. Fracasé. ¿Y ahora qué?*

Ese verano, visité al médico de la familia porque no había tenido el período menstrual durante más de cuatro meses.

—¿Podrías estar embarazada?—, preguntó el Dr. Blackburn.

—Mire, yo no he tenido sexo en seis meses. A menos que esto sea un milagro, no estoy embarazada.

Blackburn se rió.

—¿Alguna vez has oído hablar de la depresión?

Yo ya había superado lo del jugador de hockey. Había terminado la escuela. Había pasado Química, con una D, pero a nadie le importaba.

—¿Depresión? ¿Qué tiene eso que ver con mi período?

—Estás anormalmente delgada. Ésa podría ser la causa, pero eso no es lo que me preocupa.

—¿Qué?

—Has llevado tu cuerpo a un estado poco saludable. El funcionamiento de tu hígado se ve mal, te ves agotada. Sólo tienes diecinueve años, no puedes seguir así. Bebe menos. . . deja que tu madre se ocupe de ti.

—¡Magnífico!

—No trates de hacer todo tú sola.

¿Hacer qué yo sola? Mamá no iba a estar sirviéndome. Papá no podía presentar mis exámenes. ¿Qué querría decir con eso? Me dio una palmadita en el hombro y salió de la habitación para atender a su siguiente paciente.

No me remitió con un terapeuta. En 1979, en un pueblo pequeño, eso no se hacía, no se acostumbraba. En la actualidad, un médico local puede extender una receta de Zoloft o Paxil y tratar la depresión como si fuera una alergia o un hongo en el dedo del pie. No estaba segura de que ésa fuera la mejor solución. Un espíritu quebrantado no se cura por arte de magia con pastillas o con comida casera. Escuché a mi médico y traté de recuperar mi salud comiendo mucho. Comía, comía y comía, como si las montañas de comida pudieran sofocar la depresión de mi cuerpo.

Después de haber pasado de 45 a 50 kilos durante el verano, comencé mi segundo año de universidad. Me cambié a la carrera de negocios, no por elección propia, sino que una vez más papá marcó la pauta. Para no tener que mantener económicamente a sus cinco hijos después de salir de la escuela, papá exigió carreras prácticas. El estudio del inglés o de otras artes libres eran considerados como el postre de una experiencia universitaria, no como el plato principal. Acordamos que tomaría una especialización en mercadotecnia y que elegiría todas mis asignaturas optativas en inglés. Sin embargo, durante mi segundo año en la carrera de negocios, no había materias optativas en mi programa de estudios. Miraba las clases del semestre de otoño con temor: contabilidad, estadística, finanzas y economía. Comí más. Salí con un chico que me apodaba "Chuleta de Cerdo".

Fue un año largo. Miraba mis libros con aburrimiento, incapaz de asimilar nada. Una barra de chocolate Snickers a media tarde y un refresco Tab me aceleraban el cerebro cerca de media hora y luego volvía al mismo estado de aburrimiento, hojeando páginas sin rumbo. Corría. Bebía. Mi novio se comía a su Chuleta de Cerdo en la parte trasera de una camioneta, después de varias jarras de cerveza. No me importaba lo que pasara, me sentía envuelta en una gruesa capa de gasa. Mis calificaciones ya no me permitieron estar en el cuadro de honor del Decano con un promedio bajo durante tres semestres. Para el final de mi segundo año, había subido cerca de veinte kilos.

Ese verano, algo detuvo mi caída constante. Tal vez sirvió el cielo azul de Virginia. La depresión comenzó a disolverse lentamente. Según un psiquiatra, no soy la única a la que le ocurre esto, la mayoría de los casos de depresión clínica se resuelven en menos de un año, con o sin medicación. El tiempo es la clave. El truco es saber si la persona deprimida puede esperar a que pase este período sombrío o encontrar un antidepresivo que funcione antes de que los pensamientos se vuelvan mortales. Por suerte para mí, la depresión desapareció sin medicamentos ni terapia.

Empecé a correr de nuevo, en una colina cerca de mi casa. El camino de tierra tenía una subida de un kilómetro y medio y pasaba por una granja de pavos. Las primeras veces que corrí en la colina, me detuve muchas veces doblada por la cintura, para tomar aire. Al final del verano, podía subir la colina sin esfuerzo. Los kilos bajaron. Trabajé en un teatro-restaurante y recibí muy buenas propinas. Un chico me escribió un poema y me dio un ramo de tréboles de cuatro hojas. Mi suerte pareció cambiar, y yo cambié con ella.

Con interés renovado, elegí asignaturas optativas para mi tercer año: Escritores británicos, Poetas modernos, Misticismo y Composición poética. Bajé más kilos. Llegué a 52, mi peso ideal. Mantendría ese peso, dos o tres kilos arriba o abajo, durante los siguientes catorce años, hasta tener a mi primer hijo. Mi cuerpo se sentía bien y mi cerebro lo acompañaba. Con la ayuda de los cursos que encendían una chispa en mi cerebro, las materias de tronco común de la escuela de negocios ya no actuaban como un sedante. De alguna manera, los métodos cuantitativos ahora me parecían fáciles, aunque las estadísticas me habían confundido el año anterior. La transición desafiaba la lógica. Me deshice de mi novio: ya no me veía a mí misma como una Chuleta de Cerdo. Para completar la oscilación del péndulo, volví a estar nuevamente en el cuadro de honor del Decano. Me había estabilizado en un ritmo constante.

Ese año, el invierno en South Bend me pareció menos brutal y, para cuando llegó la primavera, me sentí fuerte de nuevo. Me alimentaba con Keats, Frost, Shakespeare y Tennyson. Ya no comía la mantequilla de cacahuate a cucharadas. Encontré el alimento para mi alma. Me daba festines de obras de teatro, poesía y cuentos. En la primavera de ese año no me concentré en el gris del cielo ni en la tierra congelada: en su lugar, me fijé en los narcisos que se asomaban a través de la nieve. El paisaje de South Bend seguía siendo el mismo, pero yo lo miraba con nuevos ojos.

# Papá

—Háblame de tu padre.

La doctora Yvonne se reclinó en su silla.

—¿Alguna vez sueñas con él?

Por el hecho de ser una psicoanalista jungiana, la doctora Yvonne utilizaba los sueños para entender a sus pacientes.

Tiré de un hilo suelto en mi suéter.

—Ya no tanto.

Durante mucho tiempo después de su muerte, tuve pesadillas. Lo último que soñé fue que le inclinaba la cama del hospital para que pudiera ver la salida del sol. Después de eso, veía a papá en una forma más familiar. Delgado. Fuerte. Resuelto.

—¿Algo más reciente?

El hilo se tensó en medio del suéter. Lo solté.

—De lo último que recuerdo, es que él se disculpó.

Sentí lágrimas en los ojos. ¡Maldita sea! Quiero llegar al final de una sesión sin llorar.

La doctora Yvonne se inclinó hacia la caja de pañuelos en la mesa.

—¿Por qué?

—Me dijo que me había hecho daño.

Mi padre y yo nunca llegamos a un punto donde pudiésemos estar cómodos juntos. Para cuando yo pude aceptarlo a él y él a mí, falleció.

Papá nunca conoció a mi esposo, nunca conoció a mi hijo, cuya estructura muscular es igual a la de él.

—¿Daño?

—Me dijo que mi vocación era escribir.

Nos queríamos, pero también nos exasperábamos uno al otro. Atlético, trabajador y organizado, las prioridades de papá eran claras. Yo sentía la desaprobación de mi padre por mi cuerpo y por mis intereses. Si yo no lo entendía bien, me lo decía.

—"Mi Pequeña Bolita de Mantequilla". Haz algo de ejercicio. Los poetas se mueren de hambre. ¿Por qué no te dedicas a las ventas? Serías una gran vendedora.

Cuando empecé a tener citas románticas, papá mantuvo una distancia silenciosa. Sin embargo, al cumplir los veinte años, comenzó a supervisar mi vida amorosa con sumo interés. Los consejos paternales me llegaban a todo volumen.

Cerca de mi graduación en Notre Dame, Augrhim Furey me rogó que lo acompañara en un viaje alrededor del mundo por un año. A los veintiún años, el matrimonio parecía un puntito en un horizonte lejano. ¿Auggie se querrá casar conmigo? ¿A quién le importa? Me encantaba ese chico.

Papá me bombardeó explicándome las desventajas de tener un enfoque tan desenfadado sobre la vida.

—Nunca podrás conseguir un empleo. Puedes quedar embarazada. ¿Crees que se casará contigo? ¿Para qué comprar la vaca si la leche es gratis?

Le hice una mueca como respuesta a su cliché, segura de que papá no entendía la profundidad de mi relación. Auggie me quería. A los dos nos encantaban las mismas cosas: la vida al aire libre, la literatura y el arte. Sentía que él era mi alma gemela.

Papá seguía sin convencerse. Al final, él influyó en mi decisión. Conseguí un trabajo en Osborne Computer Corporation, una compañía de alta tecnología, fabricante de la primera computadora portátil, que pesaba más o menos doce kilos. Auggie se fue a dar la vuelta al mundo. La abstinencia impuesta por la ausencia no hizo que creciera el cariño entre nuestros corazones. La relación se disolvió en unos pocos meses.

Mi volátil vida laboral no molestaba a papá, a pesar de que yo había trabajado con tres empresas diferentes en menos de tres años. Silicon Valley, a principio de los 80, era el salvaje oeste de los negocios. Mi padre disfrutaba de mis historias de trabajo; él siempre defendió el capitalismo. Papá poseía un espíritu emprendedor. El riesgo no lo asustaba. El riesgo en la vida de sus hijos no le molestaba. No obstante, el riesgo con pocas ganancias chocaba con su lógica.

Una carrera en arte o literatura caía en la categoría de alto riesgo-poca recompensa. Papá me encauzaba hacia lo que él consideraba opciones razonables de vida. Escribe para distraerte. Cásate con alguien que ames, pero que también tenga un trabajo estable. Habiendo crecido en la pobreza, papá le temía a mi atracción por los hombres e intereses que pronosticaban pocas posibilidades de generar dinero.

Como analista de negocios en alta tecnología, ayudé a algunos vendedores a cerrar negocios por miles, y a veces millones, de dólares. Una vez, después de una de esas ventas, me quedé sentada en mi oficina. Gracias a mi experiencia y conocimiento de los productos, había cautivado a otro cliente con las maravillas del buzón de voz y la comunicación no simultánea. Meciéndome de lado a lado en mi silla, repasé la reunión en mi cabeza. ¡Maldición! ¡Qué buena soy!

Encendí mi computadora y abrí el procesador de texto para escribir el informe a mi jefe. Mis dedos golpeaban el teclado, segura de que podía resolver cualquier cosa. Cuando sonó el teléfono, tomé el auricular de su base y me lo acomodé sobre el hombro.

—Habla Julie, ¿en qué puedo ayudarle?

—Hola, Jules. Habla Patrick.

Me enderecé. Mi hermano nunca me llamaba a la oficina.

—Se trata de papá.

—¿Le han encontrado algo? ¿Qué tan malo es?

Sentí que la energía abandonaba mi interior, como si la noticia consumiera la fuerza de mi vida a través del teléfono.

—Malo. Mamá está muy afectada. Te habría llamado ella misma, pero...

—¿Qué demonios es? —El teléfono se quedó en silencio—. Dímelo. ¡Ahora!.

Patrick se despejó la garganta:

—Tiene cáncer. No están seguros dónde comenzó.

Me sentí mareada, cogí mi lata de Coca de dieta. Estaba vacía.

—No se va a morir, ¿verdad?

Mis ojos se llenaron de lágrimas. Las contuve. Maldito seas, papá, no te me puedes morir. No he terminado contigo todavía.

—¿No pueden hacer algo?

—Están probando con quimioterapia. Existe una posibilidad.

Tomé aire, me di cuenta que no había estado respirando.

—Una posibilidad, eso es bueno, ¿verdad? Hay un poco de esperanza...

—Algo —dijo Patrick—, pero podría morir en ocho meses. Tenemos que estar preparados.

—Papá va a luchar. Va a vivir.

Me costaba oír a Patrick al otro lado del teléfono.

—¿Patrick?

—Eso espero.

—Lo sé. Papá va a sobrevivir. Es más terco que ninguno. Ese cretino nunca me ha dejado ganarle un partido de tenis.

A los veinticuatro años, me enteré que mi padre moriría en ocho meses. Los rayos X mostraban unas masas en el estómago y en toda el área abdominal. Algunas personas sobrevivían a un cáncer tan avanzado como el suyo, pero no muchas. El médico le dio su receta: ponga su vida en orden, despídase de los suyos y rece. Tenía cincuenta y ocho años de edad.

Mi novio en turno y yo volamos a Kitty Hawk, Carolina del Norte. Era la primera vez en años que mi familia se reunía en el mismo lugar al mismo tiempo. Ya no éramos niños, las edades de mis hermanos iban de los veintidós a los treinta y cuatro. Mis tres hermanos mayores ya estaban casados, mi hermana Eileen llevó a su hijo, el único nieto en ese momento. Volamos desde San Francisco, San Diego y Atlanta y luego manejamos por los estrechos caminos de Norfolk, para hacer una demostración de fuerza familiar. Mi familia puede olvidarse de los cumpleaños o no llamar durante meses, pero si hay una crisis, somos un equipo confiable. Entrenados para la guerra. Listos para la batalla. Los hijos del Capitán. ¡Adelante!

Ese verano fue la última vez que vería a mi padre en una versión comparable con su antigua manera de ser. Papá se veía desgastado, más delgado que de costumbre, pero seguía manteniéndose funcional. Caminó hasta la playa y cenó con nosotros. Incluso nadó en el mar.

Una noche, sacó un cuaderno que había conseguido en un seminario de planificación de vida. Nos entregó una copia a cada uno de nosotros y un lápiz afilado del número 2 y convocó a una reunión familiar. El cuadernillo tenía preguntas acerca de los objetivos de la vida, las prioridades, las ambiciones, y los porcentajes del tiempo. Nos pidió que llenáramos ese formulario.

—¿Ahora? —Puse mi cuadernillo en la mesa—. ¿Hemos viajado de todas partes del país para hacer una prueba? ¿Qué tal si conversamos?

Sentí el mareo de varios vasos de vino. Patrick, Eileen, y Matt hojeaban el cuadernillo, con sus cónyuges mirando sobre sus hombros. Teddy, aún soltero, hojeaba solo el suyo.

—Lo haré más tarde.

Tomé de la mano a mi novio y lo llevé a la terraza en la parte superior de la casa. Miramos las estrellas sin decir nada. El silencio entre nosotros no era profundo o grave o ni siquiera raro, el silencio formaba parte importante de nuestras conversaciones. Mi novio se había fumado un porro antes de la cena. Él siempre fumaba por las noches, como un coctel. A eso de las 8:00 de la noche; nunca hablaba mucho.

Al día siguiente en la playa nos pusimos protector solar, leímos libros y nos balanceamos en las olas que nos arrastraban playa adentro, sin demasiada rudeza, pero lo suficientemente fuerte como para darnos un buen empujón. Papá amaba el agua. Se sumergía bajo las crestas espumosas y salía ileso. Nos pellizcaba y jugaba al tiburón. A los dos nos cogió una ola. Nos golpeó fuerte. Me tambaleé sobre mis pies y me eché a reír, mi traje se llenó de arena.

Papá quedó tambaleándose sobre sus manos y rodillas a unos metros de mí, más cerca de donde las olas rompían. Otra ola lo tiró a la arena. No presté atención a la situación en un principio. Papá no tenía fuerzas para levantarse. Corrí hacia donde él se esforzaba, otra vez muy cerca de donde rompían las olas. Lo agarré del brazo. Las olas nos golpearon la espalda a los dos y nos lanzaron a la arena. No lo solté. Me esforcé por ponerme de pie y tiré de él hacia arriba. En mis manos, su brazo se sentía tan frágil, puro hueso y músculos marchitos. Su brazo derecho colgaba inerte, el mismo brazo que alguna vez lanzó golpes con maña y defendió la línea de fondo de la cancha de tenis como si fuera un experto. Tosió, escupió y sonrió.

—Supongo que tengo que tener más cuidado.

Aún con la incertidumbre de lo que podría pasar, mantuve mis manos apretadas alrededor de su brazo. Llevé a mi padre a un lugar donde me sentía a salvo, en lo alto de la playa, donde la arena seca se pegaba a su piel. A veces me pregunto si hice lo correcto ese día. Podría haber muerto más rápidamente, con menos dolor.

Cuando abordé el avión de regreso a San Francisco, me di cuenta que tenía en mi maletín el cuadernillo de análisis de vida que nos había dado papá. Nunca lo contesté. Papá planeó su vida con cuidado. Se sacrificó por su familia. Ahorró dinero para mandar a sus hijos a la universidad. Ahora, con la pensión militar y un salario universitario, había dado en el clavo financiero. Pero, ¿qué importaba el dinero? Se estaba muriendo.

Morir a los cincuenta y ocho. ¿No se deberían invertir esos números? ¿No deberían los padres vivir hasta los ochenta y cinco y ver a sus hijos casados y con hijos? Dejé el cuadernillo de análisis de vida en el bolso del asiento del avión. A la mierda la planificación. La vida pasa. La muerte pasa. No cuando uno planea la muerte, sino cuando la muerte quiere, estés listo o no.

Para Navidad, cuatro meses más tarde, volví a casa de mis padres en Harrisonburg, sin saber con qué iba a encontrarme y sin esperar lo que vi. Mamá dijo que las cosas estaban peores. El análisis de noviembre mostró que los tumores crecieron a pesar de las dosis brutales de quimioterapia. Sin embargo, traté de pensar positivamente. Podría mejorar. Después de todo, papá era papá. Papá podía hacerlo todo.

El fuego crepitaba en la sala de estar cuando llegué. Papá yacía en el sofá con una camisa de franela a cuadros, cubierto con mantas. Había perdido todo su espeso cabello, oscuro, excepto por algunos mechones desordenados en la parte superior de su cabeza. Su rostro se había reducido a los pómulos; los ojos muy abiertos y la ancha extensión de su nariz polaca. Cuando entré, sus ojos color avellana brillaron y su sonrisa se hizo más amplia, cubriendo toda su cara. Extendió los brazos y se esforzó por ponerse de pie. Supe entonces que iba a morir. Pronto.

Tuvimos una buena Navidad ese año, la primera que habíamos pasado todos juntos en más de diez años. Brindamos, comimos, y partimos "oplatek" en Nochebuena. Compartir oplatek es una costumbre polaca. El padre toma un trozo de hojaldre sin levadura, similar a una hostia sin consagrar, comparte un pedazo con cada miembro de la familia y hace que cada uno de esos trozos se convierta en un deseo para el Año Nuevo. En seguida, los miembros de la familia toman sus pedazos y los rompen entre sí, también pidiendo deseos. Esta tradición invita a un momento de perdón, de reconciliación. Uno a uno, nos despedimos de papá con un abrazo, preguntándonos si volveríamos a verlo de nuevo con vida.

Todos teníamos trabajos, cuentas por pagar… Nuestras propias vidas que exigían nuestra atención. La Ley de Incapacidad Familiar Médica no existía todavía. Yo ya me había tomado tiempo libre en Navidad. Me preocupaba que, si me quedaba en Harrisonburg hasta enero, podría perder mi trabajo. Sin ahorros, no podía pagar el alquiler si no trabajaba. La tecnología de alto nivel no se detiene para nadie; el capitalismo en su mejor expresión. Volé de regreso a California y manejé a San José la mañana del lunes.

De vuelta al trabajo, escuché los gritos de un cliente que se quejaba de las fallas en su sistema contador de llamadas. Me sentí flotar y su voz se perdió en la lejanía. *Has perdido una llamada y no puedes cobrarla, eso es, bueno, algo muy serio. Sí, me doy cuenta de que tu empresa no puede hacer dinero si no puede facturar. Entiendo que estás molesto. Claro, claro, quieres que lo arreglen. Ahora.*

También yo quiero que me solucionen mi problema. Recién me acababa de dar cuenta que nunca más volvería a ver a mi padre plantar otro bulbo. Era tan cuidadoso al plantarlos; primero el hoyo profundo, luego el harina de hueso antes de colocar el bulbo en su tumba y de empujar suavemente la tierra para taparlo. Plantaba tomates, azaleas, tulipanes, pero mis favoritos eran los narcisos. Trompetas brillantes, grandes, de color amarillo, derramando amarillo sin disculparse con nadie. Los narcisos no proporcionaban nada cuantificable ni tangible. Papá fomentaba algo que no tenía ningún propósito real excepto el de ser, de dar color a un paisaje que de otra manera sería monótono. Las flores eran el arte de mi padre. Cuando yo veía esos colores brillantes, nuestra conexión tenía sentido. Entendía que yo venía de él.

Papá casi alcanzó a vivir todo enero, pero no completamente. Dejé el trabajo y pasé cerca de un mes con él. Mis hermanos Patrick y Teddy me acompañaron durante las últimas semanas. Nos turnábamos para sentarnos con mi padre en el hospital, sabiendo que cada día podía ser el último.

Papá sentía nuestra tensión y nos hacía bromas para ayudarnos a recuperar nuestro sentido del humor. Un día, cuando Patrick y yo estábamos sentados a su lado, papá levantó la cabeza débilmente.

—Bueno, supongo que no puedo demorarlo más. Supongo que llegó el momento.

Patrick y yo entramos en pánico; tratamos de pensar en las últimas palabras perfectas para un hombre moribundo. Papá percibió nuestra ansiedad y sonrió.

—Supongo que llegó el momento de tomar mi medicina.

Papá nos recordaba a diario, a su manera, que él no estaba bajo tierra todavía.

Teddy, Patrick y yo trabajábamos en un poema para el funeral de mi padre. Yo había empezado el poema y les pedí su ayuda.

Mirando hacia atrás, veo a mi papá; colocando bulbos en tumbas de barro.

Patrick miró la primera línea.

—"Nosotros". No "yo". Vemos a nuestro papá, el de todos nosotros.

Cambié las palabras y escribí lo mejor que pude. Se requiere más que el cambio de una simple palabra para representar cinco puntos de vista con respecto de la misma persona. Cada uno de nosotros lo veía de una manera distinta, algunos de mis hermanos más cercanos que otros. Yo, al menos desde mi punto de vista, la más lejana. Todos lo amábamos y nos sentíamos estafados, nos habían robado el tiempo.

La noche antes de que muriera, me senté con mi padre toda la noche. Sentía la presencia de la muerte en la habitación y no quería que muriera solo. Llegó la mañana. Me esforcé por mantener los ojos abiertos. Mientras papá yacía en la cama, en estado de coma, la boca abierta como un pajarillo, le leí el poema que mis hermanos y yo le escribimos. Le dije que leería el poema en su funeral. Le di las gracias por una muy buena vida. Le dije que yo sabía que iba a morir antes de que yo regresara y que estaba bien.

—Te quiero, papá.

Su respiración continuó, trabajosa, sin respuesta, pero yo lo sabía. Me acerqué a la puerta escuchando su respiración hasta que llegué al pasillo. Tenía que comer algo, dormir, moverme.

Falleció unas cuatro horas más tarde. En medio de mi corte de pelo, el teléfono sonó y la estilista se puso pálida, bajó la mirada. Me pasó el teléfono y mamá me explicó que papá había muerto unos quince minutos antes. Eché un vistazo a mi reloj, pero no pude ver los números.

La llamada terminó y la estilista me preguntó si debía dejar de cortarme el pelo. Mis puntas no coincidían: había una diferencia de al menos cinco centímetros de largo. Le pedí que terminara. Contemplé mi cabello oscuro esparcido en el piso de linóleo, tratando de no sentir alivio. No podría haber aguantado otro día viendo a papá luchar por una existencia miserable. Al mismo tiempo, ya lo echaba de menos.

Cuando volví al hospital, mamá, Teddy y Patrick hablaban sobre los últimos minutos de papá mientras la enfermera quitaba las sábanas de su cama. Ella había ido a cambiar a papá de posición y él murió en sus brazos. No hubo una ráfaga súbita de conciencia, no hubo últimas palabras, sólo una respiración forzada seguida por la ausencia de respiración.

Murió sin mí. Le dije que podía hacerlo. Todas esas horas que pasé junto a él acunándole suavemente la mano y papá había elegido morir cuando una enfermera lo movió para darle vuelta. Su último aliento, compartido con ella, parecía una extraña especie de infidelidad.

Durante el velorio, la gente llenó la capilla, muchos se tuvieron que ubicar en la parte posterior. La gente contaba historias de cómo papá los había ayudado, cómo había creído en ellos y los había inspirado. Un hombre contó la historia de su campamento de verano para niños de escasos recursos. Papá lo había ayudado, asesorándolo sobre cómo financiar el campamento.

—Nadie nos escuchó, excepto el profesor. . . —Su voz se quebró.

Papá ayudó a ese hombre a conseguir el financiamiento y su campamento prosperó.

—Él fue el único que creyó en mí —sollozó el hombre, un hombre hecho y derecho, llorando a mares.

Yo no lo conocía. ¿Cómo podía alguien amar tanto a mi padre y yo no saber ni cómo se llamaba? Joe, Papá, Capitán de Navío, Profesor de la Universidad; mi padre vivió varias vidas simultáneamente.

Mi hermano Matt habló de cómo papá siempre le lanzaba la pelota, aun sabiendo que nunca sería un jugador de béisbol profesional. Eileen recordó que papá podía arreglar cualquier cosa. Sólo necesitaba un libro y las herramientas adecuadas. Mamá contó la historia de cuando vio a papá por primera vez, con sus pantalones anchos. Yo hablé de su sentido del humor, de cómo se burló de nosotros hasta el final, fingiendo que moría cuando llegó el momento de tomar su medicina.

Sufrí, e hice lo que hago cuando algo me hace sufrir, me aceleré. Frenética, planeé el funeral, junté las canciones, hice la edición final de nuestro poema y organicé el servicio. Mientras leía el poema, mis hermanos llevaban un objeto simbólico hasta el altar, que representaba algo querido para papá: Teddy, la pala del jardín; Patrick, el birrete de su graduación; Matt, su chaqueta de vuelo de sus años de piloto; Eileen, una concha de la playa, y mamá un narciso.

Mamá se quejó del narciso pues quería un papel más importante. Mamá no se daba cuenta de que el narciso significaba el renacimiento, la resurrección, que "el brote más pequeño demuestra que realmente no hay muerte. Y que si alguna vez la hubo, fue un instrumento de la vida". A mamá nunca le importó Walt Whitman. Traté de explicarle el significado de la flor, sin éxito, pero de todos modos la obligué a llevar el narciso.

Quería leer ese poema sin lágrimas, lo suficientemente alto para que todos oyeran. Cuando llegué a la parte de papá saltando en las olas con nosotros, miré a mi hermano Matt. Levantando su barbilla, me indicó que continuara. Pensé en la playa, el sol, la risa, el olor a sal y a crema de coco. Papá jugando al tiburón, la arena pegada a su espalda. "Tengo que tener más cuidado." Eileen puso la concha en el altar y mi voz se quebró. Sentí el gusto a sal en mis labios. Papá me enseñó a bucear bajo las olas y emerger a salvo al otro lado. Un caracol en un altar no le hacía justicia a sus lecciones.

Fue enterrado en el cementerio de Arlington. Su último deseo. Funeral militar completo, caballos negros con el ataúd envuelto en una bandera, disparos sobre su tumba. Una sencilla lápida blanca, entre tantas otras lápidas blancas.

Matt, entonces un joven teniente de la Marina, saludó el ataúd mientras la nieve danzaba sobre su uniforme obscuro. La nieve caía suavemente sobre mi rostro, con frío escozor. Después de que los soldados doblaron la bandera con la precisión con que corta una hoja de navaja, se la entregaron a mi madre. Ella les dio las gracias, a pesar de que una bandera era nada a cambio de un marido muerto.

El cuerpo de mi padre ahora se encuentra en un campo con miles de hombres y mujeres a quienes sorprendió el final de la vida. Aunque papá no dio la vida por su país, su muerte se sentía igual. El cáncer deambula más que una bala, se toma su tiempo. Una bala te aturde. El cáncer jala a los presentes de ambos brazos, hasta desencajarlos. Ambos finales me hacían contemplar las tumbas con incredulidad. Las fechas del principio y del final, grabadas en la piedra, parecían demasiado cercanas.

Papá predicaba sobre la libertad y la justicia, pero nunca mencionó que a veces la balanza se inclina con una lógica que se nos escapa. Que a veces, el único consuelo que nos queda es la simetría de miles de piedras en una exuberante ladera cubierta de hierba, con un nombre inscrito en cada una de ellas.

# 12

# Manejo del dolor

El olor a ajo llenaba el apartamento de Foster City que compartía con mi prometido. Al entrar cerré la puerta. La canción *Más que amigos* de Bob James y David Sanborn sonaba tan fuerte que nadie me oyó entrar. En la cocina, dos amigos se apoyaban en el gabinete. Uno de ellos enrollaba un porro.

—Hola, cariño —nuestro amigo Jimmy abrió el refrigerador con elegancia—. ¿Mal día en el trabajo? ¿Te gustaría beber algo frío?

Antes de que pudiera responder, destapó una Miller Lite y me la puso en la mano.

Bebí un sorbo.

—¿Dónde está Scooby?

A mi novio lo llamábamos "Scooby" porque hacía una gran imitación del perro de las caricaturas. Además, el nombre le quedaba.

Jimmy apuntó con la cabeza hacia el sofá donde Scooby olía una gran porción de pizza de ajo. Apoyaba su pie en la mesa de centro, al lado de un Frisbee.

Alejándome de la cocina, avancé hacia Scooby.

—¿Has tenido suerte buscando trabajo?

Una risita mal disimulada sonó a mi espalda:

—Guau guau —Scooby abrió sus enrojecidos ojos redondos con una expresión de falsa sorpresa—. Nadie me ha llamado. Además, tuvimos un torneo de Frisbee.

Azoté la cerveza sobre la mesa de centro.

—¿Ya escogiste a tus padrinos de boda?

—¡Escógeme a mí! ¡Escógeme a mí! —Jimmy revoloteaba en la habitación, puso el puño en su cadera y el dedo índice en los labios y luego señaló—: El azul marino es mi mejor color, pero el verde amarillento también podría servir.

Un ejemplar sin abrir del clásico manual para buscar empleo: *¿De qué color es tu paracaídas?*, se encontraba en la parte superior de la televisión. Scooby había perdido su trabajo hacía dos meses. Teníamos planeado casarnos en seis meses.

—Muy bonito —miré a Scooby—. Buen chiste.

—No todo el mundo es como tú, no todos somos adictos al trabajo, workaholics.

—Muy cierto, no existe ninguna posibilidad.

Me marché a nuestra habitación, cerré la puerta de golpe. Absolutamente ninguna posibilidad.


Después de que murió papá, decidí que necesitaba crecer y casarme. Nunca consideré usar terapias de apoyo emocional. En su lugar, me saturé de trabajo y presioné a mi novio para que nos casáramos. Poco después de que nos habíamos comprometido, perdió su trabajo. Su desempleo no me desalentó, como tampoco su consumo generoso de Miller Lite y marihuana. Pensé que podía cambiarlo. Con un proyecto así de por vida, yo nunca tendría tiempo para disminuir la velocidad.

El compromiso se canceló unos cuatro meses antes de la boda. El desempleo de Scooby y el descubrimiento de una amante en otra ciudad me hicieron ver que una vida sin matrimonio podría ser mejor que un matrimonio desastroso. Rompí el compromiso. Mis amigos y familia respiraron aliviados, conscientes de que mi vida había escapado de un trágico desvío en el camino. Al cabo de un tiempo, lo acepté. Sin embargo, yo quería un esposo y sentía que estaba retrasada. Todos mis hermanos mayores se habían casado a los veintiséis. A esa edad, y sin prospecto a la vista, la oportunidad de tener mi propia familia se encontraba en peligro de extinción.

Inicié algunas relaciones, cada una de ellas con un final patético. Mis amigos se burlaban de mí diciéndome que tenía el don del Rey Midas, pero al revés. Varias veces elegí a un hombre con trabajo o un gran potencial.

Pocas semanas después de nuestra primera cita, mi candidato a matrimonio perdía su empleo. Fiel hasta las últimas consecuencias, continuaba respaldando a mis candidatos matrimoniales, segura de que finalmente alguno de ellos me propondría que nos casáramos. Ninguno lo hizo.

Por capricho, llamé a Auggie, mi alma gemela de la universidad de Notre Dame. A la semana siguiente, tomé un avión a Hawai, donde él trabajaba como pasante. Después de unos días, me propuso matrimonio en la playa, al atardecer. Le dije que sí, pero luego vacilé. Habíamos estado separados durante seis años. Quería asegurarme de que todavía lo conocía bien.

Con la cabeza llena de ilusiones de cartas de amor, le sugerí que nos diéramos un mes de plazo para volver a encontrarnos. Auggie aceptó de mala gana. Yo confiaba en que nuestro amor podría superar la distancia geográfica. Sus cartas, esporádicas, se quejaban de mi falta de espontaneidad. Auggie retiró su oferta en un par de semanas. Me dijo que había "perdido el sentimiento".

Pasé más tiempo en el trabajo. La primera en entrar, la última en salir. Registré más horas que nadie, lo que requiere de un esfuerzo especial en el mundo de la tecnología de alto nivel. Una noche a eso de las 8:00, mi jefe Rick, se acercó a mi escritorio, portafolios en mano. Se marchaba a casa.

Sumergida en las profundidades de la base de datos de clientes que yo misma había desarrollado, sentí su larguirucha estructura corporal apoyada en mi cubículo.

—¿Qué haces aquí todavía?

No miré hacia arriba.

—Estoy casi lista. Davis tiene una presentación mañana y necesita estadísticas de la base de clientes.

Rick apretó los dientes.

—Tienes que decirle que NO.

Rick rendía cuentas a Mike Davis. Davis se comunicaba directamente conmigo. Todo el personal ejecutivo de vez en cuando me buscaba para que les hiciera trabajos de emergencia. Yo había estado en la compañía desde los primeros días de su existencia. Conmigo, podían hablar casi en "taquigrafía". Sabían que si había algo que hacer, yo podía hacerlo.

—¿Decir que no? —Lo miré bizqueando, tenía la mirada borrosa por pasar demasiadas horas frente a la pantalla de la computadora—. ¿Estás bromeando? Soy la única que sabe cómo hacerlo.

Rick movió la cabeza y dejó el portafolios en el suelo. Tomó una tarjeta de mi escritorio y escribió un nombre y un número. Me entregó la nota.

—Prométeme que vas a llamar a esta mujer.

Eché un vistazo a la nota, impaciente.

—¿Qué necesita ella?

—Nada. El número es para ti. Ella es una terapista.

Resoplé. Mi cabeza golpeó el respaldo de la silla.

—¿Qué? ¿Crees que tengo problemas?

—No, estás pasando por un mal momento. Estás aquí todo el tiempo. Eres joven.

Se inclinó para recoger su portafolios.

—¿Alguna vez te diviertes?

—Vamos a ver si estoy entendiendo —me reí—. ¿Mi jefe me está diciendo que paso demasiado tiempo en el trabajo?

—Yo la he consultado. Te puede ayudar.

Sostuve la nota frente a mis ojos.

—¿Lo dices en serio?

—Prueba al menos con una sesión.

Cogió su portafolios.

—Puedes pagar en efectivo. Nadie tiene que saberlo.

Fui a dos sesiones. En la primera, lloré durante toda la hora. En la segunda, hablé sin parar, emocionada porque el fin de semana siguiente tendría una cita. Nunca volví. ¿Medicamentos? Nunca fueron una opción. Yo me consideraba sanada.

Entré en el limbo del mundo de los que van a cumplir treinta, una mujer profesionista, soltera y afectada por las muchas relaciones que se fueron a pique. Hice la lista en mi diario: bajar cinco kilos, dejar de beber, meditar, aprender a disfrutar la soledad.

En el trabajo, alardeaba sobre mi nueva misión como soltera, segura de mi elección. De noche, a solas en mi pequeño apartamento, lloraba. Una noche, las lágrimas no cesaron. Mi vida parecía tan amarga, tan solitaria, enfrascada en la idea de que nunca tendría hijos, que nunca envejecería al lado de alguien. Me venció el sueño y continué con mis lágrimas.

Soñé que estaba de pie, sollozando. Sentí calor, una presencia detrás de mí. Un hombre me abrazó. Se puso de pie a mi espalda, rodeándome con sus brazos por la cintura. Sin decir palabra, me aseguró que iba a sanar. Sana. La palabra me parecía extraña, ajena a mí. Me metió la idea en la cabeza, sin hablar. Una luz brillante iluminaba sus brazos y sus dedos mientras me abrazaba. Nunca vi su rostro, ni oí su voz, pero me di cuenta que era un hombre de baja estatura porque mi cabeza llegaba a su hombro cuando me apoyé en él.

¿Quién era este hombre? ¿Mi padre? ¿Alguna figura de Cristo? Sentí que quienquiera que fuera, aún no lo conocía, pero él me estaba esperando. Cuando me tocó, sentí una sensación de plenitud, de alegría. Con su abrazo, mis problemas se disiparon. Desperté con optimismo, preguntándome quién sería.

Conocí a Ken en una fiesta de Halloween de un grupo de la maestría de negocios, MBA, de Stanford; una fiesta a la que ninguno de los dos pensaba asistir. Cuando un colega que trabajaba en nuestro grupo de marketing nos invitó a mi amiga Kristi y a mí a esa fiesta, le dije "no, gracias". Yo había entrevistado a varios pasantes de Stanford para trabajar en Octel, la empresa de alta tecnología donde yo laboraba. Los estudiantes de MBA de Stanford eran demasiado arrogantes, rígidos y jóvenes para mi gusto.

Kristi me insistió, sugirió que usáramos disfraces horribles para evitar el contacto con hombres indeseables. Ella quería salir esa noche. Kristi fue disfrazada del personaje de Dana Carvey "La dama de la Iglesia" de *Saturday Night Live*, rematado con gafas angostas, un trasero rellenado, un suéter con botones, y una forma de caminar que hacía juego con el disfraz. Yo me eché el pelo hacia atrás, me puse un gran sombrero de paja de ala ancha y puntiagudo, un holgado vestido negro y me declaré a mí misma una campesina china.

Ken llegó a la fiesta vestido de vaquero. Intercambiamos las típicas preguntas de presentación: "¿Cómo te llamas?, ¿de dónde eres?, ¿bailas?", pero no mucho más. Pensaba irse temprano, pero había extraviado las instrucciones para llegar a la otra fiesta a la que quería ir. Ken rara vez pierde algo. Esa noche fue la excepción, para los dos.

Él me llamó después de la fiesta para que saliéramos. Al principio no me acordaba quién era, pero su franqueza e inteligencia a través del teléfono me impresionaron. Le dije que no: yo había hecho planes con otra persona. Insistió y volvió a llamar. Me cautivó. Le dije que sí.

Cuando abrí la puerta para mi primera cita con Ken, me sorprendí. En comparación con mi típica elección de hombres de más de 1.90 metros de alto, rubios, físicamente imponentes, pero mentalmente manejables,

Ken era todo lo contrario. Ken mide 1.70, de pelo oscuro, piel aceitunada y de complexión mediana. El sombrero y las botas que llevaba el día de la fiesta de Halloween lo hacían verse al menos 10 centímetros más alto. Él era, por mucho, el hombre de menor estatura con el que yo había salido.

Ken entró a mi apartamento como si fuera el dueño del lugar, dijo algo gracioso y tomó asiento en el sofá antes de que se lo ofreciera. Con sólo dar un paso en mi apartamento, Ken me parecía menos predecible, diferente a cualquiera de mis anteriores pretendientes. Parte Woody Allen, una pizca de Bill Murray, con la chispa de Eddie Murphy y un ligero acento tejano. Su estilo me confundió, despertó mi curiosidad. ¿Realmente vivían judíos en Dallas? Los judíos vestidos de vaqueros me parecían una contradicción.

Le ofrecí una cerveza mientras iba a mi cuarto a terminar de maquillarme. Fue entonces cuando vio mi diario. Estaba en la mesita de centro; sin darme cuenta lo había dejado abierto. Ken se sentó en el sofá y, en un momento de culpabilidad consciente, tomó mi diario y comenzó a leer:

Algo está cambiando: siento una cierta comodidad, satisfacción, incluso una preferencia de vivir sin pareja… Quiero que mi vida sea algo más que preocuparme de los hombres y del trabajo. Quiero encontrar una manera de liberar toda esta energía sexual reprimida sin acostarme con alguien…

Con su habitual cara impávida de jugador de póker, Ken nunca mencionó lo que había leído hasta años más tarde, después de que nos habíamos casado.

Desde el principio, Ken me hizo reír. Contaba chistes, recitaba líneas de la película *Caddyshack* (*Los locos del golf*) y de *Annie Hall* con cadencia perfecta. Me gustaban sus ojos verdes, la forma en que se inclinaba hacia adelante cuando yo le hablaba. Había algo travieso en él, energía de alto voltaje empaquetada en una calma exterior. Me gustaban su confianza, su manera de besar, la forma en que sus manos leían mi cuerpo, como si no pudieran esperar para conocer más. Me gustaba la forma en que funcionaba su mente, rápida, segura, nunca empañada con segundas intenciones.

Al mismo tiempo, yo decidí continuar con mis opciones. Ken terminaría Stanford en la primavera, probablemente iría a vivir a otra ciudad. Por ser tres años menor que yo, dudaba que él considerara el matrimonio entre sus planes. Anticipé que saldríamos hasta la graduación y luego nos alejaríamos. Años más tarde, Ken me confesó que él sabía que se casaría conmigo después de nuestra primera cita.

Un compañero de trabajo me advirtió que era probable que yo hubiese encontrado la oportunidad de oro con Ken. Con títulos de Princeton y Stanford y dos años en Morgan Stanley, Ken probablemente encontraría puestos de trabajo que le generarían cientos de miles de dólares anuales. La idea me parecía extraña. Sabía que había personas que aumentaban su capital a través de inversiones de alto riesgo, pero la idea de un salario base superior a $100,000 o $200,000 dólares al año, sin considerar bonos, me parecía extraordinaria, quizás hasta un poco obscena.

—Y, por cierto —dijo—, sería preferible que te quitaras esa suástica del cuello. La cruz podría ofender a tu exitoso novio judío.

¿Suástica? ¿Mi cruz? Me pasé la mano por el cuello. Yo llevaba la pequeña cruz maltesa de oro que mi padre me había llevado a casa años atrás, de su viaje a Italia. En cualquier foto escolar mía, desde el primer grado hasta la secundaria, la cruz de oro colgaba de mi cuello, cuatro extremos que se extienden como los pétalos de una flor. Nunca pensé que esa cruz hubiera sido de inspiración alemana o nazi, pero esa noche me la quité y la escondí en mi caja de joyas. No podía tirarla: era uno de los pocos regalos que mi padre me había dado. Ken nunca más mencionó la cruz y no pareció darse cuenta de su ausencia.

En enero, volé a Nueva York para pasar un fin de semana con Ken, mientras él se entrevistaba con algunas de las firmas de Wall Street. Nos alojamos en el hotel Le Parker Meridien, ordenamos chocolate caliente y nos acurrucamos en las sábanas blancas y suaves. Me mostró sus antiguos refugios de cuando trabajaba en Nueva York con Morgan Stanley, después de Princeton y antes de Stanford, Greenwich Village, One if by Land, Two if by Sea, el Soho y Rockefeller Center. Volar de San Francisco hasta Nueva York por un fin de semana me parecía una locura, excesivo, extravagante e indulgente. Divertido.

Ken pensaba en grande, más en grande que yo, más en grande que cualquier otra persona que yo hubiese conocido íntimamente. Él no venía de una familia adinerada, pero quería apostar en las ligas mayores en el mundo de los negocios. Ken no tenía el peso de la culpa católica ni el sentido de responsabilidad que conlleva el exceso de dinero. Le gustaba el dinero y nunca se sintió culpable por gastarlo en él mismo. "Alguien tiene que ser rico y es preferible que ese alguien sea yo", me decía mientras nos bebíamos nuestras grandes copas de Calvados.

La idea me intrigaba, me excitaba y me permitía ordenar de un menú sin fijarme en los precios. Ken funcionaba en un mundo que yo sólo conocía por las películas y los libros. Yo nunca ambicioné ser parte de ese mundo, pero Ken puso en mis manos la riqueza. La seda de una vida adinerada se sentía suave, libre de los afilados bordes de la angustia financiera.

Para ser alguien que planeaba ser rico, Ken no era materialista. La ropa no le importaba, no suspiraba por un determinado Mercedes o Porsche, ni soñaba con un reloj Rolex. Quería las experiencias que el dinero podía comprar: excursiones exóticas, los mejores asientos en un evento deportivo, fines de semana en Nueva York y una suite penthouse. Cuando Ken viajó de "mochilazo" por Europa con una antigua novia, se las arreglaron con $2,000 dólares para dos meses. Decidió nunca más tener que quedarse en un albergue juvenil o tener que pedir lo más barato de un menú sólo para poder sentarse en un café al aire libre. Ken quería que sus acciones estuvieran determinadas por sus deseos y no por falta de dinero en su billetera.

Ken hablaba más que cualquier otro hombre que yo hubiera conocido. Me sentía como si yo hubiera descorchado una botella que había estado guardada durante mucho tiempo en un estante olvidado. Él me habló de su familia, del temperamento de su madre y de cómo su padre conoció a su segunda esposa en un semáforo. Ken no había visto a su padre en varios años, a pesar de que su padre vivía en Dallas y Ken había pasado el verano allí. Los padres de Ken se divorciaron cuando él tenía once años. Como sucede en muchas familias, la relación antagónica de la pareja divorciada había creado barreras. El padre de Ken obtuvo la peor parte del régimen de visitas. En esa misma conversación, Ken mencionó que visitaba con frecuencia a sus abuelos paternos, que también vivían en Dallas.

Traté de visualizar el árbol genealógico de Ken con sus dos hermanas, los medio hermanos, los medio hermanos adoptados y varias rondas de matrimonios. En ese contexto, mi familia parecía una pintura perfecta de Norman Rockwell. Ken me dijo que sobrevivió a su infancia y adolescencia con un programa completo de actividades después de clases. Cuando llegaba a casa por la noche, se encerraba solo en su dormitorio con su tarea, un litro de Dr. Pepper de dieta, su gato Mittens y un teléfono para hablar con sus amigas.

A pesar del escabroso divorcio de sus padres y de los arrebatos de su madre, Ken todavía hacía todo lo que se espera de un buen hijo. Tarjetas del Día de la Madre, regalos de cumpleaños...; hacía esas cosas con precisión robótica, entrenado para evitar la explosión. El comportamiento de Ken me dejaba perpleja. Para un hombre que parecía tan decidido para todo lo demás, su actitud en relación con su madre no encajaba. Le pregunté que por qué hacía en forma tan mecánica todo lo que un buen hijo haría de corazón. ¿Por qué no terminar la relación completamente o hacer algún intento para remediarla?

—Ella es mi madre —fue su respuesta a mi sugerencia de terminar la relación. En cuanto a repararla, se rió y negó con la cabeza—. Demasiado tiempo, poca posibilidad de cambio.

Es extraño, mirándolo retrospectivamente, que aquella lealtad inquebrantable de Ken fue lo que mantuvo nuestro matrimonio vivo durante las peores partes de mi depresión. La mayoría de los hombres me hubiera dejado, abrumados por esa nueva persona sin esperanza que había surgido de mi cuerpo. La fidelidad obstinada que cuestioné en Ken en relación con su madre resultó ser la misma cualidad que le hizo quedarse conmigo, incluso en los momentos cuando yo no podía darle nada a cambio.

A medida que nuestra relación se profundizaba, las dos cosas que más me preocupaban eran la relación de Ken con su madre y nuestras diferencias religiosas. Fuera de esto, Ken me impresionaba. Mostraba un espíritu de responsabilidad e integridad en la forma en que me trataba a mí y a sus amigos, con un sentido del humor divertido, cariñoso y brillante. Disfrutábamos juntos, nos deleitábamos con nuestras diferencias. Su atracción hacia mí parecía instintiva, lo abarcaba todo: el amor nacía de su piel.

Después de salir unos meses, una noche en que yo preparaba la cena, Ken se paró detrás de mí y pasó sus brazos alrededor de mi cintura. Mi cabeza se apoyó en su hombro. Percibí su calor a través de sus brazos. Me sentí muy segura, tan amada, tan contenta... El abrazo me recordó algo, una sensación extraña que había vivido antes, pero que no podía recordar en dónde. Luego, mientras me besaba, me acordé.

Mi sueño.

Ken era el hombre que no había podido ver, el que me estaba esperando. Ahí supe que si él me lo propusiera, me casaría con él.

La fecha de graduación de Ken apareció en mi calendario demasiado pronto. Conocí a su mamá y a su padrastro en la ceremonia de graduación.

Después de las historias que Ken me había contado sobre su mamá, yo esperaba algo mucho peor. Bárbara se veía bien en todos aspectos, pelo negro azabache, peinado de salón, acartonado, y vestido rojo brillante con las uñas pintadas del mismo tono. Su manera de comportarse no coincidía con el traje. Ella era agradable, curiosa, con mucha energía y divertida, muy diferente a la persona que Ken me había descrito. Bárbara parecía tan diferente de la descripción de Ken que me llegué a preguntar si había algo malo con Ken. "No está tan mal", le susurré al oído a Ken. "¿Por qué eres tan duro con ella?" Apretó la mandíbula.

Ken se fue a Dallas en junio; ni anillo, ni promesas, sólo con los planes de un viaje a Australia juntos a mediados de julio. Me preparé para el fin de la relación. Cuando nos sentamos en el avión en la pista de Los Ángeles, preparándonos para nuestras dieciséis horas de vuelo, mis esperanzas aumentaron. *Tal vez me va a proponer matrimonio en el viaje.* Ken metió la última bolsa en el compartimento superior del avión y se dejó caer en el asiento junto a mí. Me habló de un encuentro que había tenido hacía poco con sus abuelos, donde les había dicho que yo no era judía. ¿Habló con sus abuelos? ¡Suena como que puede haber planes de matrimonio! Cuando le pregunté cuál había sido su reacción, Ken destruyó mi ilusión. "Sólo estamos saliendo. ¿Por qué tendría que importarles?"

Después de unos días en Sydney, me relajé, pero no completamente. Nos dirigimos a Cairns para pasar unos días en Green Island, un lugar tranquilo en el centro de la Gran Barrera de Coral. Una tarde, Ken y yo buceábamos a pocos metros de la playa. Me señaló algo frenéticamente y luego empujó un trozo de papel laminado de color naranja hacia mis manos. Desenrollé la hoja y leí las palabras. "Julie, ¿me harías el favor de casarte conmigo?"

Salí disparada fuera del agua. Tosí, balbuceé, tenía agua salada en la garganta.

—¿Eso significa que sí? —Me preguntó ansiosamente, más vulnerable como nunca antes o desde entonces lo había visto—. ¿Es un sí?

Lo abracé.

—¡Sí! Sí, por supuesto.

Hablamos largo rato sobre religión, nuestros futuros hijos y la forma en que intentaríamos criarlos. Yo no había asistido a la iglesia con regularidad desde Notre Dame, y no sentía una fuerte lealtad por mi religión de origen. Ken se consideraba judío "light", un judío cultural, pero no religioso. Aun así, las cruces le molestaban y sentía que traicionaría su origen si criaba a sus hijos como cristianos.

De alguna manera, el judaísmo estaba más en consonancia con mis creencias que el cristianismo o el catolicismo. Sin embargo, la idea de criar a nuestros hijos como judíos me asustaba. Había leído a Primo Levi, sabía de las atrocidades cometidas contra los judíos a través la historia. ¿Y si eso sucedía de nuevo? ¿Para qué exponer a mis hijos a la amenaza del antisemitismo?

Sabía que yo no me convertiría. Sabía que Ken no se convertiría; eso estaba fuera de discusión. La conversión me parecía una obliteración de mi historia personal. Me preocupaba que en un hogar puramente judío mi historia también pudiera desaparecer, tanto si me convertía como si no. Escribí sobre esto en mi diario, preocupada de que podría llegar a ser una extraña en mi propia casa, sin poder celebrar mis tradiciones de la infancia y siendo rechazada por mis propios hijos.

Exigí que tuviéramos árbol de Navidad. Ken estuvo de acuerdo. Ofreció mostrar a nuestros hijos ambas religiones, a llenarles las horas del domingo con formación religiosa. Esto me parecía confuso, más que ridículo. Estuve de acuerdo en criar a nuestros hijos como judíos, borrando el impacto de más de 500 misas, una universidad católica y treinta años de tradición familiar. *Todas las religiones tienen mérito, sólo tenemos que elegir una.* Mi visión abierta sobre la religión me permitió echar por la borda la mía propia.

Mientras volábamos de vuelta a casa, Ken me preparó para que le hiciera una propuesta a Octel.

—Pídeles que te paguen tus vuelos de ida y vuelta desde Dallas todas las semanas y exígeles un bono de $ 5,000 dólares si lo cumples hasta la fecha de nuestra boda —dijo.

Me eché a reír. ¡No van a aceptar! No van a gastar tanto dinero en mí. Sin embargo, entré a una reunión de directivos y presenté este plan como si yo supiera que ellos estarían de acuerdo. Nadie siquiera se movió. Volé de ida y vuelta durante nueve meses, hasta que mi proyecto llegó a su fin.

El equipo de dirección de Octel me dio mi bono y una gran fiesta de despedida. Ken sonreía mientras todo esto ocurría. Ken sabe reconocer un activo subvaluado. Esta capacidad de descubrir un potencial sin explotar es algo en lo que él sobresale, pero yo pensaba que este don se aplicaba a las acciones y a las empresas, no a las personas y menos a mí. Nunca me di cuenta de que yo misma vendía mis servicios a bajo precio. Con la ayuda de Ken, empecé a verme de otra manera, a hablar, a actuar con más confianza en mí misma… a tomar más riesgos.

Intercambiamos votos en las escaleras de piedra del Acuario de Monterey Bay, bajo una jupa, con un rabino y un sacerdote. Mi hermano Patrick me llevó por el pasillo, mi hermana Eileen fue mi dama de honor, con mis cuatro mejores amigas a su lado. Todas ellas con vestidos de un tono azul oscuro. Yo elegí el color y les permití que escogieran el estilo. Teddy y Matt leyeron el *Nuevo Testamento* y a Jalil Gibrán.

Incorporé componentes de ambas religiones en la ceremonia y le pedí al padre Tony, mi tío, que compartiera oplatek con nosotros dos. El padre Tony sostuvo el rectángulo blanco de oplatek en el aire, pude escuchar cuando cada persona judía presente en la ceremonia contuvo el aliento.

—Éste es un pedazo de pan sin levadura —dijo Tony con voz clara.

Explicó la costumbre de oplatek, una hostia sin consagrar, y la forma en que mi padre compartía con nosotros los buenos deseos para el año siguiente. La multitud respiró relajada.

Intercambiamos votos, derramé una lágrima por la ausencia de papá y rompimos una copa. Gritamos, "¡*Mazel tov*!" En ese momento, desaparecieron los límites religiosos.

Ken y yo salimos de la ceremonia hacia la recepción, radiantes. La abuela de Ken, Nanny, me tomó del brazo después de la ceremonia.

—Tu tío, el cura —dijo ella—, es brillante. *Así es como la religión debería ser,* pensé. *Así es como puede ser.*

## 13

# Lo que nadie te dice sobre la maternidad

*M*e tendí en la alfombra, cansada, mentalmente exhausta, los ojos fijos en mi hijo de un año de edad. De pie, Andrew me daba la espalda, las palmas de sus manos apoyadas contra la ventana. Miraba las ramas que se mecían con la brisa. La luz de la ventana transparentaba sus enormes orejas y se podían ver las venas azules bajo la piel. Su cuerpo se balanceaba con los sonidos que él hacía. "Fuuuuu, fuuuuuu". Se volvió a mí.

—¿*Miim*? —La palabra que Andrew usaba para decir *mamá*; la palabra *miim* siempre presente.

Su rostro se veía maravillado por cada nueva información que recibía.

—¡Miim! —Los ojos de Andrew imploraban una respuesta.

—Viento —susurré—. Se llama viento.

Inclinó su cabeza por un instante, como si le diera vueltas a la palabra en su cerebro. Luego volvió adonde había comenzado, de espaldas a mí, con las manos en la ventana. Los árboles se inclinaban. "Fuuuuuu, fuuuuuuu". Yo observaba con asombro. No importaba nada más.

Nada más me importaba hasta que llegaba la noche y mi lista de tareas "por hacer" estaba aún "sin hacer". O cuando alguien me preguntaba: "¿Qué haces?" O un amigo del trabajo llamaba y me preguntaba en qué ocupaba mis días. Tartamudeaba, incapaz de dar cuenta de las horas de mi vida que se evaporaban sin que me diera cuenta.

¿Cómo llegó a suceder esto? Después de que Ken y yo nos casamos, me cambié de marketing de productos a ventas. En el plazo de un año, había logrado cerrar un negocio con valor de varios millones de dólares. El éxito continuaba. Unos meses antes del nacimiento de Andrew, elaboré una estrategia de marketing y presenté la idea al nivel ejecutivo más alto de Octel. ¿Cómo puede una mujer con estas habilidades quedar paralizada por la movilidad de un niño?

Antes del nacimiento de Andrew tenía previsto regresar al trabajo, seis semanas de descanso a lo sumo. Nunca me vi a mí misma como madre y ama de casa. Cuando no tenía hijos, consideraba débiles a las madres que elegían ese camino. Era evidente que no tenían lo que se requería para manejar sus vidas. Ser madre me dio una perspectiva totalmente nueva.

La fortaleza necesaria para la maternidad hizo que mi trabajo como profesional de ventas y marketing pareciera cosa de niños. Mis días como madre tenían recompensas que llenaban mi alma, pero a menudo se me esfumaban entre los dedos. En el rol de ejecutiva de ventas o de marketing, podía tener algunos días difíciles, o incluso años difíciles, acompañados de portazos y personas desagradables. Persistí. Casi siempre mi perseverancia me recompensaba: promociones, viajes de lujo, salarios altos y reconocimientos.

Por otra parte, nadie aplaudía mi fuerza de carácter cuando Andrew me orinaba en la cara o cuando mis pechos se hinchaban tanto que Ken me llamaba "Bessie", como la popular vaca lechera. Las recompensas de la maternidad eran intangibles y a largo plazo. Al final de algunos días —de una gran cantidad de días— contemplaba mis manos vacías y me preguntaba qué demonios había pasado.

En días malos, mi misión de madre se escondía en la bruma que nublaba mi cerebro: el aburrimiento, la rutina y el dolor físico. Sin sueldo, sin comisiones, sin vacaciones, sin estimulación social o intelectual, sin pruebas, sin entrenamiento real; tan sólo horas y horas invertidas en un niño que podría o no despreciarme para cuando tuviera edad de ir a la universidad. La maternidad exigía más fe ciega de la que yo tenía.

Algunas mujeres florecen durante los primeros años del bebé, intoxicadas por los suaves pliegues de la piel y los dedos en miniatura que examinan todos los orificios de la cara de una madre. Me sentía así también, por diez minutos. Luego me faltaba el aire y no había nada. Amaba a mi hijo, pero él me abrumaba. Mi diario dice que en un momento llegué a la "simple conclusión de que yo había hecho algo irreversible".

La maternidad puede ser agotadora para la mayoría, pero empecé a pensar que yo era la única mujer psicológicamente devastada por un bebé. ¿Era ésta la depresión postparto?

Probablemente. Nadie jamás me la diagnosticó y yo rara vez hablaba de cómo me sentía. Mis reacciones me parecían poco saludables, no aptas para ser una buena madre. Así que hice lo que mejor sé hacer con las emociones inaceptables: las escondí. Y si burbujeaban, fingía que no existían.

Además, en ese momento, mi impulso biológico de reproducción y treinta y cinco años de entrenamiento se estrellaron en un choque que dejó mi mente dispersa en pequeños pedazos irrecuperables. Desde el principio, mis padres nunca me dijeron que no podía hacer algo "por ser una niña". Eso es bueno, ¿no? Mis profesores, en su mayoría, me animaron y me pintaban imágenes de presidente o de líder corporativa en mi cerebro.

En Notre Dame, mi profesor favorito de negocios me dijo que yo tenía "chuttzpah", y tuve que preguntarle qué significaba la palabra. "Espíritu, agallas, resistencia", dijo. "Las cualidades que hacen a un gran líder." En Octel, el presidente de la compañía me dijo que algún día podría dirigir la compañía, si me lo proponía. En una época en que el acoso sexual y las barreras para las mujeres florecían, yo tenía mi buena partida de porristas.

Entonces, ¿qué salió mal? ¿Por qué no pude tener hijos, contratar a una niñera y comportarme a la altura de todo este potencial tan anunciado?

Lo que uno gana y pierde al elegir entre la maternidad y una carrera profesional es difícil de manejar para la mayoría, pero a mí me pareció imposible. Yo quería lo mejor de ambas, una jugada maestra que aún no he visto realizar a ninguna mujer. Mi versión de la maternidad y mi definición de una carrera profesional se enfrentaron en un duelo mortal. Ante la incapacidad de renunciar a uno de los roles, abandoné mi trabajo. En ese momento, yo consideré esta elección como un fracaso personal, una falta de disciplina profundamente grabada en los huesos de una persona que ha alcanzado la mitad de su vida.

Mi permiso de seis semanas de licencia aumentó a seis meses, hasta que todas mis vacaciones, el sabático, el permiso de maternidad y la licencia por enfermedad se acabaron, justo antes de las fiestas. Con una sensación de náuseas, deposité aquel último cheque. Ken no era mezquino. Yo no temía que él cuestionara lo que yo hiciera, pero la idea de pedirle dinero me afligía. Me había mantenido por mí misma durante más de doce años. Y, a pesar de que el estado de Texas considerara que la mitad de sus ingresos eran míos, me sentía como un niño pidiendo su asignación dominical. Mi dependencia hizo que nuestra relación se convirtiera en un modelo que a ninguno de los dos nos gustaba.

A pesar de que los negocios de Ken continuaron mejorando, él me animaba a regresar a trabajar. No obstante, me volví más pasiva y silenciosa en las fiestas, tenía pocas ideas, tomaba las calles laterales para evitar la carretera. Sin un trabajo remunerado, Ken temía que yo perdiera la autoestima.

—Vuelve a trabajar— me imploraba—. Aunque sea por un tiempo.

Él quería tener de nuevo a su mujer, aquel bulldog que no le temía a nada.

Yo sabía que nunca volvería a ser la misma que había sido antes del nacimiento de Andrew. La maternidad había alterado mi agudeza mental y la intensidad que tenía antes. Del mismo modo, no me gustaba la nueva persona que brotaba de mi piel: cansada, económicamente dependiente e indecisa.

Deprimida.

Pasaba horas tirada en el suelo, analizando la alfombra mientras Andrew jugaba. *¿Puede un trabajo ayudarme a recuperar el sentido de equilibrio? Tal vez Ken tenga razón.* Cogí el teléfono, hice un par de llamadas.

Traté de hacer consultorías y luego probé un puesto de trabajo que Octel había creado para mí. Me sentía miserable. En el trabajo, estaba distraída, desapegada; físicamente allí pero mentalmente ausente. Cuando volvía a casa, Andrew me rechazaba y corría hacia su niñera buscando consuelo. Ken estaba de viaje de negocios cuando lo llamé para lloriquearle sobre Andrew, que no había podido dormir, que tuve una pesadilla que se desató justo cuando por fin había cerrado los ojos. Le conté que pensaba dejar el trabajo en Octel.

—¿Estás segura? ¿Estás segura? —Ken hizo una pausa. A lo lejos, el altavoz anunciaba su vuelo—. Me tengo que ir. Sólo te pido que luego no descargues tus frustraciones conmigo, ¿de acuerdo? No me eches la culpa de lo que ocurra.

Ken presintió que, en ese momento, yo estaba dando un giro hacia la dirección incorrecta; pero no supo cómo cambiar el rumbo. La dimensión y la profundidad del cambio nos tomaron por sorpresa.

Di a luz a mis primeros pensamientos suicidas seis meses después de que mi primer hijo recién nacido se retorciera en mis brazos. Abril, un bebé, la primavera, una época de renacimiento y una madre primeriza parece ser una combinación extraña para concebir un deseo de muerte. Quizás en invierno mi paisaje interior coincidía con el del mundo exterior. En la primavera, me di cuenta de que el mundo había sanado mientras yo permanecía destrozada, ajena a los cálidos rayos del sol.

Mi diario registra mi vulnerable estado el Domingo de Pascua, tinta negra sobre una página en blanco:

...tuve pensamientos suicidas por primera vez la semana pasada. ¡Es una locura! ¡Mi vida es tan plena! Tengo un marido que me quiere, un hermoso niño. Sin embargo, de alguna manera, mi vida se siente fuera de su centro.

Pensamientos suicidas sin nada que los justificara, ningún shock, ninguna descripción, como si fuera algo sin importancia. Había descrito los patos de un estanque que había cerca de mi casa con mayor detalle del que usé para anotar todos esos pensamientos suicidas. Cuando años más tarde me encontré con esta nota en mi diario, me quedé atónita. Yo no tenía ningún recuerdo de haber estado tan deprimida. Cansada, sí. Confundida, sin duda. Pero yo hubiera jurado que nunca había experimentado depresión posparto.

Nunca le conté estos pensamientos a nadie, ni a Ken, ni a mi madre la psicóloga; nunca busqué en la guía de teléfono o le pregunté a una amiga si conocía a algún consejero al que yo pudiera ver por un par de sesiones. Los pensamientos me avergonzaban. Me sorprende que incluso los haya escrito.

A pesar de mi estado melancólico, Ken decidió que necesitábamos salir de Dallas ese verano. Quería tener una oportunidad para relajarse, para ver las cosas en perspectiva y planificar la siguiente fase de su negocio. Ken y su socio de la Costa Este sentían que una medida así les permitiría transformar el negocio. Escogieron Santa Fe. Empaqué nuestras maletas con un optimismo que no había sentido en más de un año.

Incluso después de un viaje de once horas con un niño de un año, mi entusiasmo se mantuvo intacto. Llegamos a la casa que habíamos alquilado en lo alto de un acantilado con vistas a las montañas Sandía, Sangre de Cristo y Jemez. Cerca del anochecer, subí a la azotea.

La vasta extensión del desierto se extendía ante mí en todas direcciones. Observé las tormentas que se formaban a lo lejos, negras cortinas de lluvia y retorcidos destellos de luz. El aire se sentía puro y mis pulmones se llenaban con facilidad, a pesar de la altitud.

De alguna manera el cielo, que nos permitía ver las estrellas y las tormentas simultáneamente, el olor húmedo de la lluvia y la tensión de la electricidad en el aire, reorganizaron mi cerebro. Mis pensamientos cambiaron de "Bueno, qué le vamos a hacer" a "Ah, ¡qué bien! Ay, Dios mío, ¡qué afortunada soy de estar viva, de ver la tierra! ¿La salvación a través de un paisaje? Estoy consciente de que la mejoría parecía demasiado rápida, demasiado increíble para ser real. A pesar de que mi vida y mis problemas eran básicamente los mismos, mi depresión desapareció.

Esta sensación agradable duró alrededor de una semana; pero luego empecé a sentirme atrapada otra vez, cuando miraba por la ventana o desde el techo, hacia los tres grupos de montañas que se mantenían en la distancia, mientras yo seguía encerrada con mi hijo pequeño. Lanzar la pelota, jugar con los cubos y el ritmo vano y predecible que Big Bird, el personaje de Plaza Sésamo, emitía con tono nasal en la televisión, me provocaban un ardor en la nuca, a pesar de que Andrew seguía el compás con la cabeza.

Cierta vez lo levanté y lo acomodé en el asiento del coche para ir a la tienda local de equipo de montaña.

—Nos vamos de excursión —Andrew sonrió con su manta metida en la boca.

No llamé a Ken. Su socio y él habían salido temprano por la mañana. Sabía que una llamada a Ken daría lugar a una larga lista de preguntas. ¿A dónde vas? ¿Quién será tu guía? ¿Cuánta agua llevarás? ¿Llevas un mapa? ¿Provisiones? Según el plan de vida de Ken, la paternidad, la maternidad sobre todo, exigía preparación, planificación y un plan B.

En teoría, estaba de acuerdo con él. En la práctica, su versión de la maternidad me estrangulaba la vida. Entré en la tienda, pasé mi tarjeta de crédito para comprar una mochila de bebé y pregunté por un camino decente por el que pudiera ir de excursión por la tarde.

El hombre detrás del mostrador llevaba una barba de chivo y una cola de caballo con mechones rubios alrededor de las sienes. Se veía unos diez años mayor que yo, a juzgar por las arrugas de su rostro, pero estaba en buena forma. Estiró una mano hacia Andrew, sentado en mi cadera, le despeinó el pelo como si lo conociera.

—Muy bien, señora, vamos a conseguir una que le quede bien.

Sacó tres mochilas diferentes y yo miraba impacientemente el reloj. Insistió perplejo en que me pusiera cada una de las mochilas mientras probaba que le quedara bien a Andrew. Cuando quedó satisfecho con una, me recibió la tarjeta de crédito.

Mientras se validaba la tarjeta por la compra, le pregunté a dónde podía ir de excursión esa tarde.

—No debe salir de excursión por la tarde —golpeó la pluma sobre el mostrador—. Tormentas.

Bufé como un toro, no fue un dulce suspiro de resignación. Yo iba a ir de excursión ese día, con lluvia o sin lluvia, con o sin instrucciones. O él me ayudaba o podría irse al infierno.

El vendedor debe haber percibido mi desesperación o mi convicción, no estoy segura de cuál. Antes de que yo tuviera oportunidad de responder, estuvo de acuerdo.

—Bueno, bueno, se puede hacer una caminata corta no muy lejos de aquí, cerca de la base de la montaña, de todos modos, no puede durar mucho tiempo cargando un niño de esa edad.

Sacó un *Mapa de las Montañas de Santa Fe* de debajo del mostrador y, señalando el camino Chamisa, dijo:

—Un poco inclinado al principio, pero es un paseo agradable.

Siguió la línea de la ruta con el dedo. Cuando le di las gracias y me alejé, me gritó: —Oiga, señora, por lo menos lleve el mapa, ¿Sí?

—Seguro —saqué unos billetes del bolsillo—. Gracias.

Andrew y yo salimos rápidamente fuera de la ciudad, hacia la estación de esquí. Me di cuenta que había una zona de tierra con unos cuantos coches estacionados a la izquierda. Giré y también estacioné el coche. Cargué la mochila con bocadillos y agua y puse a Andrew a mi espalda. El sendero se adentraba hacia arriba. Sentí mis muslos tensos durante el primer medio kilómetro, pero luego el sendero se niveló y se convirtió en el agradable paseo que el hombre había descrito. Los pinos se mecían. Se levantaba polvo del sendero rocoso. Andrew se bamboleaba en la mochila, con los brazos extendidos, apuntando con los dedos hacia arriba. "¡Miim! ¡Fuuuuu! ¡Fuuuuuu! Sentía que el viento me soplaba en la cara. El pelo de mi cola de caballo se me venía a los ojos. El viento soplaba a través mío, en mí, mi espíritu respiraba al unísono con el sonido del aire. Un gemido profundo sin dolor, el *Om* de la tierra.

—Sí, eso es lo que llamamos viento, mi dulce niño —extendí los brazos, llevé la mano de Andrew a mis labios y le besé los dedos.

—Hemos encontrado el viento nuevamente.

14

# Estrés y honestidad con uno mismo

Las palabras salieron de mi boca antes de que me dejara caer en el sofá de la doctora Yvonne.

—No puedo creerlo. Tuve pensamientos suicidas.

Noté a la doctora Yvonne preocupada.

—¿Recientemente?

—No, no, no —respiré profundamente—. Unos seis meses después que nació Andrew.

—¡Oh! —La doctora Yvonne se hundió en su silla—. Mucho antes de intentarlo —saqué cuentas mentales—. Seis años antes.

La doctora Yvonne adquirió un aspecto de chamán, una mirada lejana desde aquel lugar donde convoca aquellas preguntas de sondeo psicológico.

—Y esto te molesta. Dime por qué.

—¿Por qué? ¡Porque ni siquiera puedo recordar! Es como… como un bloqueo del suicidio —me jalé el pelo desde la raíz y me di cuenta de lo loca que me veía. Lo solté—. ¿Cómo pude llegar a esto?

—¿Cómo pudiste llegar a eso? —La doctora Yvonne me miró profundamente, como si yo debiera saber la respuesta—. Piensa en cómo has reaccionado en otras situaciones.

—¿Qué quieres decir?

—Piensa en el médico, en Bethesda. ¿Cuánto tiempo ocultaste esto antes de contárselo a alguien?

Saqué la cuenta.

—Probablemente seis o siete años.

—Éste parece ser el mismo hábito —la doctora Yvonne tomó un sorbo de té, reflexionando sobre la información que habíamos intercambiado—. Tú pareces no darle importancia al impacto del estrés y a los beneficios de la ayuda—. Puso su taza en la mesa. —Seis años es demasiado tiempo para arreglárselas sin pedir ayuda.

En los cuatro años siguientes al nacimiento de Andrew, me tomé muy en serio la crianza autodidacta. Tan pronto como lo fui sacando adelante, un año después de su nacimiento, Ken comenzó a presionarme por el hijo número dos. Lo dudé, preguntándome si otro hijo me sumergiría de nuevo en el fango del agotamiento. Él creía que, si no teníamos otro hijo rápido, quizá nunca tendríamos un segundo hijo. Ken me presentó metódicamente todos los puntos de su argumento; insistió y ganó. Accedí. Después de todo, yo no estaba trabajando.

¿Qué tan difícil iba a ser tener dos niños? Calculé que estaría embarazada cuando Andrew cumpliera los dos años y así mis hijos tendrían unos tres años de diferencia. Esa diferencia de edad me quedaba bien, pero mis planes, como ocurre con la mayoría de los planes que involucran a los hijos, no salieron como yo esperaba. Quedé embarazada la primera vez que tuvimos relaciones sin métodos anticonceptivos. Becka y Andrew se llevarían menos de dos años de diferencia.

En mis diarios hay un intervalo de casi dos años después del nacimiento de Becka, el período más largo de mi vida sin escribir. Con una bebé y un niño de dos años lleno de energía, apenas tenía tiempo de tomar una ducha, mucho menos de escribir mis sentimientos.

Ese período fue agotador, pero feliz. Encontré una niñera-ama de llaves, Abby, que hacía el aseo eficientemente y tenía un buen sentido del humor. Los niños y yo la amábamos. Andrew, con su curiosidad infinita, despertaba mi interés por la vida con su entusiasmo. Becka, un tranquila alma vieja en el cuerpo de una recién nacida, nos acompañaba en los viajes al zoológico, al Museo de Ciencia, Discovery Zone y varios parques de los alrededores de Dallas. No recuerdo haber tenido una depresión posparto, pero si no hubiera tenido mi diario después del nacimiento de Andrew, también hubiese negado la depresión posparto en ese tiempo.

A lo largo de una serie de sesiones, la doctora Yvonne y yo examinamos las otras presiones que se juntaron en los seis años anteriores a mi primer intento de suicidio. Durante ese período de estrés acumulado me desempeñé como la cuidadora principal de mis dos hijos al comienzo de sus vidas y de los abuelos de Ken, que enfrentaban el final de la suya.

Consideraba a Nanny y al abuelo como a los abuelos que nunca tuve. Separados por la distancia geográfica, mis abuelos biológicos y yo apenas nos conocíamos.

El abuelo Hersh me llamaba su Kosher Shiksa. Siempre me decía:

—Haces demasiado, mi Kosher Shiksa. Haces demasiado.

Era un hombre dulce, bajo, regordete, casi ciego, con un apetito voraz. Se llamaba a sí mismo "el hombre gordo".

Cuando le quitamos las llaves del coche al abuelo, le contratamos a una ayudante, a quien yo le indicaba qué hacer. Le pagaba semanalmente, le explicaba sus responsabilidades: conducir, ir de compras, hacer limpieza menor y resolver las disputas entre ellos. El abuelo rara vez se quejaba, pero Nanny tenía una lista nueva de problemas todas las semanas. "Usó nuestro teléfono —le reclamó al abuelo— y cargó su soda a mi cuenta del supermercado". Todas las semanas me cantaba una versión diferente del mismo tema. El abuelo extrañaba su coche, pero se adaptó. Se sentaba en la cafetería Luby's todo el día, fumando su pipa, conversando con un ayudante de mesero mexicano que no hablaba inglés.

Nanny me recordaba a mi propia madre, en versión judía, más vieja. Aguda de ingenio y de mordaz lengua. Ella era la que siempre vendía más boletos para la rifa anual en el Centro de la Comunidad Judía. A los ochenta y cinco años, iba al Hogar Golden Acres un par de veces al mes para "ayudar a los ancianos". Medía cerca de 1.42 metros, pero podía intimidar a cualquiera. En el supermercado, el empleado de la pescadería, la ubicaba desde el otro extremo del mostrador con sólo oír su voz.

—¿El pescado está fresco? —Preguntaba, mientras golpeaba el cristal con el dedo.

Me animaba a que volviera a trabajar para que mantuviera mi cordura.

—Haces demasiado por los demás —me advertía—. Te vas a desgastar.

Ella decía eso, pero después me llamaba como si su casa estuviera en llamas.

—¡La tienda Target tiene hoy un 50 por ciento de descuento en la venta de estambres! ¿Me puedes llevar?

Nanny nunca aprendió a conducir. Vivía a treinta minutos de nuestra casa. Yo le cambiaba el pañal a Andrew, lo ponía en el asiento del coche y corría a su condominio para ayudarla. Cuando quedé embarazada de Becka, el proceso continuó.

Al poco tiempo estaba cuidando a dos niños pequeños y a sus bisabuelos que casi llegaban a los noventa. A medida que mis hijos avanzaban, sus bisabuelos retrocedían. En la misma semana que Becka dio su primer paso, una mañana de abril, en un campo de altramuces azules —la flor tradicional de Texas—, el abuelo tuvo su primera andadera. Jamás había pensado que el comienzo y el final de la vida fueran tan dolorosamente similares, repletos de dependencia. La idea me estremeció, me hizo pensar en mi propia vida.

Además de todo esto, la madre de Ken, Bárbara, también requería su cuota de visitas. Suegros… Supongo que algunas tensiones de la vida son eternas. Bárbara nunca se quejó del tiempo que pasábamos con Nanny y con el abuelo, la pareja que había engendrado a su exmarido, a quien todavía despreciaba. Ella simplemente esperaba recibir la misma cantidad de tiempo, a pesar de que yo ya me encontraba desbordada por las obligaciones.

Bárbara parecía ajena a mi agotamiento emocional y físico. Exigía que nos presentáramos en eventos sociales donde ella era la invitada de honor, con nuestros hijos a cuestas. Quería tener una sesión de fotos, la imagen de que ella podía ser una mujer con una brillante carrera y también la madre perfecta. Cuando protesté, Ken me advirtió:

—Mira, yo he tratado con esta mujer por treinta y cinco años, es más fácil hacer lo que pide que lidiar con la histeria —Ken no podía ver que yo estaba explotando por dentro. Yo tampoco.

¿Discutí? No. Puse límites lo mejor que pude, límites que tenían que ser ajustados cada año, cada mes, y cada semana porque Bárbara los ignoraba. Ella aducía diferencias culturales.

—¿Recuerdas la escena de la cena en *Annie Hall*, la película de Woody Allen? ¿La de los judíos y los cristianos? Tú simplemente piensas diferente a mí.

Me acordaba de esa escena; los suegros WASP (blancos, anglosajones y protestantes) de Annie llevándose el tenedor a la boca en silencio, en un perfecto ángulo de noventa grados. Mi mesa no se veía así para nada, pero a Bárbara nunca se le ocurrió preguntar. Las diferencias culturales podían haber influido parcialmente en el problema, pero su personalidad jugaba un papel más importante. La indiferencia de Bárbara hacia mis límites convirtió mi psiquis, que ya se encontraba muy vulnerable, en un blanco fácil.

El choque de culturas diferentes en un mismo matrimonio producía una tensión única. Dallas es la ciudad natal de Ken, y el judaísmo su religión natal. Yo realmente no tengo una ciudad natal; muchas mudanzas, muy pocas conexiones. Aunque me había adaptado a Dallas, mi transición estuvo lejos de ser fácil, especialmente en una ciudad donde la familiaridad y las apariencias importan. Yo no crecí en Dallas, no conocía las calles, las familias que era preciso conocer, lo que significaban los gritos de guerra de los equipos de fútbol de la Universidad de Texas en Austin o de la Universidad de Texas A&M: "Engánchalo con los cuernos" o "Ensártalo como a un sapo", o qué escuelas eran mejores que otras. Nunca me hice un pedicure hasta los treinta y tantos años y me hacía un manicure sólo para las ocasiones especiales. En Dallas, la tierra del Botox y de las mujeres anatómicamente perfectas, las uñas sin pintar son el equivalente social a un gran pedazo de espinaca atascado en los dientes delanteros.

La religión marcaba una diferencia. No en términos de contenido, sino en el contexto y la cultura. Me gustara o no, mis características católicas no podían ser borradas. Nacida y criada católica, ahora vivía en un mundo judío. Nunca me convertí y aunque aprendí a disfrutar de las costumbres, no tenían para mí el mismo significado que *Noche de Paz* o la comunión. Con el tiempo esta discordancia ha disminuido, y ahora siento más familiares la música y las tradiciones de la fe judía. Pero sin los lazos de la infancia con las tradiciones, experimenté un vacío. Algo me faltaba. El "judío de Dallas" no es mi lengua materna, aunque lo hable con fluidez.

El cambio de estado financiero, una hipoteca elevada, el cambio en las condiciones de vida y el cambio de residencia, todas estas tensiones aumentaron cuando nos mudamos a nuestra nueva casa en Dallas. Ya no estaba segura de quién era yo y a qué grupo pertenecía, el dinero se convirtió en el enajenante final.

—La casa atrajo la atención hacia nuestra riqueza —me retorcía en el sofá de la doctora Yvonne, incapaz de encontrar un lugar cómodo—.

Nuestros amigos, todos con buenos trabajos, todavía se preocupan por sus gastos mensuales y por las colegiaturas—. Me froté la palma de la mano izquierda con el pulgar derecho—. Sus problemas se sentían más reales que los míos. El dinero hacía las relaciones más incómodas.

La doctora Yvonne adoptó su mirada de chamán.

—¿"Ellos" se sentían así o tú eras la que lo sentía?

Miré por la ventana, consciente de cómo las persianas dividían la escena de afuera en pequeños segmentos.

—No estoy segura. Creo que sólo era yo, pero realmente no lo sé.

Ella asintió con la cabeza.

—Comprensible.

—¿En serio?

A mí me habían enseñado a preocuparme por la falta de dinero y por eso los problemas de tener demasiado me hacían sentir ridículamente autoindulgente.

—Somos individuos alimentados por la comunidad, Julie —respiró profundamente—. Cuando te mudaste, tu pequeña porción de tierra firme se desvaneció.

Pensé en el día que nos mudamos de nuestra casa de 280 metros cuadrados, en Irving, a nuestra casa de casi 1,000 metros cuadrados, en Dallas. Regalamos casi todos nuestros muebles, seguros de que nuestros antiguos adornos carecían de la condición necesaria para nuestra nueva casa. Tragué saliva. La doctora Yvonne tenía razón. Mi pequeña porción de tierra firme había desaparecido.

## 15

# Una casa enorme

—Quiero sentirme fuera cuando estoy adentro.

Extendía los brazos al hablar, tratando de transmitir el amplio espacio exterior.

El arquitecto asintió con la cabeza y tomó algunas notas.

—Puedo imaginar una pared de ventanas que se abren al patio trasero. Techos altos, mucha luz.

—¡Sí, sí!

Me gustó la etapa creativa en la construcción de la casa, antes de que el concreto me obligara a tomar tantas decisiones concretas. Cuando el arquitecto dibujó la casa, esparció su propio estilo como polvo mágico en la página.

—¿Qué haremos en la parte delantera de la casa?

Ken se puso de pie y se estiró.

—Quiero una rotonda y una reja grande.

—¿Una reja? ¿Realmente necesitamos una reja? ¿Las rejas grandes no disgustan a los vecinos?

—Sí —Ken se sentó de nuevo en su silla—. Y una sala de billar. Una sala de cine también.

—¿Realmente necesitamos tener nuestra propia sala de cine? Ya peleo bastante con los niños porque ven demasiada televisión. Un santuario para ver películas manda la señal equivocada.

—Sí —Ken señaló las notas del arquitecto—. Escriba eso. Podemos darnos el lujo.

—¿Una sala de billar? —Sacudí la cabeza—. ¿Y después qué? ¿Vamos a esconder armas y a preguntar si el Coronel Mostaza cometió el crimen utilizando el candelabro, como en el juego *Clue*?

—Vive un poco—. Ken me tomó de la mano por sobre la mesa—. Por fin podemos hacerlo.

¿Por fin? Yo nunca deseé una casa así de grande o una entrada con rotonda. Pero al mismo tiempo, Ken se veía tan entusiasmado. ¿Cómo podría ser esto una equivocación?

Cuando la casa estaba ya casi terminada, el polvo mágico dio paso a cientos de pequeñas decisiones. Detalles. Costos. Alternativas. Me retorcía cuando empezaron las preguntas. ¿Qué quieres? ¿Qué tipo de piso? ¿Qué color de madera? Las preguntas continuaron con la iluminación, las alfombras, la textura, el color, el granito y el mármol. La cabeza me daba vueltas. *¿Qué sabía yo de terminar una casa de 1,000 metros cuadrados?*

Contratamos a un diseñador. Mi estómago estaba hecho nudo. Estilo. Ambiente. Época. ¿Qué diablos voy a saber? Conduje un Nissan Sentra por más de 200 000 kilómetros hasta que el asiento trasero de vinilo se desintegró. ¿Qué sabía yo de estilo? ¿Estaba dentro del presupuesto? Yo miraba las cifras y me enfermaba.

—Vamos—, me decía el diseñador. —Disfrutémoslo.

¿Disfrutarlo? Para mí, el proceso era como una estrangulación, ahogo, *sofocación*. Tantas cosas que se necesitaban para llenar el espacio vacío.

Seis semanas antes de nuestra fecha de mudanza, le conté a mi amiga Candace que todavía no había elegido ningún mueble. Candace pensaba que la casa era demasiado grande, exagerada para una familia joven con dos niños pequeños.

—¿Nueve baños? ¿Para cuatro personas?

El mobiliario de nuestra casa de 300 metros cuadrados era una colección variopinta de muebles postuniversitarios de laca negra de Ken y los míos de madera blanqueada con sabor a Santa Fe. Yo pensaba donar nuestros muebles viejos a una organización de caridad, a Goodwill. Me encontré con Candace al recoger a los niños de la escuela. Me apoyé en su coche mientras ella me aconsejaba desde el asiento del conductor.

Me encogí de hombros.

—¿Cuánto tiempo me va a tomar encontrar muebles nuevos?

—Meses —Candace puso los ojos en blanco—. Podría tomar meses.

—¿Meses? ¿No venden estas cosas en una sala de ventas?

Candace negó con la cabeza.

—No, no, no. No para una casa como ésta. No es la escala correcta.

—¿Escala?

—El tamaño, la dimensión, ¿cómo puedes construir una casa como ésta y no tener idea de lo que lleva dentro?

Buena pregunta. Debo de haber estado en el zoológico ese día, en el bosque o pintando con mis hijos, haciendo con ellos manualidades con brillitos de colores.

A nuestros hijos no les interesan los muebles, podrían jugar hockey en la sala de estar y boliche en el estudio. Ken quería que la casa estuviera amueblada, pero él tenía otras preocupaciones en la cabeza. El trabajo subía en intensidad, los negocios requerían de su atención.

—Sólo hazlo —me dijo—. Trata de mantenerte dentro del presupuesto; compra algo duradero, de manera oportuna y de buen gusto.

*¿De buen gusto?* Me había pasado los últimos cuatro años consumida por adultos mayores y enseñando a los niños a ir al baño y a dar sus primeros pasos. "Buen gusto" quería decir que yo debía tener buen gusto. Cada habitación vacía y pared en blanco era testimonio de mi incompetencia.

Éramos ricos; lo suficientemente ricos para comprar todo lo que se necesitara para dar la apariencia de riqueza. Sin embargo, con cada cosa que compraba, me sentía más incómoda, torpe y un fraude evidente. Al mismo tiempo, sentía que debería ser capaz de llenar la casa. Después de todo, yo no estaba trabajando. Yo quería ser buena para algo, agradar a Ken y poder construir un hogar para mi familia. Con buen gusto, por supuesto. Presa del pánico, llamé a mis amigas, pedí referencias y descubrí a Moranda.

Moranda estuvo de acuerdo en que nos reuniéramos frente a mi casa nueva, en la etapa final de la construcción. Corrí esa mañana, me di una ducha, me puse un suéter limpio y una camiseta para poder llevar a mis hijos al parque después de la escuela. Moranda llegó conduciendo su Lexus blanco, esparciendo grava bajo sus neumáticos. Cuando salió de su automóvil, su bota marrón a la moda se dejó ver por debajo de la puerta. Me metí los mechones de pelo en mi gorra de béisbol. *Yo hago los cheques. No importa lo que lleve puesto.* Me dio la mano, me disculpé por mi apariencia.

—Oh, no te preocupes.

Moranda echó hacia atrás su pelo rubio, casi blanco. Me sentí baja, muy baja, mis tenis no podían rivalizar con sus tacones de cerca de 8 centímetros. Charlamos un poco, intercambiando nombres de personas conocidas. Moranda me explicó cuáles serían sus honorarios, los cuales me parecieron razonables. Era soltera, sin hijos, de unos veinticinco años, ávida de más experiencia y de tener acceso al mercado de alto nivel. Ambiciosa y directa.

—¿Has pensado en el estilo que deseas?

La voz de Moranda no tenía acento. Yo dudaba que fuera de Texas, pero a diferencia de la mayoría de las personas, sus palabras no me daban ninguna pista sobre su origen.

—¿Estilo?

Yo sabía lo que quería decir, pero esperaba que si yo repetía la palabra, me daría tiempo de pensar en algo. Metí la mano en el bolsillo, sentí una forma rectangular. Saqué un viejo billete del monorriel del zoológico de Dallas. ¿Estilo? ¿Bosque tropical? ¿Sabana? ¿Bestia Salvaje? ¿Bestia salvaje en sus comienzos? Estilo. ¿Por qué me sentía como si me estuviera encogiendo?

—Tú sabes..., más contemporáneo, ¿francés o clásico? —elevó su barbilla, como si estuviera teniendo pensamientos sofisticados y reflexionando profundamente, conectándose con el universo supremo del buen gusto.

—Me gustan muchas cosas —le dije. Sonaba indecisa. Mala respuesta. Muy vaga.

—Ecléctica entonces. Ecléctica, manteniendo algunos puntos tradicionales.

Discurso de diseño de interiores para alguien que no tiene idea.

—Supongo. . .

¿Qué piezas tienes de tu antigua casa?

—¿Piezas?

—Cosas, ya sabes, muebles, arte. ¿Qué has traído?

Me aclaré la garganta.

—Tengo estos batiks, de África, que mi hermano Teddy envió.

—Batiks africanos —interrumpió ella—. "Eso" sí es ecléctico—y luego dijo sin tomar aliento—: Encontraremos un lugar para ellos arriba, en el área de los niños.

Durante nuestro recorrido por la casa, Moranda y yo entramos al comedor.

—Pensaba que los batiks, tal vez en el comedor, podrían añadir algo de…

—Oh no, una habitación como ésta —Moranda estiró sus brazos mientras se daba la vuelta, zapateando en el piso de madera con sus tacones—, merece más que eso.

—¿Eso crees? —le pregunté.

No estaba segura si debía sentirme insultada o halagada.

—Lo sé.

Moranda me llevó a su coche y me dio varios ejemplares de las revistas de decoración *Architectural Digest* y *Veranda*. Me aconsejó que los examinara, para que tuviera una idea de lo que quería. Quedamos en vernos a la semana siguiente, en el Centro de Diseño de Dallas, para ver las telas de tapicería. Las ruedas de su Lexus dispersaron la grava cuando se fue.

El día siguiente comenzó a las 5:30, con los tirones y empujones de la vida, una vida que exigía respuestas rápidas. Anhelaba tener una porción del día sin interrupción. Me puse mi ropa para correr; me hice una cola de caballo en el cabello y me lavé los dientes con una velocidad y furia que daban la impresión de que me había quedado dormida. Me quedó un residuo blanco-menta en la esquina de la boca, lo borré con un poco de agua y una pasada de la áspera toalla.

Con sólo una mirada en el espejo, supe que me veía desgastada, que necesitaba el maquillaje que nunca me aplicaría y que me faltaban esos minutos extra de descanso que nunca me permitía. Enderecé los hombros y me pasé la lengua por los dientes. "Suficiente", susurré a una imagen que parecía más vieja de la que yo me había imaginado. *Suficiente*.

En la oscuridad, fui a tientas hacia la mesita de noche, abrí el cajón para tomar mi diario. Ken se movió, murmuró una pregunta, luego se dio vuelta hacia su lado, en un sueño profundo. Salí de puntitas de la habitación, hacia un pasillo de ventanas y vi el cielo pintado de franjas de color rosa oscuro y naranja. Hice una pausa para reverenciarlo, luego me deslicé hasta el suelo, con las piernas cruzadas. Abrí mi diario. Mi pluma esbozó la primera frase.

Había pasado bastante tiempo desde la última vez que había escrito.

Oí un golpe a mi izquierda, unos pasos. Andrew, de cinco años, bajó las escaleras deslizándose, con la mano derecha en la oreja. Su cabello oscuro, despeinado, caía sobre su rostro mientras movía la cabeza hacia un lado. Llevaba una camiseta blanca con la palabra "Rangers" escrita en azul sobre el pecho. La camiseta le aleteaba contra las piernas, muy por debajo de las rodillas. Tenía círculos oscuros bajo los ojos.

—Mamá —sollozó—, me duele el oído.

Suspiré, cerré mi diario. Andrew se subió a mi regazo y apoyó la cabeza contra mi pecho.

—Pobrecito —su cuerpo se fundió con el mío.

El despertador sonó en nuestro dormitorio. Calculé la logística de la escuela, el consultorio del pediatra y una carrera al supermercado. El cielo palideció en un azul tan débil que el color se mezcló en mi mente con uno de los colores que el constructor me pidió que eligiera el día anterior: blanco antiguo, cáscara de huevo, luz de luna, blanco nieve. ¿No puede ser el blanco blanco?

A las 5:00 de la tarde me froté los ojos, con la esperanza de que mi visión se aclarara. *La cena. Algo simple. Tacos. Necesito carne. Necesito queso. No es tan difícil.*

Todo me dolía. Después de cuidar a un niño enfermo, a una niña sana celosa de su hermano, tratando de no respirar enfermedades infecciosas en el consultorio del pediatra, de recibir tres llamadas de Nanny, correr a Target para comprar estambre y un medicamento para la fiebre, comida y tres juegos de Candy Land, cada pequeño paso se sentía como el movimiento de una legión.

La puerta del garaje chirrió, indicando la llegada de Ken. Su paso era ligero al entrar en la casa, no se asemejaba a cómo yo jalaba y arrastraba mis propios pies. Yo lo odiaba. La carne en la sartén cambió de color rosado a marrón. Me quedé en la cocina dándole la espalda.

—Hola —se inclinó sobre mi hombro para darme un beso—. ¿Cómo sigue el oído de Andrew?

—Mejor.

—¿Un mal día?

Me encogí de hombros. Él se puso detrás de mí y me frotó los hombros con firmeza, demasiada firmeza.

—¡Ayyyy! ¡Eso duele!

Ken lanzó sus manos al aire y sacudió la cabeza.

—¿Qué te pasa?

—Nada, sólo estoy cansada.

Se sentó a la mesa, tomó un tenedor y con él dio unos golpecitos en el mantel.

—Siempre estás cansada.

*¿Siempre cansada?* Bajé el nivel del quemador al mínimo y revolví la mezcla de carne que preparaba para los tacos. Sentía que ya había traspasado el punto de desgaste. Agotada. Cansada.

—Siempre. Primero los niños, luego correr, después tus amigas, luego el gato. Nunca queda nada para mí. La última imagen en el tótem.

Lo miré fijamente, sin saber si estaba bromeando. La línea de su mandíbula, los dientes apretados, me hicieron saber lo contrario. Me quedé pasmada. ¿Por qué en ese momento? ¿Qué esperaba de mí?

Las lágrimas hacían que me ardieran los ojos, volteé la cara para que no me viera.

—No puedo dar más de lo que doy —le puse la mano sobre su hombro, pero él se apartó.

—Es que ha pasado mucho tiempo desde la última vez que me diste una sorpresa.

Sus palabras me hirieron y se convirtieron en una piedra más en el costal de culpas que yo cargaba por la cocina. Saqué el platón con los tomates cortados en cubitos, las aceitunas, el queso rallado y la lechuga del refrigerador y lo puse en la mesa. Me di la vuelta para sacar la carne del horno.

Ken me tomó de la muñeca y me atrajo hacia él.

—¿Y bien?

—No sé qué más puedo hacer.

Me soltó la muñeca y me alejó.

—Ése es el problema.

Los gritos hacían estragos en mi cabeza. Me hubiera gustado enumerar todas las cosas que había hecho para él, pero eran cosas prácticas, nada especial. Abrí la puerta del refrigerador, fingiendo buscar algo.

Cerré la puerta de golpe. ¡Maldito sea! Yo no esperaba que él me sorprendiera, que me animara. ¿Por qué me necesitaba él a mí? Éramos padres: los niños estaban primero. La culpa y la vergüenza reptaban por los rincones de mi ira. Ken sí trataba de sorprenderme. Él me traía regalos, flores, no sólo cuando era obligación como el de cumpleaños o del Día de San Valentín. En cambio yo, bueno… yo estaba cansada. Siempre cansada. Mi cerebro se sentía atrapado en los viscosos líquidos del día.

—Llama a los niños —puse la carne en la tortilla de los tacos—. La cena se está enfriando.

Cada tortilla se resquebrajaba cuando yo la rellenaba.

Me sentí muy sola en los primeros cinco años de maternidad a pesar de estar físicamente rodeada de gente. Entre Ken, los abuelos de Ken, los padres de Ken y nuestros propios hijos, siempre había alguien que esperaba algo de mí. No importaba qué tanto hiciera, alguien inevitablemente se sentía decepcionado o quería más. Después de un tiempo, me sentí decepcionada de ser tan decepcionante. Como ya sabía cuál sería el resultado con antelación, realizar el trabajo se me hacía más difícil. No podía sorprender a nadie, ni siquiera a mí misma.

Mis amigas me ayudaron durante ese período agotador de primeriza en la maternidad, cada una con su propia sabiduría y sus defectos. Miriam, Sara, Tara y Roxanne, del grupo Shabat, y mis nuevas amigas de la escuela St. Alcuin: Candace y Kate, todas enfrentaban su propio desafío. Nuestras circunstancias eran diferentes, pero todas nos sentíamos universalmente abrumadas. Los momentos con ellas —citas para jugar con nuestros hijos, correr, caminar o momentos robados al tiempo para almorzar— cubrían los momentos de soledad, me daban una bocanada de aire mientras nos reíamos de nuestros problemas cotidianos. Pero estábamos todas ocupadas, haciendo malabares con niños pequeños, con el trabajo, las enfermedades y el entrenamiento para que nuestros hijos aprendieran a ir al baño. Todo esto, al mismo tiempo que intentábamos hacer una vida junto a nuestros maridos.

Todas teníamos estudios universitarios, varias con títulos de posgrado, todas engañadas ilusoriamente pensando que podíamos hacerlo todo. La mayoría de ellas aprendió más rápido que yo. Miriam se apartaba, ella era siempre la primera en salirse y la primera en definir los límites del compromiso. "Me tengo que ir", se convirtió en su frase distintiva. Candace se había vuelto aguda y dura. Roxanne utilizaba el humor y, cuando se le acababa, explotaba o se derrumbaba. Kate exorcizaba sus demonios en la pista de atletismo del centro de salud Cooper Center. Yo corría más rápido, hacía más cosas, me involucraba en proyectos de voluntariado y llenaba mi agenda de actividades en lugar de decir que no a quien fuera.

Cuando estoy ocupada, no puedo pensar. No puedo oír el chapoteo del agua en los bordes de mi isla privada que yo misma he creado. Hay algo adictivo en el ajetreo, en avanzar en tropel por la vida hasta que aparece una pared. No estoy segura de si mi tendencia a hacer esto sea aprendida o genética, pero mi padre habitualmente sobrecargaba su horario, al igual que mis hermanos y que mi hermana. Somos workaholics, llegamos temprano y nos quedamos mucho más tarde que nuestros colegas.

La mayoría de las veces, el que se afana cosecha grandes recompensas. A las organizaciones les encanta la productividad, ya sean empresas, gobierno o voluntariado. Pero a veces, para algunos de nosotros, aparece la pared. De repente, el cielo azul se vuelve blanco como una cáscara de huevo y nuestro mundo se rompe en pedazos que no podemos reconstruir de nuevo. Mis hermanos parecen hacer frente a la crisis mejor que yo, algunos de ellos esquivando la pared por completo. Cuando la pared aparece, me encuentro en mi isla, sola, agotada y entonces me convierto en una compañía "non grata". A medida que la construcción de nuestra casa se acercaba al final, con los cimientos ya vaciados y la estructura ya levantada, mientras se colocaban los pisos y se secaba la pintura, yo me encontraba volando alto, acercándome a la pared.

Cuando nos mudamos a nuestra casa, enorme y vacía, las habitaciones se sentían como el exterior. La casa era abrumadora; una motivación arquitectónica, un edificio impresionante, pero no un hogar.

Moranda me aseguró que ella podría llenar nuestra casa. Yo tenía mis dudas. Teníamos citas para visitar el Centro de Diseño de Dallas, Donghia, Antigüedades Legacy y George Cameron Nash, establecimientos que tienen lo que uno necesita para hacer de una casa un hogar. Todos los enseres que según lo dictaba la Ley Moranda eran esenciales, eran totalmente diferentes a aquellos enseres que dictaban las reglas que yo había aprendido del bosque, de la Iglesia o de los de cuarenta años de mudanzas de un lugar a otro. Moranda poseía una confianza inquebrantable en su propio buen gusto.

Al entrar a la primera sala de exhibición, la ajustada falda de seda de Moranda rozaba contra sus piernas con cada paso que daba, haciendo un sonido como un pedernal golpeado con firmeza para encender una llama. Edmund corrió a saludarla, la tomó por los hombros y atrajo su mejilla junto a la suya, besando el aire. "Guapísima como siempre, querida." Le sacudió una pelusa invisible de su hombro. Sólo Moranda podía llevar tacones de aguja de ocho centímetros, falda rosa fuerte fushia y blusa blanca con una camisola de encaje debajo con un profundo escote. Si me vistiera como Moranda, mis amigos me preguntarían si pensaba ir a "ligar" o ir a una fiesta de disfraces. Pero para Moranda, La Diseñadora, la ropa hacía juego.

Edmund y Moranda charlaron unos minutos mientras yo miraba las mesas y sillas en la sala. Gruesas mesas de madera talladas con intrincados diseños, sillas de alto respaldo acolchado tapizado con telas realzadas en oro y colores azules y rojos llenaban el espacio hasta donde me llegaba la vista. Altos relojes antiguos con elaboradas carátulas, congelados en diferentes instantes, sin que ninguno coincidiera con el indicador digital de mi reloj deportivo.

Cuando sonó el teléfono, Edmund hizo una pirueta hacia mí, con los ojos pegados en mis jeans Gap de corte clásico. Mi teléfono mostraba el número de Nanny. Oprimí la tecla "ignorar" y puse el teléfono en mi bolso.

—¿Y quién es ella?— en cada palabra la voz de Edmund se oía como una nota diferente.

—Oh, lo siento mucho—. Moranda puso la palma de su mano en la frente—. Ella es Julie, mi cliente.

Edmund me tendió la mano para tocarme el hombro. Vaciló, se apartó; luego aplaudió con las manos dos veces, como maestra de kindergarden a punto de cantar su canción favorita a la clase.

—Hay tantas cosas que ver.

Cuando Edmund giró sobre sus talones y se dirigió al otro lado de la habitación, Moranda sonrió satisfecha, me lanzó una mirada de complicidad, agitó los dedos y salió tras él de puntitas.

Di un paso hacia adelante para seguirlos y un rayo de luz atravesó la ventana, golpeó mi ojo derecho y fue tan brillante que tuve que llevarme la mano a la cara para taparlo. Al siguiente paso, la luz se desvaneció. Mis ojos necesitaron un momento para ajustarse. Al hacerlo, pude ver a Edmund acariciando una mesa de mosaico con la mano derecha, diciéndole a Moranda que esa pieza era justo la que yo necesitaba.

# 16

# El resultado inesperado
# de una pérdida anticipada

Nanny se sentó en un pasillo vacío del Hospital Presbiteriano, en una silla naranja de respaldo recto. En las manos tenía apretado un sobre grande de papel manila. El mentón le sobresalía hacia adelante y, sin sus gafas, se frotó los ojos. Sus piernas cruzadas a la altura de los tobillos se balanceaban entre las patas plateadas de la silla.

Se sobresaltó y luego su mirada se centró en mí.

—Esta vez es malo.

Me senté a su lado.

—¿De qué estás hablando?

—La nota del doctor, en los rayos X... Él me dijo que no la viera, pero la vi. Tengo derecho a saberlo, ¿sabes?

Me eché a reír.

—Nanny, no es posible que un médico escriba tu sentencia de muerte y te entregue el papel —le tendí la mano—. Déjame verlo.

Descifré la escritura irregular del radiólogo:

"Mujer. Noventa años de edad. Estructura muscular muy fuerte para su edad. Senescencia benigna de la columna vertebral. Osteoporosis leve."

—¡Esto no es malo!

—¿Qué quieres decir? Tengo senescencia ¿Alguien ha sobrevivido a eso?

—Bueno, yo no sé lo que es "senescencia", pero benigno quiere decir inofensivo, como un tumor benigno.

—¿Tengo cáncer? —Nanny se llevó la mano al pecho.

—¡No!

—Sabía que era malo —dijo ella, sacudiendo la cabeza—. La senescencia es una palabra elegante que inventaron para el cáncer.

—No. ¡No! No sé lo que significa.

Nanny negó con la cabeza.

—A mí no me pueden engañar.

Cuando le conté la historia de Nanny a Bart, el papá de Ken, no dejaba de reírse del miedo que ella le tuvo a la "senescencia", la cual es una definición médica para el envejecimiento normal. Supongo que al envejecimiento normal nadie lo sobrevive. Él me advirtió sobre Nanny, me dijo que me tendría corriendo al médico dos veces por semana. Pero de alguna manera, esa situación me parecía diferente, clarividente, profética. El radiólogo vio la senectud, pero Nanny presintió el desenlace.

El abuelo murió antes que Nanny, antes de que nos mudáramos a la nueva casa. Por suerte, él mantuvo su estado de salud hasta sus últimas seis semanas de vida. Su muerte me impactó, pero apenas tuve tiempo de hacer una pausa. La mudanza, mis hijos y Nanny consumían toda mi atención.

Después de que nos mudamos, la salud de Nanny empeoró. Mis hijos tenían cuatro y seis años. Ambos habían pasado a ser parte del "grupo de lunch" y ya se quedaban en la escuela durante todo el día. Mis roles habían ido de constructora, proyectista y maestra, a los roles solitarios de chofer y cuidadora.

Mis hijos, al ser mayores, eran más desordenados. Tenían amigos, partidos de fútbol y fiestas de cumpleaños los fines de semana. La parte creativa de mi rol de madre parecía haber terminado; el tiempo había sido fragmentado en eventos marcados por una hora determinada, conduciendo un transporte vacío mientras llegaba la hora de recoger a los niños. Intenté escribir, pero no tenía ninguna historia digna de ser contada. Después de todo, ¿a quién le interesa saber de montones de ropa sucia, partidos de fútbol y visitas al médico con abuelos que envejecían? Me sentía culpable cuando trataba de escribir. *Tiempo perdido. De todas formas nunca vas a ser escritora. Tienes demasiadas cosas que hacer.*

Quería empezar el día con un plan, pero el teléfono sonaba y Nanny me pedía algo más. Cambio de planes. Me adapté. *Nanny podría morir este año o en unos meses.* Si rezongaba de ese rol de cuidadora sin fin o daba a entender que podría volver a trabajar, me sentía egoísta y arrogante. Sabía que tanto los niños, como Ken y Nanny necesitaban de mi cuidado para mantener sus vidas funcionando.

Nanny se quejaba constantemente de dolor, y sus hijos Bart y Stephen habían preparado una serie de consultas médicas. Una tarde entré a la sala de estar donde estaba ella y la encontré encorvada en el sofá. Las almohadas estaban apiladas detrás de su cabeza y de su espalda, mientras ella buscaba una posición que le diera alivio.

—Estoy cansada —se dio vuelta e hizo una mueca—. Ya no quiero ver más médicos.

Me senté en un pequeño banquillo acolchado, extendí la mano y le froté el brazo.

—Los muchachos dicen que tengo que ver a todos esos médicos.

Nanny me miró. Empujó el puño derecho contra su espalda y soltó un gruñido.

Me puse de pie y le coloqué una almohada detrás de la espalda.

—¿Mejor?

—No —ella me alejó.

Me dejé caer en el banquillo.

—¿Quieres ver a esos médicos?

Nanny frunció las cejas.

—No.

—Entonces no lo hagas.

—Pero…

Levanté la mano.

—Nanny, tienes noventa y un años de edad, puedes hacer lo que quieras. Puedes ver o no ver a los médicos. Puedes comer o no comer. Puedes vivir o morir.

—Estoy lista para morir —miró por la ventana—. Lo echo de menos.

Asentí con la cabeza. Yo sabía lo que quería decir. Echaba de menos al abuelo.

—No dejes que me pongan en un hogar de ancianos.

Asentí otra vez con la cabeza.

La salud de Nanny se deterioró después de esa conversación. Sentí como si yo le hubiera dado su tan esperado permiso para desenredar los últimos hilos de su vida y poder despedirse. La visité varias veces por semana, por lo general después de que los niños se iban a la escuela.

Nanny me pidió que sacara las tarjetas de cumpleaños que había comprado con anticipación para el año siguiente y que la ayudara a firmar y a poner la dirección en los sobres. Se preocupaba por sus cuentas. Me debe haber preguntado por la cuenta de Sears cada vez que la visitaba, la cuenta se había pagado meses antes. Nanny era una mujer eficiente y no quería morir debiéndole nada a nadie. Tal vez si hubiésemos mantenido un saldo pendiente en Sears, se habría forzado a seguir viviendo.

Durante una visita, los ojos se le iluminaron y se incorporó.

—Julie, ¿eres tú? —se esforzó por verme.

Le tomé la mano.

—Sí, estoy aquí.

Yacía en el sillón dorado de la sala de estar con su pelo blanco enmarañado sobre el brazo. Me acuclillé a su lado. La luz entraba en franjas a través de las persianas venecianas de la ventana; el exterior muy iluminado, una acera vacía, brotes verdes salían de la hierba seca color marrón.

—Me duele tanto.

Miré hacia fuera, deseando que las palabras adecuadas que quería decirle estuvieran grabadas en la acera blanca.

—El dolor se va a acabar pronto. Las cuentas están pagadas. Todo el mundo está bien. Te queremos. Te quiero. Es hora de marcharse.

—También te quiero.

Su cuerpo temblaba. Ella miró hacia otro lado.

—Duele mucho —susurró hacia la parte de atrás del sofá—. Peor que cualquier cosa.

—Lo sé, lo sé.

Le sostuve la mano por un rato largo. Otros sonidos llenaron el silencio: la alarma de un camión que retrocedía; los contenedores de basura que se deslizaban y luego emitían un golpe seco; los talones del vecino de arriba que hacían clic mientras subía las escaleras. Otras vidas continuaban, haciendo caso omiso de esa mujer que se encontraba a pocos metros de ellos, encorvada en un sillón, con la boca en forma de "O", como un pájaro, esperando. Esperando.

La visité un par de veces más después de aquella ocasión, cada vez con una sensación de pesadez en el pecho, como si su búsqueda de aire se hubiese convertido en la mía propia. El médico dijo que pensaba que podría seguir así durante días o semanas, no sabía cuánto. Me estremecí cuando supe eso. Su muerte en compás de espera, me tensaba, me jalaba, me transportaba una vez más a las semanas antes de la muerte de mi padre. Cada visita me provocaba la presión del peso de una pérdida inevitable.

Mi papá murió a los cincuenta y ocho años y Nanny murió a los noventa y uno. Esos treinta y tres años más que vivió Nanny no la llevaron a un nivel de conciencia espiritual superior, que la hubieran preparado para la muerte mejor que lo que estuvo mi padre a la mitad de su vida, a causa de un sorpresivo cáncer. En términos de una vida que se ha vivido, de contenido de vida, ella parecía menos preparada.

Cuando mi papá sufría durante sus últimos días, la gente de la iglesia hacía turnos para sentarse junto a él. Su esposa lo confortaba y sus hijos dejaban el trabajo por él; viajaban largas distancias para estar a su lado. Con Nanny, hicimos lo que pudimos y contratamos a alguien para que nos ayudara con lo demás que hiciera falta. Todo el mundo la visitaba, pero todos sabíamos cuál era el juego. Nanny se empecinaba en hablar de la próxima visita a los quince minutos de nuestra llegada. Su constante necesidad de más tiempo nuestro nos desgastaba, en todo caso me desgastaba a mí. Todos parecíamos estar listos para que Nanny muriera, casi impacientes.

Nanny sobrevivió, su despensa estaba surtida para el próximo desastre. Ella siempre nos reprendía cuando nos íbamos de su apartamento, "Cierra la reja. Cierra la reja". Para Nanny no había cabos sueltos.

Mi padre vivió de la forma como bailaba: con fluidez, como por instinto, pero se notaba que le habían enseñado los pasos. Ella siempre pedía más, nunca tenía suficiente. Él rara vez pedía algo y siempre tenía más de lo que necesitaba.

Mientras yo observaba cómo Nanny moría, me preguntaba cómo sería mi propia muerte. Mi vida parecía tan diferente de la de mi padre. Nada de Iglesia Católica, sin problemas financieros, sin estudiantes, sin un jardín que atender. ¿Podría morir como él cuando me negué a seguir los pasos que le quedaban tan bien a él? Yo nunca me adapté a sus pasos, yo lo sabía, pero igual me preguntaba. *Cuando yo muera, ¿alguien extrañará el sonido de mi voz?*

Finalmente, una mañana, sostuve la mano de Nanny y hablé con ella por un largo rato. Vi como su respiración entraba y salía.

—Nanny, sé que puedes oírme. Esta es la última vez que te veo en este cuerpo.

Le leí "Canto a mí mismo", estrofa seis, de Whitman. La estrofa dice que los brotes verdes demuestran que no hay muerte. Que la muerte es más afortunada de lo que todos nos imaginamos.

Si Nanny pudo oírme, su cuerpo no reaccionó. Me sentí obligada a hablar. Había desarrollado una habilidad especial para las conversaciones en un solo sentido con personas inconscientes.

—Las cuentas están pagadas. Te quiero. La próxima vez que nos encontremos, será en un lugar diferente.

Le di un beso en la frente, salí y azoté la reja. *Cierra la reja. Cierra la reja*, oí su voz, como si hablara.

Murió aproximadamente cuatro horas más tarde.

Cuatro horas, el mismo tiempo que le había tomado a mi padre morir después de mi última conversación con él. Esta coincidencia me ponía nerviosa. ¿Habré jalado el último enchufe psicológico antes de que su cerebro dejara de funcionar? Llamé a Candace, le pedí que recogiera a mis hijos. Le dije que si alguna vez moría, yo estaría feliz de organizarle su despedida.

—Deja de hablar —su teléfono celular se cortaba—. Me estás asustando.

Conduje hasta el lago White Rock Lake, me senté en un banco, y escribí un poema; el primero que había escrito en mucho tiempo. El consejo más sabio que Nanny daba: «Es lo que es», completaba la última estrofa. El agua golpeaba la orilla mientras esbozaba esas palabras, sola, sin mis hermanos que me ayudaran a terminar el poema para ese funeral. No había hecho ningún plan para el servicio funerario de Nanny. Cansada, siempre cansada, cerré los ojos, pero no podía descansar.

# 17

# La adrenalina como escape

*E*l tío de Ken me puso la mano sobre el hombro.

—¿Podrías escribir su obituario?

Asentí con la cabeza. Me sentí honrada, parte de la tribu.

Genial. El plazo para el periódico de la mañana se vence en una hora.

—¿Qué? —Eché un vistazo a mi reloj—. No alcanzo.

El tío de Ken explicó que los judíos no embalsaman a sus muertos, por lo que los funerales deben tener lugar a los pocos días de la muerte.

—Hazlo lo mejor que puedas —anotó la hora y el lugar y me entregó la nota—. La gente necesita saber sobre el servicio.

Me quedé mirando el trozo de papel en la mano. Nanny vivió noventa y un años. Su vida la resumí yo, su nieta política, la Shiksa Kosher, en quince minutos.

Después de un breve servicio, enterramos a Nanny al lado del abuelo. Un dosel de lona le daba sombra a la tumba abierta. El mecanismo que bajaba el féretro crujió hasta que el ataúd tocó el fondo. El tío de Ken tomó una pala y la hincó en un montón de tierra. La tierra marrón cayó. Un golpe seco.

Siguió el resto de la familia: Ken, su padre, su tía, sus primos y amigos de la familia. Golpe seco, seco, seco... El Kaddish del doliente, cantado en hebreo, se escuchaba con cada palada. Los judíos entierran a sus propios muertos, una cultura de acción, físicamente cercana al amargo final. La prima de Ken me entregó la pala. Las lágrimas llenaban sus ojos, pero los míos permanecieron secos. La hoja de la pala mordió la tierra.

En comparación con el funeral de mi padre, el entierro de Nanny carecía de fastuosidad. No tenía ni cajón tirado por caballos negros, ni palabras de resurrección. Nadie dobló una bandera con las esquinas perfectamente alineadas. Los soldados bajaron a mi padre a la tierra a la distancia, mientras nos alejábamos. Después, ataviado con su uniforme azul, mi hermano saludó la tumba de mi padre. Permitimos que unos extraños llenaran de tierra su tumba.

El funeral de Nanny nos acercó a la muerte. Nanny vivió. Nanny murió. Polvo al polvo. Por ser nacida y criada católica, la melodía me sonaba familiar, pero no me daba ninguna tranquilidad. Nada suavizaba la pérdida. El poema que le escribí a Nanny permaneció en silencio, las palabras eran demasiado triviales como para ser leídas en voz alta. La sexta estrofa de Whitman la sentía abstracta. No surgían brotes verdes del rectángulo marrón de su tumba. Mis horas con Nanny habían desaparecido, el resultado de mis esfuerzos se hizo intangible. Días, meses y años de mi tiempo se escurrieron por el suelo.

Me sentía adormecida. No me dolía, por lo que supuse que no había ninguna herida. Mi agenda se llenó de tareas sin alegría, sin un propósito claro. Muchas personas llegan a un punto crítico en su vida, cuando la mortalidad se hace real y sienten la necesidad de tener un propósito más definido. Algunos recurren a su familia para nutrirse, a alguna religión, y otros al alcohol o algo más fuerte. Algunos se esconden en sus casas con velas y música suave. Una persona sana reconoce la necesidad de sanarse y se da tiempo, espacio y apoyo para su curación. Sin embargo, en mi adormecimiento, no vi la necesidad de buscar consuelo. Yo caminaba penosamente hacia adelante, sin rumbo. Con una predisposición genética a la depresión, una herida abierta me dejaba en una situación de riesgo.

En la muerte de Nanny, vi una vida desafortunada; una vida que, temía, era en lo que se hubiera convertido la mía. Cuando pensaba en los próximos cincuenta años de mi vida, sentía que tendría que llevar una carga. Las tareas se apilaban: el cuidado de la casa, el cuidado de los niños, el cuidado de una persona mayor como mi madre, la muerte de mi madre, la atención de los padres de Ken, sus muertes, y luego el cuidado de mi esposo. Estas tareas de la vida se estiraban como un largo pasillo de habitaciones de un hospital sin ventanas.

Ken tiene artritis psoriásica. Los nudillos se le hinchaban. Salía cojeando de la cama por las mañanas, con treinta y ocho años de edad era incapaz de levantar el brazo por arriba el hombro. Ken finalmente descubrió la combinación de medicamentos que le permitieron recuperar el movimiento completo con un mínimo de dolor; pero en ese tiempo, el alivio lo evadía. Estaba irritable, pesimista, con un tema repetitivo: "Cuando sea viejo, tendrás que empujarme en silla de ruedas". Me sentía responsable de él y trataba de seguirle la corriente. Al mismo tiempo, me imaginaba atrapada por años en cruceros y jugando a las cartas mientras mis piernas todavía tenían energía para escalar montañas. Yo amaba a Ken, pero me retorcía bajo el peso de nuestro futuro.

La muerte de Nanny atrajo la atención hacia lo invisible; podía sentir esa brecha, pero a la vez era intocable. "Un vacío espiritual", escribí en mi diario. Consciente de mi papel de cuidadora, de ser el pegamento que mantenía unidos los sueños de los demás; me sentía sin sueños propios, sin energía para recordar mis propias pasiones. Entre mejor hacía el trabajo, el pegamento se secaba y se hacía más invisible. Las vidas de los demás fluían con mi esfuerzo transparente.

En mis oraciones, pedí tener una vida con algún propósito. Encendí velas, me sentaba de piernas cruzadas en el piso de mi oficina y abría las manos para recibir una orientación divina. En una breve meditación, floreció un pensamiento: la clave es vivir una vida sin egoísmo. No me sentía a la altura. La vida sin egoísmo me parecía poco interesante a largo plazo, sin brillo, sin alivio. Yo quería los bosques, la alegría, lo inesperado. Quería que quedara un poco de la esencia de mí misma. "La vida sin egoísmo". La frase por sí sola me cansaba, y aun así era incapaz de dormir.

Mientras yo meditaba con las palmas abiertas, la revista *Forbes* publicó un artículo sobre Ken. Estábamos en diferentes senderos. El de Ken creaba más riqueza, más reconocimiento, más eventos a los que asistir y más bienes. Se deleitaba en su éxito empresarial. Yo estaba feliz por Ken, pero sentía como si me hubiera convertido en el guardián de su botín. Yo era la que se ocupaba de sus hijos, de su ropa, de su madre y de la gigantesca casa de sus sueños, mientras que él viajaba y tomaba decisiones brillantes. Me sentía eclipsada. Yo quería ser algo más que la esposa de Ken Hersh o la madre de los hijos de Ken Hersh.

Haciendo un esfuerzo por sacudir mi falta de sensibilidad, busqué experiencias límites. El comportamiento al límite provocaba una subida de adrenalina a la cual yo llamaba felicidad. Un día llevé a mis hijos y a dos de sus amigos al World Aquarium, el acuario de Dallas, todos ellos menores de seis años de edad. Primero, le dimos de comer a los pingüinos. Un amigo de Andrew se inclinó mucho sobre la valla, hacia el agua. Con las cejas apretadas por la concentración, acribilló a la encargada del lugar con preguntas. "¿Cuál es el animal más lindo del mundo?" "¿Por qué los pingüinos son blanco y negro?" "¿Por qué les gusta el agua?"

Ella no le hizo caso.

Sin inmutarse, el chiquillo avanzó hacia la mujer y le dio unos golpecitos en el hombro. Más preguntas.

Me reí y esto animó su vivacidad. Yo no pongo límites.

Una vez que la dejamos exhausta, corrimos al tanque de medusas y después al área de tiburones. Luego asaltamos la máquina que transformaba nuestros centavos en formas de cuatro animales acuáticos diferentes. Ya satisfechos, buscamos nuestro próximo evento.

Cuatro carriles de tráfico, cuatro niños y un adulto inmaduro, nos tomamos de las manos y gritamos mientras corríamos al otro lado de la calle. Pasamos por la estación de bomberos, de ahí a Fountain Place, un lugar donde una serie de fuentes en una estructura escalonada descansaba bajo la obra maestra triangular del arquitecto I.M. Pei, en el centro de Dallas.

En el verano, el agua surge de esas fuentes en chorros altos y bajos, subiendo en un intervalo y luego desapareciendo de la vista. En una visita anterior, Becka, Andrew y yo habíamos inventado un juego de pillarse, algo como la versión acuática de "Las traes". El juego terminaba con la ropa mojada.

Queríamos mostrar este juego a nuestros amigos, pero las fuentes estaban apagadas. Un trabajador que notó como mis brazos se movían hacia arriba y hacia abajo para demostrar el ascenso y descenso del agua, quiso complacerme y encendió el agua. Los niños regresaron corriendo hacia el pulso de la fuente. Todos mojados, caminamos de vuelta hacia el coche.

Me di cuenta que un camión de bomberos entraba en la estación. Nos detuvimos. Les pedí que nos dieran un tour y nos mostraran la estación. Aparecieron cuatro bomberos que levantaron a los niños hacia los camiones. El amigo de Andrew preparó sus preguntas. "¿Por qué los camiones de bomberos son rojos?" "¿Dónde está tu perro con manchas?" "¿Puedo usar tu casco?"

Finalmente, cruzamos de nuevo los cuatro carriles de tráfico y saltamos dentro del coche. ¿Todo el mundo arriba? ¡Magnífico! Abróchense el cinturón. El amigo de Becka de cuatro años de edad se abrochó el cinturón y suspiró: "¿Podemos hacer esto de nuevo mañana?"

Mis amigas palidecían por agotamiento al oír historias de una aventura como ésa, haciéndome una serie de preguntas que nunca pensé en hacerme. "Sola y con cuatro niños de menos de seis años? ¿Qué pasa si uno se escapa? ¿Cómo cruzaste la calle? ¿Ropa mojada? ¿Estás loca? "

La adrenalina me mantenía durante días, eufórica con esa clase de combinaciones casuales que cuajaban. Era mágico. Pero las tareas cotidianas de la vida me llenaban de cráteres: el dolor de oídos de Andrew, el desorden en la casa, un plan para cenar o una fotografía familiar.

El cuidado de la casa pesaba como un ancla inamovible. Un día limpié la casa con un ímpetu parecido al *sprint* de un deportista. Limpié los pisos, la cocina, los nueve cuartos de baño, y aspiré lo que en ese momento me parecían kilómetros y kilómetros de alfombra. Agotada, me quedé dormida a media tarde. Contraté un servicio de limpieza, que me ayudó, pero esas mujeres limpian a toda velocidad y se van. No cooperábamos entre nosotras ni formábamos un equipo. Ellas limpiaban y yo hacía el cheque. Cuando estaban en mi casa, sentía como que yo no debería estar allí.

La balanza del mantenimiento rutinario de la casa coincidía con los metros cuadrados de nuestra casa. Antes, cuando las bombillas se quemaban, los aparatos electrónicos se descomponían o las ventanas necesitaban una limpieza, yo lo arreglaba. Rociaba el Windex y lo limpiaba. Si un foco necesitaba ser cambiado, me subía a una escalera y cambiaba el viejo por el nuevo. Con un techo de casi ocho metros, cambiar una bombilla o lavar una ventana se convierte en una tarea diferente. Nuestra casa nos exigía citas, con especialistas, horarios de rutina, atención al detalle y la persistencia de un bulldog para supervisar que los proyectos fueran terminados. Yo realmente nunca hacía nada, simplemente hacía una llamada y esperaba que otros hicieran el trabajo. Una vez más, sentía que mis esfuerzos eran transparentes. Mi tiempo no producía nada tangible y todo se evaporaba en gestiones de administración. Tiempo que transcurría en una casa de ensueño que nunca había sido parte de mis sueños.

Dábamos empleo a muchas personas para que le dieran mantenimiento a nuestra casa y que siguiera funcionando, lo que parece algo positivo; pero durante muchos años me sentí como una extraña en mi propia casa. Siempre había alguien en mi patio: el jardinero, el chico que daba mantenimiento a la piscina o el encargado de arreglar la última cosa que se descompuso. Algunas de esas personas que trabajaban para mí parecían estar más en su casa que yo. Ellos sabían dónde estaban las cosas y se enorgullecían de los pequeños detalles que aportaban a mi casa.

Trabajaban tanto que me sentía como si yo debiera de estar haciendo algo, pero yo no tenía nada que hacer. Mis hijos estaban en la escuela hasta las 2:45 de la tarde. La construcción de la casa estaba ya terminada, el mobiliario instalado, y el teléfono ya no sonaba para atender las peticiones de Nanny. Nada que hacer. Eso sonaba como un sueño, ¿no? No había necesidad de ganarse ni un centavo o de mover un dedo. Pero ésa no era la vida que yo había soñado. Yo había trabajado toda mi vida. Me gustaban los proyectos, el trabajo, el sentido de tener un objetivo. Yo no sabía cómo ser una reina con sirvientes.

Con todo este tiempo libre, pensé que podía empezar a escribir, pero las palabras se me quedaban atascadas. A través de mis ventanas que iban del piso al techo, los jardineros me observaban cómo miraba yo fijamente la pantalla en blanco de la computadora. Mi mal español no permitía una conversación. Quería decirles que mi padre provenía de una familia de trece hijos. Que su familia compartía un solo cuarto de baño. Que mi abuelo trabajó en la línea de ensamblaje de la Chrysler. Que mi padre hablaba polaco cuando empezó el primer grado. Dos generaciones atrás, nuestras familias no se veían tan diferentes.

Quería hacerles saber que yo no era como esas mujeres que viven en casas semejantes a la mía, aun cuando ellas ahora me llamaban por teléfono y me invitaban a ese almuerzo o aquella cena para recaudar fondos en beneficio de los "no privilegiados". Yo quería que mis jardineros supieran que yo era diferente a ellas, que mi riqueza no era igual a la de las otras mujeres, pero yo no sabía suficientes palabras en español como para "disculpar" mis gastos.

En lugar de esto, me iba al almuerzo y trataba de entablar conversación con ex miembros de "La Liga", mientras hacían cheques, intercambiaban historias sobre los viejos tiempos y admiraban mutuamente sus zapatos. Así la llamaban, "La Liga", como si cualquiera que valiera algo hubiese sido alguna vez miembro de ella y todo el mundo debía conocer la organización. Demasiado avergonzada como para preguntar, finalmente, unas semanas después, descubrí la palabra que faltaba, "Junior". La Liga Junior.

Una noche, Ken y yo asistimos a una cena para los miembros del consejo de la escuela San Marcos, el alma mater de Ken. Entramos al Crescent, un prestigioso edificio de oficinas en Dallas y nos desplazamos a través de la multitud hacia el patio. Un mesero nos ofreció una copa de vino blanco en una bandeja redonda. Mis dedos envolvieron el elegante tallo de la copa. Me tomé un largo trago.

Ken me lanzó una mirada dura: "Despacio".

Yo exhalé.

Ken vio a otro miembro del consejo y se volvió hacia él. Bebí mi vino y caminé hacia el fondo del patio. Fragmentos del discurso de Ken flotaban sobre la charla de los invitados: "El Presidente Bush. . . Colin Powell. . . Rainwater". El otro miembro del consejo rogaba que le diera más detalles. Ken se expandió. Tomé otro sorbo.

Todas las mujeres blancas de Dallas parecían cortadas por la misma tijera: altas, cabello liso rubio, vestido negro que las hacía ver más delgadas. Cuerpos perfectos, piernas largas. Se besaban en las mejillas cuando se saludaban. Una se me acercó. Yo sólo le di la mano.

Eso a ella le pareció divertido, pero me dio la mano.

—Tú eres la esposa de Ken, ¿no? Deja que te presente.

Los nombres flotaban delante de mí. Reanudaron su conversación sobre las organizaciones benéficas, los maestros, el clima y los libros.

Una de ellas se volvió hacia mí.

—¿Has leído algo bueno últimamente?

*Yo no había leído un libro en meses.*

—No, la verdad, no.

Yo sólo había conducido el coche a la escuela, cuidado a los niños y esperado a los que venían a hacer reparaciones.

Lo intentó de nuevo. ¿Qué me gustaba hacer? ¿Había hecho trabajo voluntario en algún lugar?

¿Por qué quería hablar conmigo? Yo no quería que me hablara. Las campanadas sonaron para indicarnos que la cena estaba servida.

Ella sonrió y se sentó en otra parte, lejos de mí. El mesero me llenó la copa. Él miraba a través de mí, hacia la siguiente persona que tenía que atender. Corté la pechuga de pollo en tiras, sin poder comer.

Después de soportar algunos de estos eventos, animé a Ken a que fuera solo. Ken volvería a casa después de interactuar con los hombres que mueven los hilos en Dallas para encontrarse con que su esposa, la que conversaba con niños pequeños durante todo el día, no se había bañado y todavía olía a Clorox. Perfumado con olor a limón, pero aun así, Clorox.

Bajé de peso, la gente me felicitaba por los kilos perdidos. Evadí el hecho de que, anteriormente, las únicas veces en mi vida en las que había llegado a estar tan delgada como un lápiz fue cuando contraje neumonía y también cuando estuve deprimida en Notre Dame. La pérdida de peso parecía algo positivo. Tenía momentos de mal humor, pero con suficientes proyectos o experiencias límite, se disipaban.

Uno de esos proyectos fue el tirarme de voltereta del trampolín de la piscina. Me lanzaba del trampolín, una y otra vez mientras Andrew, de cinco años, veía como se me enrojecía la espalda con los intentos. Andrew se dirigió hacia la tabla.

—Mamá, así se hace.

Dio tres pasos, se lanzó en espiral hacia adelante hecho bolita y entró al agua primero con los pies, en su primer intento. Hizo que la voltereta se viera tan simple, tan fácil, como los malabares psíquicos que su padre hacía en sus negocios; igual que los brazos de mi padre extendidos al frente cuando se lanzaba desde lo alto.

—Primero observas —aconsejó mi hijo—, y luego lo haces.

Lo visualicé. Practiqué, una y otra vez. Andrew se sentó en el borde de la alberca, frustrado, listo para comenzar un nuevo juego.

Ken estaba preocupado. Por primera vez desde que me conoció, yo no tenía apetito. Me sugería un nuevo restaurante y yo le rogaba que nos quedáramos en casa. Me trataba con humor para aliviar mi estado de ánimo, pero yo permanecía rígida, abrumada por mis proyectos. Sin inmutarse, Ken sugirió un viaje sólo de mujeres para mi cumpleaños número cuarenta. Después de mucha insistencia, acepté. Mi fiesta de cumpleaños se convirtió en un viaje de rafting en balsa por el Río Verde en Utah.

A fines de mayo en el Río Verde, me sentía como el Gran Mariscal de la Extrema Buena Suerte. Las coincidencias conspiraron, pero en secreto sentía que los incidentes giraban en torno a mi presencia. Una cancelación de otro grupo a último momento dejó a nuestro grupo de ocho con tres guías mujeres. Bajamos nuestra balsa en el río en un inusualmente cálido día de mayo y encontramos que casi no había nadie en el río. El sol tostaba nuestras espaldas mientras remábamos, todas con nuestras gorras de béisbol, "Rebeldes con Julie", que Ken nos había dado antes de partir a nuestro viaje.

Tres de nosotras celebramos nuestro cumpleaños número cuarenta con un gran pastel glaseado con chocolate. Miriam, que había iniciado sus trámites de divorcio, se quedó un largo tiempo en Utah, bailó en la playa bajo la luna, con pasos ligeros reflejados sobre la sombra del fuego. Las amigas de diferentes fases de mi vida se unieron, se rieron e hicieron promesas para una nueva vida: menos trabajo, más vida, más momentos extremos, como nuestros días en el río.

Por primera vez en mi vida entre amigas, me sentí importante, el eje de la rueda, no un rayo rebelde. Salté de la parte delantera de la balsa hacia el agua helada, en una forma que incluso Andrew hubiera aplaudido. Me sentí afortunada. Tenía la suerte de estar viva, de poder solventar un viaje como ése y de tener amigas que pudieran celebrar conmigo.

La euforia siguió. Momentos como aquéllos continuaron durante el verano en Santa Fe, mientras mi convicción en mi propia suerte ponía a prueba los límites de la sensatez. La mayoría de las veces, esa euforia surgía simplemente en horarios sobrecargados. Me gustaba empezar el día con una carrera al amanecer por la colina Fort Marcy, a través de la plaza, hasta Canyon Road, por caminos que nunca antes había verificado en un mapa. Me gustaba el pánico de la desorientación, los minutos en los cuales corría de seis a ocho kilómetros y me daba cuenta de que no tenía idea de dónde estaba. Luchando contra la sed y el dolor en las piernas, buscaba señales, edificios altos, montañas, hasta que yo misma me orientaba.

Finalmente, mis pequeños riesgos me llevaban a los grandes riesgos, ya que requería más adrenalina para obtener una sensación máxima. En Santa Fe llevé a un borracho: le di "aventón" a un perfecto desconocido, cuando iba rumbo a casa desde un partido de béisbol, y con mis hijos en el coche. *Sentía* que la situación era segura. Cuando él demostró ser inofensivo, se redobló la fe en mi suerte. Me sentía conectada con el mundo espiritual, protegida de tiempo completo por un staff de ángeles de la guarda, sin trabas impuestas por las restricciones del sentido común.

Forcé a mis hijos, de cuatro y seis años, a llegar a la cima del Atalaya, de casi nueve kilómetros, una subida de 500 metros, sin ningún otro adulto. Los cargaba cuando ellos lloraban para que nos detuviéramos o cuando a Becka le sangró la nariz. Aproximadamente a 200 metros de la cumbre, ambos niños se sentaron en el suelo y se negaron a moverse. Puse a Becka en la mochila y llegué a la cima. La dejé cerca del acantilado, advirtiéndole que se mantuviera quieta. Fui a buscar a Andrew y lo subí a mi espalda. Le había dicho a mi hija de cuatro años de edad que permaneciera sentada en lo alto de una montaña, mientras iba a buscar a su hermano.

¿Por qué?

Mi diario sólo da esta explicación: "Pero estábamos tan cerca!"

¿Qué esperaba yo cuando llegué a esa losa de roca estéril en la cumbre del Atalaya? ¿La intervención divina? ¿Una experiencia mística? Yo quería que mis hijos se sintieran impresionados por las montañas de Jemez a la distancia, el tortuoso camino de tierra que dejamos atrás y la pendiente de la roca desde la cual miramos mientras yo los tomaba de la mano.

Nada de lo anterior ocurrió.

Me había olvidado de la razón por la cual me encantaba el bosque. En mis caminatas de infancia rara vez utilizaba un sendero fijo. Yo hacía mi propio camino.

Explorar y descubrir provocan inspiración. La marcha forzada hacia una roca estéril no inspira, sin importar lo espectacular que pueda ser la vista. Andrew y Becka se apartaron de la roca tan pronto como llegamos a la cima, agotados, enojados, para regresar con paso resuelto al camino que llevaba a casa.

Cuando a finales de agosto regresamos a Dallas, mis períodos altos y bajos se repetían en una sucesión cada vez más rápida.

Una mañana me senté con las piernas cruzadas en el piso de mi oficina y encendí una vela. Abrí las palmas. En un estado como de trance, vi que electricidad entraba por la parte superior de mi cabeza y por mis manos. Finas hebras de luz blanca, cinco o seis hebras a la vez, que se retorcían y crujían al tiempo que se lanzaban hacia el centro de mi cuerpo. La luz me transformó, me dio energía para todo el día.

Más tarde ese mismo día, resolví varios pendientes, recibí llamadas telefónicas y desde el asiento del conductor hice malabares con el horario de la familia. Una llamada telefónica me dejó llena de cráteres interiores.

Ken quería una foto de familia. Su madre nos dio la sesión con la fotógrafa como regalo. Ken me había acosado con el asunto de la fotografía desde hacía meses, pero yo lo había estado retrasando. La fotógrafa llamó y me instruyó en las prendas de vestir que debía usar. Me había imaginado una toma casual, con ropa simple. La fotógrafa no estuvo de acuerdo.

—Tienes que usar algo que combine.

Tragué saliva con dificultad. Muchos de mis amigos tenían las fotos de sus familias en ropa apropiada, pero la idea de mi familia, pulcramente acomodada en un rectángulo, me hacía sentir enferma.

—No; eso no es lo que quiero.

—¿Quieres una fotografía casual? No es recomendable.

¿Le pedí su consejo? No.

—Eso es lo que quiero —declaré.

—Está bien, entonces, todos con pantalones caqui y camisas blancas. Asegúrese de que estén planchadas.

—Eso no es lo que…

—Tengo otra llamada. Nos vemos el sábado a las diez.

Llamé a Ken histérica. Estaba desconcertado. ¿Por qué me preocupaba tanto por una fotografía? ¿Qué me pasaba? ¿Por qué la ropa que hacía juego me destrozaba? Él no pedía mucho de mí, ¿por qué no podía satisfacer una pequeña petición?

Al final de la conversación, me sentía loca.

Sus preguntas resonaban en mi cabeza, más fuerte que cualquier defensa que yo pudiera concebir. Colgué el teléfono. La fotografía se me hacía falsa, hipócrita, pero mi reacción parecía muy exagerada, incluso para mí. Sentí el vacío, el vacío que no se ve. Incapaz de definir el sentimiento, y sin la voluntad para pedir ayuda, caí más hondo.

# 18

## Intento presidencial

Ken cambiaba los canales de CNN a Fox News y a NBC. Era un adicto a las noticias y a la política y la noche de las elecciones lo excitaba como a un fanático de la alta velocidad que anotaba un nuevo record. Se revolvía en su silla de cuero granate a un ritmo que me ponía nerviosa.

—Esto es historia. Esto es historia —sus ojos estaban pegados a la pantalla—. Es posible que lleguemos a conocer al próximo presidente de los Estados Unidos en persona.

Me acurruqué formando un ovillo en el sofá, junto a la mesa de Ken, y me quedé observando las incrustaciones doradas en la repisa de la chimenea.

—Podemos ir a la toma de posesión —movió la cabeza negativamente—. No, yo iré. Iré solo. Sé que odias esas cosas.

Cambié de posición en el sofá.

—Voy a pensarlo —mi vista se apartó de la TV.

Me fui a la cama bastante después de la medianoche.

Los votos para Bush y Gore todavía no acababan de ser contabilizados. El brazo de Ken apuntaba hacia la luminosidad que abarcaba la pantalla, el control remoto se amoldaba a su mano.

Casi cuatro meses y después del recuento de miles de votos, crucé el vestíbulo del hotel en Washington, D.C., preocupada por mi atuendo

para el primer evento de la noche inaugural. Nuestra banda política —
Ken, Candace y su esposo, Doug, Miriam y yo— nos dirigimos a una
recepción con el expresidente George H.W. Bush. Con la excepción de
Candace, ninguno de nosotros había puesto calcomanías de la campaña
presidencial en los coches ni nos identificábamos plenamente con la
plataforma republicana. La posición política de Candace se cargaba
fuertemente a la derecha y ella no se disculpaba por eso. A menudo me
acusaba de ser una demócrata de clóset; no se tragaba mi retórica sobre
la-mejor-persona-para-el-trabajo ni para los-tiempos-que-se-estaban-
viviendo. Su esposo, Doug, mantenía la boca cerrada.

A pesar de nuestros diferentes puntos de vista políticos, todos teníamos esperanzas en ese cambio de administración. Bush había unido a los
demócratas y republicanos de Texas; tal vez ahora podría unir al país. Las
mujeres deslumbraban con sus trajes nuevos. Ken se acomodaba la cor-
bata de lazo negro y Doug jugaba con sus mancuernillas. Miriam parecía
como que se deslizara en su vestido negro y mantenía su copa en alto
como si brindara por una nueva era de paz y compromiso.

En la recepción, pasamos a través de una masa de oscuros y húmedos abrigos y un visón solitario. La gente se limpiaba los pies zapateando
contra el piso, sacudía los paraguas y entraba a un salón redondo. Una
torre de petróleo de más de 15 metros de altura que decoraba el centro del
salón, rodeada por un fardo de heno y una tambaleante cerca de madera,
contrastaba con cualquier imagen que yo tuviera sobre lo que pensaba
que debía ser un evento presidencial. La gente observaba la torre petro-
lera. Las mujeres llevaban vestidos brillantes de color esmeralda, lavanda
y plata que rozaban el suelo. Los hombres, con sus trajes de etiqueta,
miraban con interés.

Todos querían ser vistos con alguien famoso. Incluso los famosos
andaban a la caza de otras celebridades. Los flashes llegaban por todos
lados y hacían que me ardieran los ojos. La fiesta parecía la versión política de la revista *People* en vivo, todos los invitados atrapados en alguna
fotografía, con una leyenda al pie.

Ken y Candace estaban emocionados con el frenesí.

—¡Oh mira, ahí está Bill O'Reilly!

Ken corrió hacia O'Reilly mientras le entregaba su cámara a Candace. Yo pensé recordarle a Ken lo mucho que él odiaba a Bill O'Reilly,
lo imbécil que pensaba que era. Demasiado tarde. Ken estrechó la mano

de Bill mientras Candace tomaba la foto. En el bar, me bebí una copa de chardonnay.

Me retiré a la terraza superior, donde podía observar el alboroto desde un lugar seguro. En pocos minutos, Ken me encontró, frenético.

—Bush padre se acerca. Tienes que darle la mano.

Me arrastró por las escaleras y me empujó hasta el cordón de terciopelo por donde Bush padre pasaría. Me resistí, pero Ken me empujó poniendo su mano en mi espalda.

—Él me conoce. No debes perdértelo.

Mi cabeza daba vueltas a causa del vino y de la masa de cuerpos que se encontraban a mi alrededor, todos pidiendo a gritos que un expresidente los tocara. A mí, el encanto de la fama me parecía absurdo. ¿Por qué tenía que tocarlo? No sentía ningún deseo de acariciarle una extremidad. Cuando se acercó Bush padre y extendió su mano hacia la mía, una mujer se lanzó por encima de mi cuerpo y se apoderó de su mano.

—¡Oh, señor Presidente!

En un segundo, Bush padre pasó. Me volví a Ken, quien sonreía como un padre orgulloso.

—¿Le diste la mano?

—No.

—¿Qué?

—Una mujer me bloqueó. Mira, no importa.

—¿Cómo? ¡Ésta es una oportunidad única!

Ken me empujó de nuevo, con tal fuerza que me encontré al otro lado del cordón de la línea de recepción. Ken pasó por debajo de ese del cordón y me llevó detrás del escenario donde Bush padre había dado su discurso ante la multitud. Pasamos por encima de unos gruesos alambres y nos dirigimos hacia el otro lado del escenario. Ahora estábamos delante de Bush padre, pero en el lado incorrecto del cordón.

—Aquí sí —Ken se limpió una pelusa de su esmoquin —. Ahora puedes darle la mano.

—¿Estás loco?

—No. Tú tienes ganas de estrecharle la mano y ahora puedes hacerlo.

—Ken, yo quiero salir de aquí. A ti te interesa esto, a mí no.

—¿Para qué has venido entonces?

—Pensé que podría perderme algo.

—No permitiré que arruines mi experiencia.

Busqué con la mirada una ruta de escape.

—No voy a zambullirme entre la gente para darle la mano.

Ken localizó a Bush padre, a unos veinte metros a nuestra derecha, acercándose rápidamente.

—Haz lo que quieras.

Ken se agachó de nuevo debajo del cordón y desapareció. Me fui hacia atrás, más atrás del escenario esperando que Bush padre pasara. La multitud disminuyó. Furtivamente, me abrí paso desde el área del escenario en línea recta hasta la barra.

—Otro vino blanco, por favor —pedí.

Con la copa en la mano, subí las escaleras hasta el balcón. Desde ahí, las luces resplandecían a una distancia más placentera, los cuerpos se tocaban al pasar y las risas subían y bajaban de volumen; yo sentía como si estuviera en una película. Desde mi elevada posición veía una escena algo ajena a mí. Miriam me encontró con los codos recargados en el balcón, sosteniendo mi vaso como si fuera un cáliz sagrado.

—Increíble, ¿no?

—Claro que sí.

Me preguntaba si ella sentía lo mismo que yo. *¿Por qué todo me parece tan falso?* Sentía un poco exagerada mi reacción a la toma de posesión, una repetición de la histeria que había sentido la vez de la fotografía familiar. Sacudí la cabeza, sonreí y me armé de valor contra mi inclinación natural por una seriedad terminal. *A nadie le cae bien una moralista fastidiosa.* Miriam me examinó la cara.

—Te ves cansada —se apoyó en el balcón—. ¿Estás bien?

—Bien, bien —mentí.

Cuando vi la cara del presidente Bush en la pantalla gigante en el baile inaugural de Texas, se veía cansado, un poco inseguro. A la distancia, lo vi dar un par de pasos con Laura, hombro con hombro, hacinados, con miles de republicanos que los aclamaban. *¡Qué extrañas van a ser sus vidas a partir de este preciso momento!* La vida en una pantalla gigante, conectados con todo el mundo y con nadie a la vez.

Cuando volvimos a Dallas, el gris cubría el cielo como una alfombra. Un diciembre muy húmedo había precedido ese mes, seguido de un aún más oscuro febrero, la precipitación pluvial más alta que cualquier otro invierno desde 1944, cincuenta y siete años atrás. El clima me recordó mi primer año en Notre Dame, el mismo gris constante que me había dejado desesperada por un poco de cielo azul.

No había dormido bien la semana anterior a la toma de posesión; culpé al nerviosismo anterior al viaje y a la incomodidad de una cama desconocida. Pero incluso al volver a mi rutina, no encontré alivio. Becka se enfermó y Andrew sufría de pesadillas, así que me siempre despertaba con un golpecito en el hombro a alguna hora, entre la una y las tres de la madrugada.

Me enfermé.

—Usted no tiene nada físico —mi médico se ajustó la bata blanca—. Todos tenemos días malos. Tenemos que esforzarnos para seguir adelante.

Llegó la primavera, las flores brotaron y mi depresión persistió; mi mente se mantuvo gris a pesar del buen tiempo. Yo tenía puestas mis esperanzas en el primer día de marzo, después de mi primera cita con el psicólogo Artie Raymer. Me imaginaba saltando al agua helada por el borde de una balsa.

Esa noche dormí; pero nueve días después, las anotaciones en mi diario dieron un salto e hice una extraña confesión, después de una larga lista de cosas que podrían haber estado en la lista de cualquier otra persona: "los niños necesitan ropa nueva, limpiar el garaje, no tengo receta para preparar la cena." La última nota se puede ver ahí en una página sola, como si casi lo hubiera olvidado, una frase sin punto final:

"Pienso en suicidarme por lo menos tres veces a la semana"

Traté de armar un álbum de fotos para el cumpleaños de Ken. Normalmente, los álbumes de fotos me inspiran. Tengo fotos de mi familia organizadas en álbumes, por año, a partir de nuestra boda en 1990 hasta la actualidad. Por lo general, puedo sacar fotos de esos álbumes y resumir una década o dos en algunas páginas de fotografías relacionadas con algunas palabras explicativas. El proceso dura un par de días y, para cuando he terminado, mi oficina se ve como si la hubiera golpeado una bola de demolición.

Tanto el proceso como el resultado suelen poner mi mente a trabajar durante días. Pero esa vez, con el álbum de Ken, cada página era dolorosa. Cada elección de una palabra o foto se me hacía inmensa. Lo peor de todo fue que, cuando terminé, odié el resultado. Ken hacía tanto por mí, había organizado uno de los mejores momentos de mi vida: el viaje al río para mi cumpleaños número cuarenta.

En cambio, yo copié fotos y garabateé algunas palabras en una página. ¿Cómo podré devolverle todo lo que me ha dado? Mi déficit personal con él parecía insuperable.

Empecé a olvidar cosas: nombres, reuniones y llamadas telefónicas urgentes. Mezclaba las cosas; puse el lunch de Andrew en la lonchera de Becka, perdí mis llaves y mi tarjeta de crédito y me olvidé de dónde había estacionado mi coche. Todas estas cosas podrían haber sucedido antes, pero nunca al mismo tiempo, yo nunca había sido tan consistentemente inconsistente.

Olvidaba mis proyectos y tareas: un proyecto para una subasta, el trabajo voluntario en la escuela, los entrenamientos de fútbol y las llamadas a los padres del equipo para hacerles saber que el juego había sido cancelado por lluvia. Las cosas no caían en el olvido a través de pequeñas grietas, sino más bien de barrancos. Mi pensamiento era confuso a tal extremo que me preguntaba si tendría un tumor en el cerebro o si había tenido un derrame cerebral.

Mi hermana Eileen me llamaba con frecuencia. Reconocía las señales de alarma. Eileen había sufrido de depresión durante la universidad y a lo largo de la década de sus veinte años. Yo sabía de su experiencia, pero por primera vez lo hablamos con profundidad. Su tendencia a un bajón grave se presentaba de manera diferente a la mía. Ella subía de peso en lugar de perderlo, dormía más en vez de menos, pero coincidíamos con el nerviosismo, el cansancio y la abrumadora falta de confianza en nosotras mismas.

Escuchaba su voz, con la mirada fija en la ventana de la oficina de mi casa. Eileen me recordaba mis logros y la promesa de regresar a mi antigua forma de ser. Yo me preguntaba. *Honestamente, ¿me veo a mí misma, como yo era antes o como soy ahora?* A mediados de marzo, mi antiguo "yo" parecía una ilusión, una máscara finalmente arrancada de mi cara.

Mamá me llamaba a menudo, me dijo que rezara y que ella rezaba por mí. Me escuchaba y me daba consejos. Una terapista que no podía desentrañar el misterio de su propia hija. Recé también, pero no obtuve respuesta. En vez de una corriente eléctrica, sentía que Dios no existía. Un apagón prolongado.

Los amigos me ayudaron o intentaron ayudarme, pero yo me aparté.

Me salí del club de lectura. No era capaz de concentrarme en las palabras, olvidaba una frase mientras leían la siguiente. Mis amigos cercanos se dieron cuenta de que en un año, yo había cambiado; de ser la persona que podía darle un giro positivo a todo, a una persona que sólo veía callejones sin salida.

Por primera vez en mi vida, podía decir que "no" a todo. No a nuestro grupo Shabat: las doce familias que trabajaban como si fuesen una sola familia. No a los proyectos escolares. No al voluntariado. Incluso evité correr con Kate en el Centro Cooper. Mi evaporación, que transcurría sigilosamente, pasó inadvertida para la mayoría de las personas.

Las amigas más obstinadas me obligaron a que caminara con ellas, a que platicáramos, a que compartiéramos el almuerzo. Pero ellas tenían sus propias y complicadas vidas, que les consumían tiempo. Más importante aún, sólo les permití ver una fracción de lo que me pasaba en la cabeza. Nunca les hablé de mi atracción por los cuchillos de cocina, ni les conté que estuve en el balcón de Becka, preguntándome cómo podría aterrizar con la cabeza por delante.

Una amiga, exasperada, me pidió que aceptara mi depresión. Quizás aprendería una lección al aceptar el abrazo sombrío de la depresión. El consejo, que finalmente seguí, resultó peligroso. Me sumergí más profundamente. Esa amiga vio cómo desaparecieron mis palabras. Me vio enroscarme como un ovillo y temblar en la cama, incapaz de poder arrastrarme hacia afuera.

La vida continuó a pesar de que mi alma se detuvo. Teníamos planeado ir a Punta Mita, al complejo turístico Four Seasons, cerca de Puerto Vallarta, en México, para las vacaciones de primavera. El trabajo de empacar era muy amenazante. Yo agonizaba. *¿Cuántas camisetas? ¿Trajes de baño? ¿Qué ropa para la cena?* Paralizada con mi cuaderno de notas, me sentía como si estuviera dividiendo átomos o canalizando telepáticamente la cura para el cáncer.

Por primera vez hablé con mi cuñada, Paula, sobre cómo me sentía.

—Ve a un médico, ahora. No lo dejes pasar —Paula conocía las señales—. Consigue un antidepresivo.

Mi médico estaba de vacaciones, pero me recetó una dosis baja de antidepresivos. Me hizo prometer que iría a verlo después de nuestro viaje.

Conseguí la receta y tomé la primera píldora. Estaba avergonzada, humillada porque necesitaba drogas para apuntalarme y así poder vivir mi vida, que era tan fácil. Yo no tenía necesidad de trabajar. No tenía de qué preocuparme. En mi mente, eso se traducía extrañamente en una forma que hacía que los cuchillos y el Clorox fueran aún más atractivos. No tenía nada que hacer.

*Nadie te necesita.*

Cuando llegamos al hotel Four Seasons en Punta Mita, me di cuenta de que había olvidado empacar camisetas para Andrew. Ken se encogió de hombros y me dijo que comprara nuevas, en la tienda de regalos, a unos cien metros de nuestra habitación. Sentí una opresión en el pecho. ¿La tienda de regalos? Yo nunca había estado allí. ¿Podré encontrarla?

La habitación parecía tan oscura; la luz de fuera, enceguecedora. Me esforcé por tomar oxígeno. Me las había arreglado en aeropuertos y ciudades extrañas, yo sola; pero esa primavera, una caminata a la tienda de regalos me presentaba una amenaza aún mayor. La habitación se tornó borrosa.

Una parte de mí veía esto como algo ridículo, gran drama antes de haber visto los precios; pero otra gran parte dentro de mí se estremecía. Las piernas me temblaban. Sentía frío a pesar del calor. Ken me miró con preocupación.

—¿Estás bien?

—Bien, bien… —mentí.

Cuando salí de la habitación, me entró el pánico. Miedo a perderme, segura de que alguien vería lo loca que estaba yo y me encerraría. En la primera esquina, me detuve, me fijé en los edificios, los árboles y repetí el número de la habitación una y otra vez para que no se me olvidara: 1000, 1000, 1000. Paso, paso, paso. Abrí la puerta de la tienda de regalos. Me temblaban las manos mientras yo casi agonizaba por el precio de las camisetas; con la elección entre la camiseta de color naranja con un sol o la púrpura con una estrella de mar. Segura de que había tomado la decisión equivocada, puse la camiseta de color naranja en el mostrador.

—1000 —le dije a la vendedora, evitando mirarla a los ojos cuando sonreía.

—"Buenos días" —me saludó en español.

Volví a la habitación sin aliento, cerré la puerta y puse la cerradura. Ken me había dejado una nota. "Abajo en la playa, ven a buscarnos. Besos." Me acurruqué en el suelo durante una hora. ¿Podría encontrar la playa y concentrarme lo suficiente como para reconocer sus rostros en la multitud? *Respira hondo, cálmate.*

Decidida, intenté abrir con fuerza la puerta.

No abría.

La luz del radiante sol entraba a la habitación mientras la puerta se mantenía firme, enganchada con la cadena. Me había encerrado yo misma, me entró el pánico, un castañeteo nervioso. *Mierda, ¿qué me está pasando?* Apoyé la cabeza contra la puerta y cerré los ojos.

Cuando me tranquilicé, miré el reloj. Habían pasado treinta minutos. El tiempo se alargaba y se acortaba como si yo saltara hacia atrás y hacia adelante entre zonas horarias invisibles. Después de desenganchar la cadena, cogí la perilla de la puerta y la giré de nuevo como si esperase un huracán, una tormenta, una inundación épica. La puerta se abrió con facilidad, y Andrew y Becka aparecieron ante mí, mojados, bailoteando sobre sus pies.

—¡Mamá, ven a jugar con nosotros! —canturrearon al unísono—. Estamos en la piscina. Papá nos ha enviado a buscarte.

Al regresar a Dallas, mis síntomas empeoraron. Artie, mi psicólogo, estuvo de acuerdo en que necesitaba medicación. Me recomendó un psiquiatra que me dio cinco recetas diferentes. Yo seguía sin dormir toda la noche.

Tenía pesadillas, una donde mi amiga Karen Sanders, de la preparatoria, me preguntaba si yo todavía era cristiana. Sí. De repente ella me ponía una correa en el tobillo. Me daba vueltas sobre su cabeza como hacen los vaqueros y repetía su mantra: "Entonces debes aceptar a Jesucristo como tu salvador.»" Este sueño lo tuve más de una vez. Me despertaba cada vez, empapada en sudor.

Soñaba con un accidente de avión. Cuando chocábamos, el agua estaba caliente, tranquilizadora. Me quitaba la ropa y nadaba hacia la orilla. Podía ver a un grupo de personas desnudas frente a mí, en la playa, tomando el sol. Detrás de mí, cerca del avión, un grupo de personas vestidas era azotado violentamente.

Más tarde, me puse a escribir en mi diario para poder entender mi sueño. "Dios, ¿cuál es el mensaje?" La pluma grabó en tinta el siguiente consejo: "Aquello a lo que más temes será tu salvación y sobrevivirás".

A pesar de este consuelo, la supervivencia me parecía dudosa. Hasta abril, mi diario siguió a saltos y a chorros: dormí, no pude dormir, un día malo, un día peor. Me preguntaba si tendría una discapacidad de aprendizaje no diagnosticada.

Ken contrató a Margaret para que ayudara con los niños, con el lavado de la ropa y el manejo de la casa; todo lo que yo había dejado de hacer. Con sus cerca de cincuenta años, Margaret se vestía y se maquillaba bien, y se arreglaba con gracia el abundante cabello rojo. Cuando venían trabajadores a la casa, a menudo la confundían con la dueña de casa y a mí con alguien del servicio. A pesar de que Margaret me trataba con cariño y compasión, me sentía desplazada. Su fragancia se quedaba entre mis sábanas, en las ropas de Andrew y de Becka y esto me producía escozor en la piel. ¿Son mis hijos si huelen como ella? Despojada de mi espacio, mi presencia se desvaneció, se borró hasta hacerse invisible.

Mis amigas me observaban, todas en alerta máxima. Tara y Miriam del grupo Shabat me llamaban y me engatusaban para invitarme a cenar. Kate insistía en que fuera a correr con ella, a pesar de mi ritmo de tortuga. Candace me escuchaba y me aseguraba que yo no estaba loca. Elissa y Kristi, amigas de mis días de alta tecnología en California, me enviaban correos electrónicos. Mi hermana me llamaba. Mi madre me llamaba. Mi marido se veía desgastado. Mis hijos ya no me despertaban con golpecitos en el hombro en medio de la noche. Iban a buscar a Ken. Ellos sabían que yo ya no podía ayudarles.

Con tantas amigas impacientes por ayudar y con una nueva niñera, mis hijos encontraron una gran cantidad de madres sustitutas. *No te necesitan.* La voz en mi cabeza se burlaba de mí. *Están mejor sin ti.* En abril, escribí que me sentía mejor. Fue la primera noche que realmente pude relajarme. En la página siguiente, sin fecha, hay una nota de suicidio.

Esa mañana, vestida con una bata blanca de toalla, reuní mis provisiones: el cuchillo, la libreta de notas y el bolígrafo. El rocío de la hierba empapaba mis pies descalzos, mientras caminaba al otro lado de la piscina; pasé por la caída de agua que brillaba a través de las rocas, por la parte trasera de la cabaña, el lugar en el que habíamos servido conos de helado el verano pasado en nuestra fiesta anual. Un día brillante, cielo despejado; en otro momento habría planeado una excursión, una caminata larga o un viaje para ver los suricatos. En cambio, esta vez, me acurruqué en el cemento, me arremangué la bata y apreté la pluma. "Gracias por todo. . . pero he perdido demasiado y ahora no estoy segura de nada."

Así comienza la nota. La dirigí a mi marido, mis hijos, mi madre, hermanos y algunos amigos cercanos. . .

Ya no sé quién soy… Ken, a pesar de lo mucho que me amas, no puedo definir quién soy en tu vida.

La manga derecha de la bata cayó, arrastrándose por las líneas azules de la página mientras, seguía escribiendo.

Por eso me voy, para que puedas encontrar la manera de criar a los niños, tú solo. Confío más en tu juicio que en el mío.

Adiós. Te quiero. No podrías haber hecho nada más por mí.

La nota ya estaba escrita, respiré profundamente y extendí la muñeca. En ese momento, la discusión estalló en mi cabeza.

¿Sabes lo que estás haciendo?

*Bueno, no, yo. . .* Negué con la cabeza. La luz del sol captó la punta de la afilada hoja.

¿Quién va a limpiar todo esto después? No lo sé. *¿Cuánto tiempo tarda desangrarse hasta morir, sabes eso? ¿No te encontrará alguien antes?* No sé. . . *¿No tienes que estar en el agua para mantener el flujo de la sangre brotando? ¿No se te coagulará la sangre? Sólo terminarás con cicatrices. Todo el mundo sabrá que lo intentaste. Y que la fregaste.*

La hoja se posó en mi piel, pero no pude aplicar la fuerza; no pude acallar los argumentos el tiempo suficiente para hacer el corte. Me quedé mirando fijamente el cuchillo.

Ken me encontró, con los ojos clavados en el cuchillo; la pluma y el cuaderno tirados. Sus ojos pasaron del miedo, a la ira, al dolor y a la vergüenza, en menos tiempo del que a mí me había tomado soltar el cuchillo. Mis acciones le hacían daño. Intentar quitarme la vida le dolió de un modo que ninguna disculpa o promesa o el paso de tiempo podrían arreglar por completo. En un instante, nuestra relación había cambiado irrevocablemente.

# 19

# El pabellón psiquiátrico

Ken no perdía el tiempo, se le agotó la paciencia. Como buen marido, me dio un regalo anticipado de cumpleaños en abril: mi primera visita al pabellón psiquiátrico, bajo llave, en Zale Lipshy. Una enfermera me enseñó mi habitación, Ken permaneció a mi lado.

—Mi nombre es LaTisha.

Unas finas líneas rojas como telas de arañas se dibujaban en la parte blanca de los ojos de la enfermera.

—Vamos a revisar que no haya objetos punzantes.

—¿Objetos punzantes?

Mi maleta permanecía cerrada en la cama.

—Vidrio, navajas de afeitar, cuerdas— LaTisha suavizó su tono de eficiencia—. Ya sabe, cualquier cosa que podría usar para hacerse daño.

Ken miró hacia otro lado mientras yo clavaba los ojos en mis pies, sin poder hablar.

—Está bien, cariño —las largas trenzas de LaTisha se balanceaban cuando ella se movía—. Aquí no va a pasar, no en mi turno —señaló mi equipaje—. Vamos a abrir.

Abrí el zíper de mi maleta. Una foto enmarcada de Ken se encontraba encima de mi ropa.

LaTisha tomó el marco con suavidad.

—Esa es una buena foto suya —indicó con la cabeza a Ken—, pero no puede tener el vidrio.

Deslizó el cristal del marco con la velocidad que da la práctica. Cogió mi estuche de noche, sacó mi navaja de afeitar, las tijeras de uñas y todos mis medicamentos.

Señaló mis pies.

—También necesito las agujetas.

—¿Las agujetas? ¿De mis tenis?

—Le sorprendería saber de lo que la gente es capaz.


Después de que Ken se fue, LaTisha tomó mis signos vitales, registró mi peso y me hizo preguntas de un cuestionario que pedía una respuesta de cero (nunca) a cuatro (siempre). Dificultad para dormir. Cuatro. Dormir demasiado. Cero. Aumento o pérdida de peso en las últimas dos semanas. Tres. Dificultad para concentrarse. Cuatro. Poco interés en actividades recreativas. Cuatro. Falta de deseo sexual. Tres. Sentimiento de desesperanza. Cuatro. Pensamientos de muerte. Cuatro. Plan para suicidio. Hice una pausa por un momento. *¿Tuve un plan o **tengo un plan**?* Yo tuve un plan que no funcionó. Vamos a decir que dos.

El Inventario de Depresión de Hamilton. Una prueba rápida de salud mental de opción múltiple, perfectamente comprimida en un cuestionario de una sola página; una buena herramienta de diagnóstico, si el paciente responde honestamente. Y lo hice, la primera vez.

Después del cuestionario de salud mental, LaTisha me animó a almorzar. Me senté al lado de una mujer regordeta que llevaba lápiz labial nacarado de color rosa.

Otra mujer se sentó frente a nosotros. Su piel tenía profundas arrugas, exceso del sol de Texas. Su cabello negro estaba peinado en una trenza que le llegaba hasta más abajo de la cintura. Tenía unos bucles canosos en las sienes. Cuando me miró, sus ojos azul claro asumieron mi presencia, como datos en el cuestionario que acababa de completar.

—Soy Diana —hizo una inclinación por encima de la mesa—. Ella es Betty.

Betty había estado allí durante cuatro o cinco días, no podía recordar exactamente. Ella tenía cara de querubín, alguien que yo habría podido esperar encontrar en la biblioteca pública, leyéndole historias a los niños.

Entre bocado y bocado, Betty nos contó su historia. Había probado una larga lista de antidepresivos, pero nada parecía funcionar.

Diana escuchaba la saga que me contaba Betty, moviendo sus papas primero a la izquierda y luego a la derecha, sin llevarse grandes cantidades de comida a la boca.

—¿Tu médico ha probado con la TEC?

Betty negó con la cabeza mientras su ancho rostro se sonrojaba.

—Oh, no. Oh, no.

—Betty, Betty. Simplemente tienes que confiar en esos médicos.

Puse mi sándwich en el plato, sólo le había dado un mordisco al triángulo de pan de trigo.

—¿TEC? —tragué—. ¿Qué es eso?

—Limpieza eléctrica —Diana apretó un ojo tratando de concentrarse—. No, la TEC, es la Terapia Electro Convulsiva, eso es todo.

—¿Convulsiva? ¿Igual que convulsiones? ¿Cómo lo hacen?

—Oh, no es malo. Te hacen dormir. Conectan electrodos a ambos lados de la cabeza y accionan un interruptor —Diana se llevó las manos a ambos lados de la cabeza y parpadeó—. Como de rayo. Muy rápido. Mejoría total. De inmediato.

Betty, palideció, recogió la bandeja y se alejó de nosotros sin decir adiós. También yo quería escapar, pero me sentía pegada a la mirada de Diana.

Empujé mi bandeja.

—¿Te has hecho la TEC?

—No, no —Diana extendió las manos, con las palmas hacia arriba—. Sólo estaré aquí hasta que mis medicinas hagan efecto.

Tomé un sorbo de agua, me temblaban las manos.

Diana me miró de arriba a abajo.

—Entonces, ¿qué eres?

—¿Yo? —Mi madre a menudo preguntaba a gente que recién conocía cuál era su ascendencia, así que yo sabía la respuesta—. Mitad polaca, mitad irlandesa.

Diana frunció el ceño:

—¿Qué?

—¿Qué?

—¿Qué diagnóstico? —Suspiró con disgusto—. Tú sabes, maníaco-depresiva, obsesiva-compulsiva, anoréxica, ¿qué eres?

Mi terapia nunca llegó a ser tan clínica. En mis sesiones, Artie encendía una vela y me ofrecía una Fresca de su nevera. Nuestras conversaciones se centraban en mi madre, mi marido y yo. "Eres una persona creativa sin una salida creativa", me dijo una vez. Pero ahora de esto, la TEC, un pabellón bajo llave, la necesidad de tener una etiqueta para continuar con el proceso. Miré mis manos apoyadas en mi regazo.

—Realmente no sé nada.

—Tú… —asintió— pronto lo sabrás. Te darán un nombre y te acostumbrarás a él.

Después del almuerzo, un interno que se llamaba Jasper me llevó a realizar unas pruebas de memoria, un examen médico y un electrocardiograma. Ante mi insistencia, hicimos una resonancia magnética buscando un tumor cerebral. Nuestro seguro no cubría el costo, pero lo pagamos de todos modos. Un buen amigo nuestro, un neurólogo y miembro de nuestro grupo de Shabat, leyó la resonancia magnética, después de que Ken y yo se lo imploramos. Recé para tener un tumor cerebral. Un tumor tendría sentido. La confusión, los olvidos… Me imaginaba una masa en el cerebro del tamaño de una pelota de béisbol, todos la señalaríamos y estaríamos de acuerdo: "Con razón, no me extraña…"

Podía luchar contra un tumor pero no con algo tan invisible como la depresión, un cáncer sin células. Nuestro amigo sonrió cuando me comunicó la buena noticia, un examen totalmente claro, sin señales de ningún problema.

Volví a mi habitación, cerré la puerta, no tenía cerrojo con el cual pudiera sellar mi privacidad.

—No tenemos cerraduras en caso de que se me haya pasado un objeto punzante —me dijo LaTisha—. En caso de que necesitemos detenerte.

Me acosté en mi cama esa noche, mientras un hombre se quejaba en el pasillo: "¡Qué chingados! ¡Qué chingados! No me pueden obligar.»

Lo había visto antes, durante el día, instalado cerca del teléfono comunitario. Cuando el teléfono sonó, él tiró del auricular y contestó con un "¿Sí?" Era gordo, pero fuerte, sus bíceps eran más grandes que mis muslos. Tenía los ojos saltones. Estaba enojado por una serie de razones muy diferentes a las de mi lista. "¡Qué chingados! ¡Qué carajo!"

Me estremecí en la cama, con los ojos bien cerrados. La mujer en la habitación de al lado se reía alto y fuerte, cacareando como la extraviada, la hermana loca de la Malvada Bruja del Oeste en *El Mago de Oz*.

A la mañana siguiente, seis de nosotros nos reunimos en una pequeña habitación para "grupos" —terapia de grupo—. Charlotte acomodó el grupo en un círculo de sillas de plástico con respaldo recto. El traje de Charlotte tenía grandes aberturas entre los botones, sus piernas le salían de una falda que le llegaba hasta la rodilla. Cuando hablaba, los labios le brillaban.

—Muy bien, vamos a empezar.

Charlotte puso su primera transparencia en un proyector desvencijado que iluminaba la frase PIENSA POSITIVO sobre la pared. La imagen se inclinaba; las imágenes eran figuras granuladas que se aferraban a la pared, fuera de foco.

Gladys, una de las integrantes del grupo, saltó de su silla y comenzó a pasearse de un lado a otro. La parte de atrás de su vestido se abría y su ropa interior blanca a la altura de la cintura se hacía visible a cada paso que daba. Charlotte le pidió a Gladys que se quedara quieta, y así lo hizo durante unos segundos, pero luego se desplazó de nuevo de un lado a otro. Frustrada, Charlotte apagó la máquina, se acercó a Gladys y la guió hacia un asiento. Una vez más, Gladys saltó sobre sus pies, como si fuera propulsada por un imán que el resto de nosotros no podía ver.

—Déjala que camine — gritó Roby, que parecía una estrella de rock envejecida; la voz rasposa por tantos cigarrillos —. No le hace daño a nadie.

Charlotte se dio por vencida y se sentó en el círculo.

—Tal vez deberíamos presentarnos.

El hombre a mi derecha, Jack, parecía como si fuera algún pariente por el lado de mi madre. Irlandés. La piel clara. El pelo blanco. Hablaba como ellos, con ese acento de Nueva York. Podría haber sido un tío perdido hacía mucho tiempo, al que mi madre olvidó mencionar. Él sabía que las cosas andaban mal cuando, en repetidas ocasiones, se orinaba en el armario.

—Apesta — a Jack la papada le colgaba en la cara.

Charlotte asintió con la cabeza, se inclinó hacia delante, con los codos en las rodillas y la barbilla equilibrándose sobre sus palmas.

—Sí, sí —suspiró ella—, es difícil. Lo sé.

—La alfombra. . . —gruñó Jack—, la alfombra huele a gato.

Charlotte se enderezó, pidió a la siguiente persona que contara su historia. Una mujer de veintidós años mostró sus brazos. Se cortaba.

Joe, el hombre regordete de unos treinta años, le aconsejó que mejor utilizara un marcador rojo en la muñeca. Gladys se seguía paseando.

Se paseaba por el diámetro de tres metros que formaba nuestro círculo mientras el siguiente, Roby, contaba su historia. Gladys se movía adelante y atrás, adelante y atrás. Cuando Roby estaba en la mitad de una frase, Gladys nos fulminó con la mirada.

—No tengo ninguna razón para estar aquí. Ninguna razón. No tengo ninguna razón para estar deprimida.

—Gladys —interrumpió Charlotte—, no es tu turno. Está hablando Roby.

Gladys giró en dirección a Charlotte.

—¿Quién es mi doctor?

Los otros pacientes recorrieron la lista.

—¿Quién la tiene a ella, ¿Johnson? ¿Cleaver? ¿Weissmann? —preguntaron.

—Johnson, creo —opinó Roby.

Los otros pacientes lo confirmaron.

—La TEC, ¿la hicieron? —Gladys nos miró a la cara uno a uno—. ¿La hicieron? Me dijeron que lo harían.

—Sí, sí —dijo la chica que estaba enamorada de su cuchillo—. Yo hablé contigo esta mañana, antes de que entraras.

—¿Quién es el doctor? —Gladys entrecerró los ojos, como si ella no pudiera concentrarse en las voces.

La sesión terminó poco después de eso. Volví a mi habitación, cerré la puerta, tomé la pluma y escribí. Mi habitación tenía un aire familiar, como si hubiera escapado a la habitación amarilla de mi infancia, y hubiera cerrado la puerta del armario y encendido el foco sobre mi cabeza. En mi nueva habitación, el miedo reinaba.

"He pasado veinticuatro horas en Zale Lipshy...", —escribí. Una hora más tarde, LaTisha insistió en que dejara mi espacio, que fuera a la sala común e interactuara con los otros pacientes. Cerré mi diario; lo guardé en la maleta debajo de la cama.

—Vamos, mujer —LaTisha estaba parada en mi puerta—. Te toca el almuerzo en una hora. Ve a hacer algo.

LaTisha, mi nueva madre con trenzas, diente de oro y ojos marrones en lugar de azules, me sacaba de mi habitación para que hiciera amistad con los otros niños.

En la sala común, Joe, el gordito del grupo, estaba sentado frente a una mujer frágil que tenía la mirada fija en las diez cartas que se encontraban boca arriba sobre la mesa. Joe, vestido con una camisa roja con flores y lentes gruesos, me presentó a Annie, la mujer encorvada sobre las cartas, invitándome a que me uniera al juego.

— Espadas —puso las cartas en una sola pila. —¿Has jugado?

Mi amiga Karen Sanders y yo habíamos jugado espadas y corazones en la piscina pública todos los días por lo menos durante tres veranos consecutivos, pero eso había sido veinticinco años atrás.

Joe me refrescó la memoria sobre las reglas, y repartió cartas para tres. Annie, gris, encogida, parecía como si sus huesos se fueran a romper cuando recogía sus cartas. Se estremeció, estaba más asustada que yo.

Una mujer negra, gorda, se acercó a la mesa en el momento en que recogíamos las cartas.

—Joe, hombre, ¿están jugando espadas?

Desarae despeinó a Joe con una familiaridad que sugería que se conocían más que las cuatro horas transcurridas desde que ella había llegado en la mañana. Se dejó caer en el asiento de al lado. Desarae irradiaba tanta energía que yo quería tocarla, que mi piel blanca transparente absorbiera su piel marrón-moca. Desarae golpeó su puño sobre la mesa.

—Cartas.

Joe barajó las cartas nuevamente, esta vez para cuatro. Mientras yo me esforzaba por saber qué cartas se habían jugado considerando las que tenía en la mano, Desarae nos daba duro. A Annie se le cayeron las cartas, unas a la izquierda otras a la derecha. Sus frágiles manos temblaban. Yo traté de ayudarla. Después de dos rondas Annie dejó de jugar, se contentaba con sólo ser testigo de la masacre.

Desarae no tuvo piedad, sus bíceps se agitaban como jamones mientras se reía.

—No tienes ningún chance, mujer —me puso el dedo en el pecho—. ¡Nos enseñan este juego desde que nacemos!

Jugué una y otra vez, por primera vez en mi vida jugaba sin preocuparme por el resultado. Quería ser Desarae. Quería reír de esa manera, salvaje y segura de mis propias fuerzas.

A la mañana siguiente, después de la terapia de grupo, me fui directamente al salón de la comunidad, con la esperanza de que hubiera otro juego de cartas. Desarae estaba sentada en la misma silla que el día anterior, pero no reaccionó cuando me senté frente a ella, sacó las cartas y las barajó.

—Oye, Des, ¿sabes jugar al de corazones?

Desarae fijó su mirada en un punto lejano.

Entró Joe. Le tocó el brazo a Desarae, chasqueó los dedos delante de su nariz. Ella parpadeó como un borracho y se inclinó sobre la mesa para evitar caer.

—Dios mío —Joe se rascó la nuca—. Deben estar dándole sus medicamentos.

Sentí que el vómito trepaba por mi garganta. Tragué saliva.

—La han matado —susurré—, la han domesticado.

—No, Julie —Joe puso su mano sobre mi hombro—. Algunas personas vuelven en uno o dos días y están completamente normales.

Le aparté la mano.

—¿Normal? Seguro, Joe. ¿Qué demonios significa eso?

—Significa salir de aquí —Joe movió su brazo derecho como si quisiera llevarme—. Sin cuchillos, ni ideas de cómo caer de cabeza por el balcón.

Debería haber mantenido la boca cerrada en el maldito grupo. Él había usado mis propias palabras en mi contra.

—Viva —concluyó.

—¿Viva? —Le hice un gesto con la palma abierta hacia Desarae—. Ahí tienes una prueba. ¿Eso es vida, Joe? ¿En serio? Hasta cierto punto, no estaríamos mejor muertos?

Joe negó con la cabeza.

—La desorientación es temporal. Parte del proceso.

Desarae, medicada, no tenía ninguna reacción, un fantasma de piel marrón donde alguna vez vivió un huracán. Me voy de aquí —pensé—. Hoy. No después. Si son capaces de domesticar a Desarae, a mí me van a sacar con una correa: la mascota que babea pero que se porta bien. Eché hacia atrás la silla, me alejé de la mesa.

—Oye —me gritó Joe— ¿Adónde vas?

—A salir de aquí. Ahora.

—Vamos, Julie, si acabas de llegar, ¡no te dejarán salir todavía!

—Fíjate bien, Joe —murmuré las palabras finales dándole la espalda—. Una cura milagrosa.

Hice una buena actuación. A cuarenta y ocho horas de mi llegada juré que mis respuestas en el *Inventario de Depresión* de Hamilton de una página habían cambiado. Yo ya no era suicida, dormía bien y era milagrosamente capaz de concentrarme. Había sido sanada, con una palmada en la frente.

Todas mentiras.

La puerta del cuarto piso de Zale Lipshy se abrió. Salí.

# 20

## Llega la caballería

La luz de las enormes ventanas inundaba la habitación. Me acurruqué en la cama, mucho después que el despertador había sonado, unas cuantas horas desde que Ken había llevado a los niños a la escuela.

Mi amiga Miriam me apartó el pelo de los ojos con sus dedos largos y finos. Me di vuelta. "S-s-s-sigo d-d-d-durmiendo".

—¡Oh no! —Miriam me había llamado desde el trabajo y había decidido que una visita rápida era necesaria—. Es hora de darse una ducha. Son casi las 10:30. Una ducha siempre ayuda.

Me ayudó a salir de la cama como si yo fuera una anciana, frágil, encorvada, con las articulaciones rígidas.

—Una ducha y luego comida.

La ducha me sirvió. El movimiento me ayudó. Para cuando me vestí, Miriam tenía un tazón de sopa y galletas esperándome en la mesa de la cocina.

—Come —me pasó la cuchara—. Sólo puedo estar contigo una hora, tengo que volver al trabajo. Roxanne va a venir un poco más tarde.

—Ustedes no tienen que cuidarme.

Miriam se rió.

—Entonces deja de dormir hasta el mediodía. Comienza a comer —levantó una ceja—. En realidad, es un complot. Estoy tratando de engordarte.

Miriam sacudió las migas del mantel del lugar donde se encontraba sentada.

—¿Puedes decirme cómo te sientes? ¿Qué sientes?

Moví las verduras en la sopa.

—No me he sentido feliz en mucho tiempo. . . —solté la cuchara—. No he sentido nada.

Miriam asintió. Dejó que se instalara el silencio, sin alteraciones, de una manera que pocos amigos en mi vida, pocas personas en mi vida, podrían soportarlo. Cuando terminé mi sopa, me abrazó y me cogió la cara entre sus manos.

—Mírame —me exigió. Mis ojos vidriosos se encontraron con los suyos, tan intensos, tan ansiosos por resolver el rompecabezas—. Tienes que creer que esto va a cambiar.

Yo no lo creía. Me preguntaba si Miriam se casaría con Ken si yo me suicidara. Podrían formar una familia completa a partir de dos mitades rotas.

Miriam miró su reloj.

—Fíjate, no me gusta hacer esto, pero me tengo que ir.

—Me tengo que ir —sonreí.

Miriam pudo seguir con su vida cuando su matrimonio se derrumbó. Puso límites. Guardó su vida en compartimentos que hicieron su existencia más llevadera. Al igual que mi madre o Ken. Ella podía ayudar a mis hijos.

—Tus hijos te necesitan —dijo mientras caminaba hacia la puerta. Se despidió.

Sí —pensé—, mis hijos *te necesitan*.

Miriam debe haber enviado la señal de alerta al grupo Shabat cuando salió de mi casa, porque a los diez minutos sonó el timbre de la puerta. Entró Tara, su voz con su típico acento optimista, con cabello negro abundante y enmarañado por conducir con las ventanas abiertas.

—¡Oh, Dios mío, hace tanto calor! ¡Ni siquiera es mayo todavía! ¡Comámonos un bagel!

Tara hablaba en signos de exclamación. Tara vivía entre signos de exclamación.

Pediatra, madre, madrastra, Tara hacía malabares con más pelotas y con más eficiencia que cualquier persona que yo conociera. Me llevó a Einstein Bros. Bagels. Charlamos sobre Zale Lipshy por un minuto o dos.

Tara bebió de su botella de agua.

—Así que, ayúdame a entender —ella jugueteaba con la tapa de la botella—. ¿Por qué te dejaron salir?

—Me sentí mejor.

Sin darme cuenta, encendí la mecha.

Las sienes de Tara mostraban su pulso.

—Espera un minuto, ¿un día escribes una nota de suicidio, y al siguiente estás curada?

La situación parecía ridícula, pero yo no quería regresar corriendo para encerrarme en la sala de psiquiatría.

—Bueno, yo les dije que me sentía mejor.

Tara se mantuvo firme. Inhaló, exhaló.

—¿Realmente te sientes mejor?

Lo pensé por un momento, pero sabía que Tara se daría cuenta de cualquier mentira en una fracción de segundo.

—No.

—Así que en Lipshy Zale se equivocaron. ¿No tendrías que estar en otra parte? ¿En algún lugar seguro?

Me ericé, eché hacia atrás la silla.

—Seguro, ¿significa que te van a drogar? ¿En un lugar donde me van a hacer cantar mantras de autoayuda estilo mumbojumbo, en las cuales no creo?

—No, "seguro" significa un lugar seguro donde tú no te vas a matar —espetó Tara.

Hice una mueca de dolor.

Podía pensar en el suicidio, el cuándo, el cómo; pero cuando una buena amiga me aventaba el tema del suicidio en la cara, me dolía. *Ni se te ocurra*. Tara hizo una seña. *No se te ocurra matarte, porque te voy a romper la madre*. La mayoría de la gente como que bailaba alrededor de las palabras, las esquivaba; Tara, sin embargo, tomaba impulso y golpeaba.

Nos mantuvimos en silencio en el coche cuando volvimos a casa. En el momento en que estábamos llegando, Roxanne pasó rauda en su automóvil a nuestro lado. Acompañante número tres; el grupo Shabat en plena acción. Esperaba abrir mi refrigerador y ver más de un mes de comidas preparadas. Nuestro grupo Shabat lleva comida para cualquier ocasión: por el nacimiento de un hijo, la celebración de Bris, Bar o Bar Mitzvah, boda, cumpleaños muy importante, enfermedad o entierro. La comida es la fiesta, la comida es la cura, de la misma manera que mi cultura católica irlandesa se toma un trago.

Nuestro grupo Shabat arrasa con los problemas; arrasaron con el mío, una combinación de poder mental y energía para "Shockear y Doblegar" mi crisis hasta someterla. Me sentí rodeada.

En ese momento, su afecto sin límites parecía una interferencia, una distracción de mi romance con los objetos cortantes y las caídas fuertes. ¿Por qué no me dejan *ser*?

Eran demasiado inteligentes. Ellas sabían la fisura que podría causar mi muerte en sus vidas, la culpa de una vida perdida por algo que no se dijo. Sabían las preguntas que sus hijos les harían, el miedo y la permisión que un acto violento podría darle a otra persona.

Cuando llegamos a mi casa, Roxanne salió de su coche de un salto.

—¿Puede alguien invitarme una copa en este antro? Quiero que me cuentes sobre las habitaciones en el manicomio —me envolvió en un abrazo—. En caso de que necesite visitarlo.

Tara se echó a reír y se marchó.

Casi siempre, Roxanne me hace reír. Confabulo el tiempo con ella, me imagino las formas en que nuestras vidas podrían cruzarse más seguido para que yo pudiera escuchar acerca de su última experiencia cercana a la muerte, la dieta, la desgracia social o algún desastre de maternidad, que ella cuenta con modesta hilaridad. Su melodiosa voz se desliza a través de una historia que va *in crescendo* desde un silencio cómico, con todo y lágrimas en los ojos cuando llega a cierto punto. Ella es cálida. Sabe escuchar y es buena conversadora, se sube al escenario y lo deja, se retira con el instinto de una artista experimentada.

Le bloqueé la entrada a mi casa.

—Mira, Rox, no es necesario que estés aquí. Estoy bien.

—¿No me vas a invitar a pasar? ¡Vamos! ¡Me voy a sentir ofendida! —puso su mano en la puerta y la abrió más, empujándome con la puerta hacia el interior de la casa—. No me hagas enojar, ¿sabes?

—Rox, no tienes que sentarte aquí conmigo… Yo no estoy…

—¿Quién está sentada? Por lo que veo estamos atrapadas en la puerta.

—No soy una niña. Tú no tienes tiempo para esto.

Para ese entonces, Roxanne tenía dos hijos y yo sabía que esta visita interfería con una larga lista de quehaceres sin terminar. Roxanne se hizo el tiempo. Puso sus manos sobre mis hombros, acercó mi cara a la suya, nariz con nariz.

—En este momento, no tengo ningún otro lugar donde estar.

Me aparté.

—Imagínate que no estoy aquí —ella pasó junto a mí, entró a la casa—. Haz lo que normalmente harías. Tengo tiempo.

Frustrada, tomé mi diario y me dirigí hacia el porche trasero. Roxanne me siguió. Nos instalamos en dos sillas incómodas de teca que daban al patio de atrás.

Mientras yo tomaba mi pluma y garabateaba, Roxanne abría un ejemplar del libro *Casa de arena y niebla*, el de Andre Dubus III. Pasaron los minutos. Un ruiseñor cantó desde un árbol cercano, como si sus pulmones fueran a explotar. Nuestro césped verde se extendía hasta la cerca del fondo, el centeno de invierno era una alfombra exuberante. El agua caía en cascada por las rocas a nuestra piscina, la cual reflejaba un cielo azul puro. En ese oasis, mi corazón se aceleraba, mi cerebro se sentía vacío.

Roxanne dejó caer pesadamente el libro sobre la mesa con un ruido sordo.

—¿Sabes lo que más me molesta de todo esto?

Parpadeé, no estaba segura si su libro había dado un giro en la trama o si ella quería decir algo más.

—Simplemente no lo entiendo —puso su largo cabello detrás de la oreja—. Por malo que sea un día cualquiera, ¿no existe la esperanza de que las cosas van a mejorar?

—No — hubiera giro en la trama o no, yo sabía la respuesta a esa pregunta.

—Bueno, entonces, olvídalo.

Roxanne tenía una respuesta perfectamente articulada para situaciones que podrían dejar perpleja a una persona común. Intentó otra táctica, muy practicada entre los católicos y los judíos.

—¿No deberías al menos vivir por tus hijos?

Culpa. La culpa funciona. La culpa siempre funciona. Roxanne conocía ese cebo.

—Estoy en estado de coma.

—¿Qué?

—Estoy en estado de coma. No puedo ayudarlos. Apenas puedo hablar.

Una brisa rizó el agua de la piscina, desdibujando el reflejo de las rocas y los arbustos como una pintura impresionista.

—Estás hablando ahora, ¿no?

—Estarían mejor.

—Espera un minuto —Roxanne se inclinó hacia mí desde su silla, con su cara incómodamente cerca de la mía—. Eso es COM-PLE-TA-MEN-TE ridículo. ¿Nunca estudiaste sobre los monos Rhesus en la escuela?

Negué con la cabeza: *No*.

—Los monos Rhesus. Hay estudios que demuestran que, aunque la madre sólo le permita al bebé tenderse sobre su pecho, les va mejor que a los huérfanos. Nada más. Sólo contacto.

—Rox, no inventes historias sólo para...

—No te estoy tomando el pelo. Puedes buscar en cualquier libro decente de psicología infantil.

—¿Estás diciendo que si lo único que puedo hacer es dejar que mis hijos duerman sobre mí, que estarán mejor?

—Exactamente.

—Vaya madre. ¿Qué pasa si alguien más puede ser mejor madre, hacer más?

—No es lo mismo.

—¿En serio? —Mi voz hinchada de escepticismo.

—En serio —ella abrió el libro con tanta fuerza que casi le arrancó las páginas.

Esa noche entré en el estudio de Ken y le hablé de mi plan de respaldo, de cómo cambiar a Julie-por-Miriam. La novia defectuosa por Miriam, para formar La Familia Brady judía, con los hijos de los dos. Ken se sentó a la mesa y escuchó durante unos minutos.

Como buena vendedora, hice una lista de todos los beneficios de esta transacción. Él tendría una esposa judía que podría organizar cosas, mantener su posición en situaciones sociales. Ella conseguiría un marido, un padre para su hijo. Nuestros hijos tendrían una madre que pudiera manejar las presiones sociales de Dallas. Vestiría a Becka, alimentaría a Andrew y orientaría a ambos para lograr el equilibrio entre el mundo académico, los deportes y los juegos. Yo no había hablado con Miriam sobre este plan, pero estaba segura de que ella iba a ver los puntos favorables. ¿Qué pasaría conmigo? Bueno, a mí me gustaría desaparecer. Ken me dejó divagar hasta el punto en que yo pensé que ya lo había convencido.

Ken suspiró, apoyó las manos en la frente.

—Sólo hay un problema —miró hacia arriba—. Te amo. No puedo evitarlo. A pesar de que estés tratando con todas tu fuerzas de convencerme de lo contrario—. Puso las manos delante de sus labios en actitud de oración—. No quiero a nadie más.

—Pero, ¿por qué? Soy perjudicial para ti y perjudicial para los niños.

Sacó de la repisa el álbum que le hice para su cumpleaños, me mostró la foto de nosotros cuatro.

—¿Me estás diciendo que esto está mal? —señaló la foto—. ¿Qué hay de malo en esto?

Me eché en el sofá, encogida como un ovillo y cerré los ojos.

—Estás enferma, Julie. Sólo estás enferma, eso es todo.

—¿Cómo puedes pensar eso todavía? —Susurré.

—Es todo lo que puedo pensar.

—¿Qué pasa si así soy yo? ¿De aquí en adelante?

—Tú no eres así. Nos reuniremos con el nuevo psiquiatra, Ackerman, la semana que viene. Vamos a revisar las opciones. Te vas a mejorar, ya lo verás —cerró el libro de fotos—. Oye, ¿alguna vez reparaste la manija de la puerta de tu auto?

—No.

Ken quería que yo cambiara mi coche, un Explorer color verde bosque. Él odiaba las manchas de salsa de tomate en el techo y el olor agrio permanente de leche añeja con chocolate. Yo estaba de acuerdo en que el Explorer necesitaba ser reemplazado, incluso había probado unas cuantas camionetas SUV, pero mi Explorer lo sentía tan familiar, tan cómodo. El asiento del conductor se había amoldado al contorno de mi trasero. Conocía los controles. ¿Un auto nuevo? No podía soportar ni un gramo más de cambio. Antes de salir de vacaciones de primavera, la manija de la puerta del conductor se había roto. Para abrirla, yo bajaba la ventanilla y sacaba la mano por fuera para poder salir. Este problema había persistido durante más de seis semanas.

—Déjame arreglarte la manija —ofreció Ken—. Déjame arreglar lo que sé que puedo arreglar.

Me sentí aliviada, indefensa, estúpida por haber dejado que el problema se enconara durante tanto tiempo, sin embargo, estaba feliz de que hiciera la reparación por mí.

—Gracias —me levanté del sofá, me acerqué a él que se encontraba sentado a su escritorio y lo abracé. Le di un beso en la cabeza—. Gracias por aguantarme.

Al día siguiente, Ken regresó a casa temprano en la tarde, antes de que yo hubiese recogido a los niños de la escuela. La puerta del garaje se abrió y dos alegres bip-bip sonaron para hacerme saber que él había llegado. Ken me encontró en la sala de estar, revisando un artículo de la revista *People*.

—Ven a ver —hizo un bailecito—. Ven a ver tu coche.

—¿La manija de la puerta?

—Sí, hicieron un gran trabajo.

¿Por qué Ken estaba tan ansioso por una manija de puerta? Me incorporé del sillón y caminé con él hacia el garaje. Abrió bruscamente la puerta y encendió la luz.

Una nueva camioneta marrón marca Escalade se había tragado el espacio que antes ocupaba mi Explorer. El vehículo parecía hinchado, hartado, un SUV bombeado con esteroides y músculos flexionados. Ken abrió la puerta del coche para mostrar la perfección de la camioneta, interiores de cuero color canela.

—¿Te gusta? ¿Te gusta?

Sin decir una palabra, caminé a trancos hacia la casa. Abrí la puerta del patio trasero. Ken me siguió.

Me puse de espaldas a él, frente a la piscina. Vi cómo caía el agua sobre las rocas.

Ken me cogió por un hombro, me dio vuelta para que lo mirara.

—¿Qué te pasa? —Me sacudió y luego me soltó como si se hubiera quemado—. Tú hiciste antes la prueba de manejo. Dijiste que te gustaba.

Di un paso hacia atrás, peligrosamente cerca del borde de la piscina.

—Estás intentando… —con cada palabra jadeaba en busca de aire—… reemplazarme.

—¿Qué? ¡No! ¡Esa Explorer era un pedazo de mierda! Olía mal —se apartó de mí, hacia la casa.

Le susurré a la espalda.

—Era…

Se dio vuelta, con las manos abiertas, suplicándome.

—Dios mío, ¡había hormigas en el asiento trasero! ¿Sabías eso?…, donde caían todas las galletas.

Me crucé de brazos.

—Era mi coche.

—Tu coche. Seguro. El carro se parecía a tu antiguo automóvil, una reliquia del Sindicato de Trabajadores de Automóviles Polacos. ¡Olvídalo, Julie!

Se volvió, disgustado, y empezó a caminar de regreso a la casa.

—Era mi coche.

—Devuélvelo —dio un paso hacia mí—. Haz lo que quieras. Si quieres verte tan obrera, tan cuello azul como eres.

Ken mantenía la llave en la palma de la mano que luego volteó hacia abajo. La llave cayó sobre el camino de piedra caliza a unos centímetros de mis pies. El borde plateado de la llave brillaba contra el fondo pálido. Ken dirigió sus pasos de regreso a la casa, azotó la puerta con tal fuerza que hizo temblar los vidrios.

¿Cuello azul?¿Obrera?

Me quedé petrificada. "Cuello azul" como un epíteto económico, como clase obrera o clase trabajadora. Nunca había vinculado la historia de mi padre a la vergüenza. Ellos eran leyendas, la familia de mi padre, personas que se convirtieron en médicos e ingenieros y que obtuvieron doctorados; una familia donde alguna vez quince miembros compartieron el mismo cuarto de baño. Ahora, bajo esta nueva perspectiva, todos se convirtieron en obreros cuello azul, porque mi abuelo trabajó en una cadena de montaje, porque la familia de mi padre se **dedicaba** a arreglar la plomería de otras personas. Todos los logros, todos los libros leídos, todo reducido a la entonación de dos palabras: "Cuello azul."

Una parte de mí quería tirarle la llave a la cara. ¡Maldita sea! *Ésa es mi historia, ésas son mis raíces.* Mi historia era parte de mí, pero yo no era solamente eso. Con dos palabras, había destrozado la textura de la que yo estaba hecha.

Me imaginaba con la llave en la mano, lista para el lanzamiento, para aventársela, una salpicadura roja en la frente. Quería que sangrara. Pero él ya estaba adentro, hacía rato que se había marchado. La llave quedó en el suelo, el momento pasó. Menos mal que no le arrojé la llave. Un ataque de violencia lo habría dejado satisfecho, habría probado que él tenía razón. La emoción sobre el intelecto, obviamente inferior.

El sol me dolía en la cabeza, hacía que mi cabello se sintiera quebradizo. En Virginia, incluso en los días más calurosos, el sol nunca se sentía tan caliente. Pegajoso, sí. Incómodo, sí, pero el sol nunca succionaba toda la humedad del aire como para que el cuero cabelludo se agrietara.

Extrañaba Virginia, la floración de los cornejos. Dallas no tiene el suelo adecuado para que crezcan esos árboles de mi infancia. Insuficiente ácido. Demasiado sol. Falta de agua. Yo sabía cuáles eran los riesgos de supervivencia cuando planté mis cornejos, pero los sembré de todos modos. Murieron marchitos, quemados. El árbol nunca echó raíces.

Extrañaba a mi familia. Echaba de menos la honestidad de mi madre, la forma en que examinaba las cosas y las ponía al descubierto. Cuando hacía una incisión, dolía, pero yo sabía que era verdad. Echaba de menos la forma en que mi padre me abrazaba. Echaba de menos a mis hermanos y a mi hermana.

Lo que solía ser mi familia, ya no existía. Mi padre había muerto. Mis hermanos se diseminaron por varios estados y países. Mi madre vivía en una ciudad que nunca consideré mi hogar. Mi relación con mi historia se desvaneció, como un rastro perdido en una larga caminata por el bosque. El camino de vuelta se evaporaba con cada paso que daba hacia adelante, hacia algo mejor. Ahora en ese algo mejor, ese espacio difuso definido como más, me sentía disminuida, inferior hasta el punto de ser insignificante. En mi propia casa, con mi propio esposo, me sentía como indigente.

Cogí la llave. La luz del sol reflejó su tono plateado. Me metí la llave en el bolsillo.


Una semana más tarde fui a la oficina de Ackerman con Artie y Ken. La habitación era claustrofóbica, escondida, diseñada para que la gente pudiera entrar y salir sin ser notada.

Los tres hombres exponían sus ideas mientras yo permanecía sentada en el sofá, acurrucada en un rincón. Ken había buscado en Internet y encontró un lugar que se llamaba Sierra Tucson enclavado a los pies de las montañas de Santa Catalina en Arizona. Otro paciente de Ackerman había ido allí para someterse a un tratamiento contra el alcoholismo. Artie se preguntaba si yo debía quedarme en casa, entrar en una rutina y tener amigos que me apoyaran.

Sus palabras flotaban a mi alrededor, distantes, como si yo fuera un espécimen de laboratorio que no había respondido a los estímulos como se esperaba. Bajé del sofá, me acurruqué en el suelo en posición fetal. Sabía que parecía una loca, pero no me importaba.

—¿Julie? —Artie se acercó adonde estaba tirada en el piso—. ¿Estás bien?

Si yo no les hacía caso, si hacía como que no les oía, tal vez desaparecerían. *Ellos no existen. Ellos no existen. Ellos no existen.*

—¡Julie, levántate del piso! —increpó Ken—. ¿No tienes algo que decir sobre esto?

*Ellos no existen. Ellos no existen. . . . Tal vez se olviden que estoy aquí.*

Ken explotó.

—¡Julie!

—¡Déjala! —Ackerman le hizo señas desde detrás de su escritorio—. No le hace daño a nadie. Debemos recordar que la depresión es un problema temporal. La depresión más grave se desarrolla en un ciclo de seis a nueve meses. Más que nada, necesitamos que pase el tiempo.

—No puedo verla más así —Ken se levantó y se paró junto a mí—. Me está desgastando y también está desgastando a nuestros amigos. Va a terminar haciendo algo que yo no voy a poder evitar.

*Ellos no existen. Ellos no existen.*

Artie se arrodilló a mi lado, puso su mano en mi cadera. Sentí que suavemente me tomaba del brazo. Me ayudó a ponerme de pie.

—Julie, vamos, levántate— Artie me guió de vuelta al sofá.

—Ella tiene que estar funcionando normalmente —advirtió Ackerman—. No puedo recomendar que vaya a ese sitio si está actuando de esta manera.

—Hoy es un mal día —dijo Ken—. Ayer nadó en la piscina, ¿cierto?

La piscina, debajo del agua, sonidos enmudecidos. Allí me sentía como en casa. Asentí con la cabeza.

Ken abrió su calendario.

—La pueden recibir. Ya los he llamado. Todo lo que necesitan es su aprobación.

Ken le indicó que sí a Ackerman.

—Sierra Tucson es un compromiso de un mes —Ackerman golpeaba la pluma sobre el escritorio.

—Voy a perderme el cumpleaños de Becka. . . —murmuré desde el sofá. Los tres hombres se volvieron hacia mí.

Ken se acercó a mi lado, me frotó la mano.

—Si tú no vas, es posible que igual te pierdas su cumpleaños. Vas a perdértelos todos. Me besó la frente.

—Yo me encargo de la fiesta. Ella no se va a perder de nada.

—Tiempo —repitió Ackerman—. Todo lo que necesitas es tiempo. Las cosas van a cambiar.

¿Para qué?, me preguntaba yo. ¿Para qué? Desde mi perspectiva, mi vida parecía como la caída de un acantilado desde enero a mayo, sin respiro. Yo quería llegar al suelo. Quería llegar al suelo aunque el impacto me destrozara. Deseaba llegar a un punto final, ya fuera por su mano o por la mía propia.

—Iré —dije.

# 21

# Sierra Tucson

*T*res mujeres dejaban oír risitas nerviosas, sentadas en el sofá junto a mí. Todas cómodamente regordetas, pasadas de los cincuenta, chispeantes y bien acopladas entre ellas.

—¡De verdad!

—¿Y luego qué?

—No lo creo.

—Qué *doloroso*.

Hablaban con "sabiduría" del terreno íntimo de las otras, a pesar de que su conversación revelaba que apenas acababan de conocerse. Las mujeres se precipitaban en sus historias con tanta pasión que no se dieron cuenta que yo las escuchaba a hurtadillas. Oí sus nombres, Doreen, Mary y Sandra. A continuación, decían sus enfermedades como si fueran apellidos: Alcohólica, Drogadicta y Compradora Compulsiva. Se reían y gritaban, riendo a carcajadas, mientras arrojaban al caldero de sus historias una experiencia atroz tras otra, cada una agitando el caldo.

Doreen llevaba sus diez kilos de más con seguridad, como si ella quisiera que estuvieran allí a propósito.

—Entonces… —el abundante cabello castaño de Doreen rebotaba sobre sus hombros—. Compré diez vestidos y me serví un vaso de vodka Grey Goose.

—¿Eso te hizo aterrizar aquí?

Las "e" de Mary se arrastraban y revelaban sus raíces sureñas. Su ropa práctica y sus gafas anticuadas sugerían que la maternidad era su profesión principal.

Me removí en la silla. Mis muslos pegados al cuero.

—Otro pequeño problema —el burbujeo de Doreen se aplacó—. Enrollé mi coche alrededor de un poste de luz.

—Ooohhhh… —Sandra, vestida de negro, chasqueó su lengua—. Ésa es razón suficiente—. Cruzó sus largas piernas.

Las tres permanecieron en silencio por unos diez segundos. Luego sus bocas se contrajeron en una mueca. Un torrente de risitas llenó la habitación. Aullaban. Las lágrimas corrían por las redondas mejillas de Doreen.

Mary mencionó su lucha con el Ativán, también conocido como Lorazepam. Sentí un nudo en la garganta. Mi psiquiatra me había recetado Ativán, pero yo todavía no había tomado mi primera pastilla. Le temía al potencial adictivo de la droga. El Ativán tranquiliza al paciente, permite salir de entre las sábanas a quien está presa del pánico. La adicción de Mary comenzó con una prescripción legítima. Sus ataques de pánico le impedían asistir a cenas y fiestas, que eran esenciales para que su marido subiera en el escalafón corporativo. El Ativán convertía la interacción social, cualquier interacción, en algo fácil. Al poco tiempo Mary convenció a varios médicos para que le prescribieran Ativán. Ella bailaba alegremente al compás de todos los eventos de su día.

—¿D-d-dijiste Ativán? —Tartamudeé. Las tres mujeres giraron y por primera vez se dieron cuenta de mi presencia—. Lo siento, n-n-n-no era mi intención escuchar. . .

—Ay, cariño —Mary se acercó saltando a mi silla—, aquí todos somos amigos—. Ella tocó mi hombro—. Y bueno, ¿cuál es tu problema?

Antes de que pudiera contestar, dos guardias dejaron caer a un hombre alto y sin afeitar con gafas de alambre en la silla que estaba junto a mí. Salté.

—No te preocupes —dijo uno de los guardias—. Jonathan es inofensivo. Adicción a la heroína. Puede pasar un día antes de que se despierte.

En el brazo derecho de Jonathan, un tatuaje de un dragón se enroscaba desde la muñeca hasta la axila. Renqueando, él se tiró en el sillón y se dejó caer con los brazos hacia arriba y las piernas abiertas.

—Pobrecito —dijeron Doreen y Mary al unísono.

Doreen se puso en cuclillas al lado de Jonathan, acariciando su mano. Mary se colocó entre sus piernas extendidas, con las manos plantadas en sus rodillas. Le susurró palabras de consuelo como si Jonathan pudiera oírla. Sandra se alejó al extremo del sofá y puso los ojos en blanco, como para unirse a mi disgusto por este altruismo que parecía fuera de lugar.

Por primera vez en meses, me entraron ganas de reír. Me imaginé los titulares de un periódico: "Dueñas de casas suburbanas dan consuelo a un adicto a la heroína. Los milagros sí ocurren en Sierra Tucson."

Mary volvió a mirarme a mí, como si la aparición de Jonathan fuera tan normal como un jardinero que apareciese mientras bebíamos un té helado en su jardín.

—No respondiste. ¿Cuál es tu problema?

Me hundí en mi silla.

—Depresión.

—¿Depresión? —Frunció el ceño—. Pensé que sólo trataban adicciones aquí. ¿Qué hacen para la depresión? ¿Te dan drogas? ¿Pueden curar la depresión en un mes?

Me encogí de hombros. No tenía ni idea.

Todo el mundo que llegaba a Sierra Tucson pasaba unos días en Evaluación Médica y Estabilización (zona EME). Una vez que el paciente se estabilizaba, el personal lo asignaba a uno de los dos dormitorios del campus. Mi compañera de cuarto en EME estaba acurrucada en la cama, dándome la espalda. Tenía la cabeza cubierta y las luces estaban apagadas. Luchaba contra los efectos de la abstinencia de alcohol. En el lapso de un día salía de su capullo y, al día siguiente, salía al mundo sin dolor.

Envidiaba su progreso. Para mí, un cúmulo de horas "buenas" significaba dormir, tener la sensación de hambre, tener la capacidad de mantener una conversación trivial y tener tan sólo un par de pensamientos suicidas. Las horas "malas" y los días "malos" eran seguidos de noches sin dormir, llenas de pánico incontrolable. Me escondía en mi cama, fingiendo dormir, pero me obligaban a salir. Pasaron dos días y el personal del EME me asignó un dormitorio y a mi nueva compañera de cuarto.

Janice y yo nos conocimos al anochecer. Salimos a caminar  y nos sentamos en una cómoda banca en el patio. El sol empezó a ponerse por detrás de ella, irradiando un brillo rojo sobre su cabeza.

Janice sufría de depresión provocada por la reincidencia de su marido a las drogas. Estirada, de unos cincuenta y cinco años y vestida con ropa conservadora, Janice se veía como si enseñara inglés en Topeka. Y sí, eso hacía. Me imaginaba a Janice instruyendo suavemente, pero con firmeza, a sus alumnos para que nunca terminaran una oración con una preposición.

*¿En verdad llegó a su casa y encontró a su marido inyectándose?* Su marido volvió a recaer en el abuso de drogas después de un paréntesis de veinte años. Janice le ayudó a alejarse de la adicción la primera vez, pero esta segunda vez su traición la lastimó.

Janice se ajustó los lentes.

—Sabía que si seguía sin conseguir ayuda, me suicidaría.

Asentí con la cabeza. La experiencia compartida por Janice me tranquilizó mucho más que el consejo de cualquier experto. Sus palabras flotaban como una tabla de salvación. Ella no ofrecía un método de recuperación a prueba de tontos; ella no hacía promesas, pero por primera vez en meses alguien pudo conmoverme.

La chispa del contacto humano me reafirmó que no estaba sola.

A pesar del ambiente de club campestre de Sierra Tucson, el personal mantenía una agenda muy apretada. Todo el mundo llevaba un gafete con su nombre. Los nombres de pila y la inicial del apellido eran exhibidos en plástico duro: Julie H., George P., Doreen M. La identificación era requerida para todas las reuniones y las comidas; el gafete con el nombre ayudaba al olvidadizo o al desorientado. Servía también como una banda de progreso, en blanco al principio, pero llena de calcomanías cuando el paciente avanzaba un peldaño en su recuperación o sobrevivía una semana más.

La percepción inicial de Mary sobre la clientela de Sierra Tucson resultó acertada. La mayoría de los huéspedes tenían una adicción. Los internos que sufrían sólo de depresión eran fáciles de detectar. Caminábamos más despacio. Nos preocupaba la falta de sueño. Las personas bipolares que están en la fase maníaca no ingresan a centros de tratamiento.

Los consejeros nos decían que toda adicción tenía sus raíces en la depresión. Yo tenía mis dudas. Doreen, Mary y Sandra se conectaban magnéticamente a pesar de sus ansiedades o, tal vez, a causa de ellas. Incluso Jonathan, el adicto a la heroína, podía recitar una poesía completa en un respiro y contar un chiste sarcástico en el siguiente. Sus vidas se movían, chocaban y se colapsaban. Las vidas de los pacientes con depresión se quedaban inmóviles, frágiles, aisladas y encerradas en una jaula de cristal. Me sorprendí a mí misma añorando una adicción.

Tuve más terapia en un mes en Sierra Tucson que la mayoría de las personas tienen en toda su vida. Una vez liberada de la EME, me asignaron a Mitch Sampson como mi consejero. El pelo ondulado de Mitch le llegaba más abajo de la nuca, pero no tanto como para tocarle el hombro, al estilo hippie antiguo. Su cabello era demasiado largo para el mundo de los negocios, pero demasiado corto para alguien que podría vivir en una camioneta.

En nuestra primera reunión, el sol brillaba a través de una ventana del tamaño de la pared, detrás de Mitch. Entrecerrando los ojos, me enfoqué en su contorno oscuro mientras hablaba. Mitch movió su silla hacia adelante.

—¿Puedes decirme cómo llegaste aquí?

Mis palabras salieron lentamente al principio, como guijarros arrojados en un pozo para probar su profundidad. Mitch no decía mucho. No tomaba notas para resumir mi neurosis.

—Hmm. . . ajá. . . —repetía una y otra vez.

Yo decía bobadas. Historias sobre Ken, mis hijos, mi familia, mi religión o la falta de ésta, y las elecciones que había hecho en mi vida que se habían venido abajo. Yo me definía a mí misma como una persona espiritual pero no religiosa. Mitch decía "Hmm, ajá" por cada cosa que yo mencionaba. Me empecé a preguntar si se había quedado dormido; cada "Hmm, ajá" era un perfecto ronquido de consejero.

Mitch se enderezó.

—Entonces.

Busqué un reloj para saber si me había extendido demasiado en mi tiempo.

—¿Todavía rezas?

—Bueno. . . sí.

Me acordé de la electricidad que surgía a través de mis manos cuando meditaba: Dios en alto voltaje. Últimamente, mi depresión había desconectado el enchufe.

—¿Cómo rezas?

—¿Qué quieres decir?

Yo no quería hablar de religión, no quería que me hiciera la típica pregunta: "Si crees en Dios, ¿cómo puedes pensar en suicidarte?"

—¿Rezas un Padre Nuestro. . . inventas algo. . . ¿qué pides?

Mi madre mantuvo la Oración de San Francisco en su mesita de noche durante toda mi infancia:

Señor, haz de mí un instrumento de tu paz.

Donde haya odio, siembre yo amor;

Donde haya ofensa, perdón;

Donde haya duda, fe. . .

Mi oración se convirtió en una abreviación de una línea de San Francisco. Se la dije a Mitch sin explicación.

—Señor, haz de mí tu instrumento.

—¿Eso es lo que pides? —Mitch se frotó la barbilla—. Interesante. De San Francisco, ¿no?

Asentí con la cabeza.

Pensó por un momento, estudió los paneles del techo. El silencio no le molestaba.

—¿Tú crees que Dios está respondiendo a tu oración?

—¿Qué? —Me froté la sien con los dedos de la mano derecha. Su lógica no tenía sentido para mí. Este tipo ha fumado yerba demasiadas veces—. ¿De qué estás hablando?

—Tal vez Dios sí te está contestando —Mitch se inclinó hacia delante. —Estás siendo su instrumento al estar deprimida.

—¿Hablas en serio? —Me crucé de brazos—. No puedo hacer nada cuando estoy deprimida, ¿cómo podría ser el instrumento de Dios? Apenas puedo salir de la cama.

—Ya veo —sonrió—. Sólo el personal altamente cualificado puede llegar a ser instrumento de Dios.

—No —me tendí en el sofá, con los brazos abiertos—. No, cualquiera puede serlo.

—Oh, cualquiera, eh, ¿qué pasa con una persona muy vieja?

—Bueno —resoplé —, por supuesto. . .

—¿O un lisiado? Si ni siquiera puedes caminar, ¿qué puedes hacer por Dios? Supongo que crees que esa gente no vale nada? O...

—¡No! No, ¡por supuesto que no! ¡Nadie es inútil! —mi voz se tensó. Me agradaba más Mitch cuando parecía que se estaba quedando dormido.

—Oh, ya veo —se burló de la revelación súbita—. Todo el mundo, menos tú. Tú te riges por la Regla de Oro de Julie.

—Mitch — espeté—, ése no es el punto.

—¿Estás segura? ¿Segura de que soy yo quien no sabe cuál es el punto?

—Sí, estoy segura. No puedo ayudar a nadie en estas condiciones.

Él asintió con una torcida sonrisa en los labios.

—No puedes entender el papel que Dios tiene para ti, por lo tanto esta situación no debe ser lo que Dios quiere para ti.

—Eso no es lo que pienso. . . —miré mi reloj. *¿No estamos pasados del tiempo? ¿Cuánto tiempo me va a tener aquí?*

—Julie, ¿has pensado alguna vez que ser un instrumento podría significar dejar que alguien te ayude?

—¿Qué? —Mi voz chirrió con ira.

—Tal vez tú tienes algo que aprender cuando te ayudan. Tal vez otra persona tiene que aprender al darte a ti… ¿Alguna vez has pensado en eso?

Crucé los brazos bruscamente y me eché de golpe contra el respaldo de la silla. Los suaves cojines de cuero amortiguaron el impacto, como un niño enojado tratando de hacer sonar los pies sobre una capa de nieve. Mitch sabía que me había provocado, pero ignoró mi reacción.

Salí de la oficina de Mitch con sus palabras dando vueltas en mi cabeza. Me puso la oración al revés. Al recibir, nosotros damos. ¿Podrá ser cierto esto? Mis amigas Shabat me habían dicho lo mismo. Tenían tiempo, energía y el deseo de ayudarme, aunque nunca les devolviera el favor. *Al recibir, nosotros damos.* Esa idea entraba en conflicto con las lecciones aprendidas y obligadas a cumplir durante toda mi vida.

A finales de la primera semana, había formado un extraño conglomerado de amigos deprimidos. Mis amigos deprimidos intercambiaban experiencias que nos conectaban instantáneamente, como lecturas compartidas de guías de estudio universitarias, que nos hacían sentir más cercanos. Mi compañera de cuarto, Janice, y yo nos conectamos inmediatamente. Me despertaba cada mañana y me hacía leer la lectura del día de *Recordatorios amables*, nuestro libro de auto-fortalecimiento. Me sacaba de la cama y me empujaba hacia adelante. Janice sabía cómo avanzar, incluso cuando todo su ser sufría de indiferencia. Me arrastraba con ella. Me obligaba a tomar el desayuno.

George T., jubilado, que había sido el genio generador de un imperio textil de Carolina del Norte, buscaba con la mirada mi figura encogida cada día en la fila de la cafetería. Sin motivo aparente, me adoptó. Tal vez George tenía la costumbre de dar refugio a animales abandonados y heridos, o fue educado en una escuela donde fomentaban la ayuda para los demás. En cualquier caso, me benefició. Su modo de comportarse me consoló, firme, consistente, con un sincero interés que no mostraba una intrusión invasiva. George nunca pensó en quitarse la vida, pero dudaba de su propósito. Nunca dudó del mío.

—Mira a tus hijos —me decía; sus ojos castaños se veían firmes bajo sus suaves cejas grises—. No puedes darte por vencida.

Mauricio M. era el cuarto y último miembro de nuestro grupo de deprimidos. Sin lugar a dudas, la persona deprimida más feliz que yo había conocido. Rizos oscuros y gruesos rodeaban su cara bronceada y sus ojos brillaban con su amplia sonrisa. Me había convencido de que corriéramos juntos por todo el campus. Su marcado acento colombiano sonaba musical.

—Juuulie, vamos. Dijiste que acostumbrabas correr ocho kilómetros al día. Intenta correr dos conmigo.

Lo intenté y me rendí después de un kilómetro, jadeando y débil. Mauricio se detuvo, se echó a reír con voz de barítono y señaló las rayas en la espalda de un lagarto. Mauricio tenía una vitalidad que había conseguido en años de cuestionarse su propio valor. Me sentía transparente a su lado.

Los cuatro, Janice, George, Mauricio y yo, nos reuníamos con frecuencia en la fila del desayuno. Nos hacíamos las preguntas de rigor: «¿Dormiste? ¿Los medicamentos te hicieron efecto?" De los cuatro de nosotros, mi estado de ánimo era el que cambiaba más radicalmente, debido a mis ataques de pánico. A pesar de los fármacos prescritos y la terapia diaria, iba de mal en peor sin tener un patrón claro.

El jefe de psiquiatría me diagnosticó como Unipolar con Alta Ansiedad. Unipolar significa siempre deprimida; en contraste con bipolar, que permite un poco de alivio maniaco de un estado depresivo. *Una depresiva deprimida; deprimida todo el tiempo - Unipolar.* Sentía que la etiqueta me la habían estampado con un golpe seco. El psiquiatra de Sierra Tucson me recetó un nuevo medicamento antidepresivo y otro para la ansiedad, pero estos medicamentos sólo entorpecían mis sentidos, haciéndome sentir "flácida" y confundida, en lugar de sólo "flácida".

Los días pasaban lentamente en Sierra Tucson. Entre los horarios de comidas, la terapia individual y la terapia de grupo, teníamos otras clases de rehabilitación. Los presentadores promovían el programa de los doce pasos y la entrega de nuestro destino a un Poder Superior. Escribí cartas de duelo por la muerte prematura de mi padre, por mi inocencia arrebatada por un pervertido médico militar y por mi identidad perdida.

Un consejero me pidió que me dibujara en la época en la que yo era realmente feliz. Me dibujé como una niña, sola, caminando por la nieve. Cuando el marcador delineó mi "figura de palo", sentí una ola de bienestar, de comodidad, de satisfacción, un estado del cual me había olvidado. Me quedé en la sala, temiendo que una vez que hubiera salido de mi cuerpo, la sensación se desvanecería. Mi clase salió y entró un grupo nuevo. Estaba atrasada para mi próxima clase, así que puse el dibujo en mi carpeta. Salí del cuarto y una vez más guardé esa sensación de plenitud en un archivo oscuro de mi materia gris.

Todos los días transcurrían así: clases, crítica y repaso de los doce pasos, terapia de grupo, terapia individual, charlas privadas, paseos privados y comidas. El contacto con la familia era limitado; se imprimían los e-mails y se entregaban faxes, las llamadas telefónicas sólo se permitían en momentos determinados. La segunda semana, Mauricio me invitó a una ceremonia de oración al atardecer que él y algunos otros, en su mayoría hombres, hacían todas las noches.

Manuscrita y varias veces copiada, la ceremonia se derivaba de una tradición de los indios nativos norteamericanos. Cuando el sol descendía sobre la montaña, formábamos un círculo y mirábamos hacia el oeste. Dábamos gracias al Padre Cielo y a la Madre Tierra por la lluvia, los ríos y los océanos, por nuestro lugar en el mundo, por ser una pequeña parte de algo mucho mayor. Cuando terminábamos nuestra oración hacia el oeste, concluíamos con *Ah-Ho a todas mis relaciones*. A continuación, mirábamos hacia el norte y orábamos pidiendo protección. *Ah-Ho a todas mis relaciones*. Nos volvíamos hacia el este y pedíamos un renacer. *Ah-Ho a todas mis relaciones*. Girábamos al sur y pedíamos el poder de sanarnos a nosotros mismos. *Ah-Ho a todas mis relaciones*.

Finalmente mirábamos nuestra propia sombra, esa parte de nosotros mismos que escondemos de los demás, que rechazamos como si no fuese nuestra. Pedíamos valor para revelar nuestra sombra y amar a todo nuestro ser. *Porque bajo mi sombra yace gran parte de mi tesoro. Ah-Ho a todas mis relaciones*.

Las palabras se sentían misteriosas, pero fundamentales; extrañas, pero mías.

Volví a mi habitación en un estado meditativo. Me esperaba el correo: un fax de mi madre o un correo electrónico de Ken; las palabras escritas precisas en la página. Los leí, sabiendo que sus palabras fluían del este, de Dallas, de Virginia. *Ah-Ho*, no me sentí renacida.

Me amaban, yo los amaba a ellos y, sin embargo, me sentía distante, separada. Me imaginaba sus caras cuando finalmente comprendieran lo que yo entendía como mi verdad. Mi sombra era yo, todo mi ser. Todo lo demás se desprendía de la ilusión que alguna vez había creado: el espejismo en el cual ellos aún preferían creer.

En la terapia del grupo principal, pasábamos la mayor parte del nuestro tiempo preparándonos para la Semana de la Familia, donde cada uno de nosotros tendría un enfrentamiento con miembros importantes de nuestra familia. Mientras la Semana de la Familia se acercaba, Mitch pensó que yo debería hacer un ensayo general para ayudarme a preparar la sesión con Ken. Yo miré la silla vacía frente a mí. Los miembros de mi grupo me rodearon y me susurraron palabras de apoyo.

—Muy bien, Julie, habla con la silla —Mitch golpeó la parte trasera de la silla vacía—. Dile a Ken lo que sientes.

—Ken, realmente me dolió cuando dijiste...

—No, vamos, Julie —Mitch se levantó de un salto—. Hay que separar a la persona de la acción. Dile a Ken: "Cuando tú dijiste esto, yo sentí..." Tú eliges sentir algo, nadie te puede hacer sentir.

La semántica siempre encendía un pequeño fuego en mi cerebro. Toda esa palabrería de *cuando hiciste... yo sentí* me irritaba. Incluso en mi estado unipolar mi mandíbula se cerraba.

—Está bien —carraspeé—. Ken, cuando reemplazaste mi camioneta Explorer por la Escalade nueva, me sentí enojada—. Me acordé de cuando él dejó caer la llave en la piedra caliza, el sonido de "obrera de cuello azul" mientras las palabras se cocían al sol.

Un par de hombres del grupo intercambiaron miradas como si yo hubiera perdido la razón en mi mente unipolar. Quinlan R., incapaz de contenerse, espetó:

—¿Y cuál es el problema?

—Ken no me preguntó —parpadeé para recuperar el enfoque.

—¡Por el amor de Dios, mujer! —el acento británico de Quinlan hacía que mi objeción pareciera aún más ridícula—. ¡El pobre hombre estaba tratando de sorprenderte!

—No, él quería cambiarme —miré mis pies, las correas de mis sandalias Teva—. Yo sabía que mi explicación parecía una locura, pero así es como me sentía. No podía traducir el sentimiento en palabras adecuadas.

—Él quería "subirme de categoría".

—¿Qué? —Los músculos del cuello se le tensaron a Quinlan, un fisicoculturista cuya nariz, torcida hacia la derecha, indicaba que a menudo había utilizado sus puños para sostener un argumento y que había perdido más de una vez.

—La camioneta Explorer era demasiado de obrera… Para Ken, yo tenía que combinar con…

—¿Qué diablos? —Las cejas negras de Quinlan se le juntaron en la frente. Su voz llegó a un tono que no le habíamos conocido aun después de tres semanas de terapia.

—…la casa.

Quinlan resopló con disgusto, se cruzó de brazos y se encorvó en la silla.

—Quinlan, yo no encajo en mi vida. Avergüenzo a mi esposo y a mis hijos, soy como la pieza de un rompecabezas metida en el hueco equivocado.

—¿Y por eso te vas a suicidar? Devuelve el maldito auto.

—Es más que eso —murmuré—.

Mi problema era mucho más que eso, pero ¿cómo se pueden resumir diez años de compromisos en un par de frases? No sentía mi vida como mía. Seguí:

—Mi cerebro se ha quedado atascado. Veo a los vagabundos sin casa. Yo soy como ellos. Estoy segura de que si no tuviera dinero estaría mendigando en una esquina. Ya no puedo pensar más. . . quiero que mi vida se acabe.

Lo miré con los ojos secos. Las lágrimas habían dejado de caer meses antes. Mi depresión me adormecía. Podía ver todo, pero no podía tocar ni sentir nada.

Quinlan suspiró:

—Es patético.

—Tienes razón —le dije.

Mitch vaciló, tratando de determinar si se trataba de un momento importante en mi recuperación.

—Por Dios, Julie —gruñó Quinlan—. Si te sentías así, ¿por qué no te drogaste?

Mi madre llegó primero a la Semana de la Familia. Yo temía encontrarme con ella. ¿Qué excusa podría darle a mi madre por mi intento de suicidio? ¿Qué podría ser tan terrible para mí que justificara el herirme a mí misma con un cuchillo? Mamá ya se sentía muy culpable, la tarea parecía redundante.

Cuando la vi, ella tenía lágrimas en los ojos, pero balbuceó un chiste como un débil intento para hacernos sentir mejor a ambas.

Mi sesión continuó con Ken. Nos sentamos frente a frente. Yo empecé.

—Cuando te llevaste mi camioneta Explorer y compraste la Escalade nueva, me sentí como si estuvieras tratando de borrarme, de transformarme en algo que sólo tú querías.

Él bajó la mirada. Cuando nuestros ojos se encontraron de nuevo, murmuró:

—Yo te amaba, te quería.

Me sentí distraída. Me puse a pensar en por qué me había casado con él. Me encantaba la forma en que me acariciaba. Me hacía reír. Me encantaba cómo trabajaba su mente. Él me quería con una pasión que nadie más me hacía sentir.

Ken articuló su defensa:

—Cuando te encontré con un cuchillo en la mano, me sentí traicionado —contra-argumentó—. Cuando te dejé en Zale Lipshy, sentí miedo—. Diez puntos más para Ken—. Cuando pienso en nuestros hijos sin madre, me da tristeza.

Fin del juego. Ken había ganado. ¿Cómo podría yo justificar mis acciones?

Ken identifica fallas y les encuentra solución con una rapidez inquietante. Mi depresión se presentó como el primer obstáculo que él no pudo vencer. Por lo general Ken analiza un problema y descubre la forma de solucionarlo al instante. Su claridad es a menudo humillante. Me encanta ver cómo giran los engranes en su cerebro y hacen surgir la solución, años luz antes que cualquier otra persona. No me gusta cuando él resuelve mis problemas, descifra mi vida antes de que yo pueda hacerlo. *Cuando tú sabes siempre la respuesta antes que yo, me siento estúpida, inferior.* ¿Por qué no era lo suficientemente valiente como para decírselo?

Ken es pragmático y cerebral. A él se le dificulta apreciar los atributos intangibles y, lamentablemente, esos atributos intangibles son parte de mis mejores cualidades. El problema era que yo misma no podía precisar cuáles eran esas cualidades. Las sentía en mis entrañas, ellas me susurraban al oído. Sin embargo, ni siquiera yo estaba segura de que mis fortalezas en realidad fueran mías o que fueran simplemente energía canalizada. Por desgracia, estos atributos intangibles, mis mejores cualidades, no tienen cabida en ningún currículum.

Quinlan sacudió la mano derecha de Ken mientras le palmeaba el hombro.

—Cuídala, hombre —Quinlan le echó a Ken una mirada firme, de hombre a hombre. En este corto encuentro de silla a silla, Ken se ganó el afecto de todos.

Esa última semana en Sierra Tucson, me obligué a portarme bien. Declaré que el antidepresivo me había hecho efecto y que mis ataques de pánico habían disminuido. Toda mi energía se centró en aparentar un buen estado de salud, en un lugar sin presiones diarias y con un terapeuta en cada esquina. Yo sabía que afuera no podía sostener los hilos de mi existencia con esa fuerza, pero me urgía salir de ahí.

En una ceremonia iluminada por las estrellas, con el resto de los graduados, arrojé piedras a una hoguera. Ellos les ponían a sus piedras nombres como Jack Daniels, Klonopin, Frenesí Consumista, Heroína y Cocaína. Fue difícil nombrar las mías, pero finalmente me decidí por tres: Miedo, Pánico y Desesperanza. Las piedras echaban chispas al chocar cuando las arrojábamos al fuego.

Después de la ceremonia, caminé de regreso sola en la oscuridad. La luna llena iluminaba el camino, proyectando sombras de las rocas y de los cactus. Me di cuenta de que Doreen, Mary y Sandra estaban sentadas fuera, alrededor de una mesa de hierro forjado, más serias que de costumbre. Todas nos iríamos al día siguiente. Pese a las promesas de mantener contacto, todo el mundo sabía que nunca estaríamos más cerca que en ese momento.

A la mañana siguiente, me despedí de todos y fui, de uno a otro, pidiéndoles que firmaran mi libro de *Recordatorios amables*. Todos hicimos lo mismo, firmamos con nuestro nombre y escribimos nuestros datos de contacto. Nos comportamos como estudiantes de último año de secundaria, tratando de capturar una línea de pensamiento profético en el anuario de nuestro mejor amigo.

Janice y yo empacamos nuestras maletas juntas y estuvimos abrazadas por un largo rato antes de dejar nuestra habitación. Se apartó de mí y puso sus manos sobre mis hombros.

—Un paso a la vez.

Necesitaba un poco de tiempo para pensar antes de que llegara Ken. Deambulé por un camino de tierra que llevaba hasta una pequeña colina, lejos de los edificios. Desde ese punto, podía ver las montañas en la distancia, escarpadas e inhóspitas. En la amplia extensión de desierto tendido ante mí, el viento soplaba haciendo que la arena volara formando un túnel, que giraba, y luego se dispersaba antes de volver a tomar impulso. La brisa rozaba mi cara.

Alguien apareció a mi lado.

—Juuuulie —murmuró Mauricio—. Hermoso, ¿no?

Asentí con la cabeza.

Mauricio se volvió hacia el oeste, hacia las montañas, respiró hondo y exhaló.

*Ah-Ho a todas mis relaciones.*

—Ven aquí —puso su brazo alrededor de mi cintura y me guió hacia el camino—. Ken está aquí. Es hora de ir a casa.

## 22

# Hilos que nos conectan

—Te pones los patines, te das una vuelta y cantas *Feliz cumpleaños* —Ken me hizo entrar en el coche—. ¿Qué tan difícil puede ser?

Ken había planeado la fiesta de cumpleaños de Andrew en la pista de patinaje Thunderbird, dos días después de mi regreso a Dallas.

La pista de patinaje era oscura y ruidosa. Mis oídos se llenaban con el murmullo de las conversaciones de los padres, el ruido metálico de los patines que golpeaban el suelo, y el golpeteo de una máquina de *pinball*. Una ráfaga de olor a palomitas de maíz recién hechas se robó el último espacio de aire respirable. Yo no podía ver nada. El pánico me aumentaba en el pecho. Mis ojos se acostumbraron a la oscuridad, después de haber estado expuestos al sol de media tarde.

Becka me sujetó de la mano y tiró de mí hacia la banca. Le puse las agujetas a sus patines; después a los míos, cabeza abajo, ocupándome más tiempo que lo que requería esa tarea. Yo no quería ver a nadie. No quería explicar mi desaparición durante un mes.

Andrew, con los tobillos medio doblados hacia adentro, patinaba por el borde de la pista con sus amigos. Sus ojos se dirigieron hacia a mí una sola vez. Andrew había estado distante desde mi regreso.

Becka me vio e insistió en que yo fuera la misma mamá que ella había conocido siempre. A los cinco años, ella necesitaba ayuda y la pedía. "Ayúdame a amarrar mis zapatos." "Dame algo de comer". "Tráeme un vaso con agua, por favor." Ella no se daba cuenta de cómo me tambaleaba en los patines. Me sostuvo de la mano ¡a mí!, la niña que había patinado en cada acera del barrio y a la que le encantaban los baches de la calle cuando era pequeña. Tomé su delicada mano con la mía y me esforcé por mantener el equilibrio.

Salimos hacia Santa Fe inmediatamente después de la fiesta. Había ido de un intento de suicidio, a un pabellón cerrado bajo llave, a un centro de rehabilitación, a un lugar sin consejeros o supervisión psiquiátrica, ni amigos para apoyarme. Muchas de las mujeres de Shabat se opusieron, pero no pudieron disuadir a Ken de su plan.

Cuando llegamos a Santa Fe, me subí a la azotea. Yo esperaba que el cielo pudiera volver a proporcionarme algún consuelo a través del paisaje. Las montañas de Sangre de Cristo abarcaban la vista hacia el norte, la ciudad de Santa Fe y la Sierra Sandía se extendían al sureste, y las montañas de Jemez al oeste. Surgió de mis labios la oración que aprendí en Sierra Tucson "Ah-Ho a todas mis relaciones." Esperé. No sentí nada. Esperé más. Nada.

Aislada de mi comunidad, de mi familia, de mi esposo y mis hijos, de Dios, me sentía adormecida. La depresión embota los nervios; divide la "Santísima Trinidad" de cuerpo, mente y espíritu en tres partes menores y separadas entre sí. Sin depresión, sé que las cosas son tal y como son, aun cuando son intangibles. Con depresión, me fracciono. Mi mente y mi cuerpo conspiran entre sí mientras mi espíritu, mi timón, se deshace en astillas.

En mi primera semana en Santa Fe, me di a mí misma mi propio título profesional en psiquiatría, "destetándome" de un medicamento y bajando el otro a la mitad. Mi plan carecía de toda justificación científica. No consulté con mi psiquiatra porque temía que se negara a cooperar.

Me comprometí a tener sólo pensamientos positivos. Con un diario de gratitud en la mano, hice una lista diaria de cinco cosas por las cuales estaba agradecida. *Qué demonios, si a Oprah le funcionó.* Di gracias a Dios y me ofrecí a mí misma, en forma gratuita, como su sirviente.

Tres días más tarde, subí a la cima de un pico con la idea de lanzarme por el borde.

Por primera vez en mi vida, los detalles fueron importantes. Conseguí una niñera. Hice una cita con Ken y unos amigos esa noche de manera que Ken no sospechara nada. Escribí en mi diario que tenía ganas de hacer una larga caminata unos días más tarde, el jueves, sola. Era mentira. Para el jueves, pensaba, yo estaría muerta.

Tenía la esperanza de que mis hijos pudieran encontrar esta nota en mi diario y de alguna manera probar que mi caída suicida había sido un accidente. María, una niñera que había contratado a través de una agencia local, cuidaría a mis dos hijos. A pesar de que sólo había conocido a María esa tarde, pensaba que ella era un alma caritativa y que consolaría a mis hijos cuando encontraran el cuerpo. Me subí al coche, salí de la cochera y me dirigí hacia la estación de esquí.

Raven Ridge parecía un buen lugar para morir, un sendero con un acantilado con vista al Santa Fe Baldy, otro pico que se encontraba a unos ocho kilómetros al noreste. Cuatro años antes, yo había caminado por Raven Ridge, siguiendo los pasos decididos de Andrew que quería tocar la nieve en junio. Becka les decía "pájaro" a las urracas grises que nos seguían. Encaramada en su *back pack* de bebé, se asomaba por encima de mis hombros. En esa caminata, con dos niños menores de tres años de edad, ansiaba la libertad. Mirando desde ese acantilado, con mis hijos a cuestas, me sentí libre, por un momento. El paisaje me daba un respiro de los pañales, de las fechas de los partidos y de las tediosas órdenes padres-hijos.

En junio del verano que intenté suicidarme, volví a Raven's Ridge en busca de una especie de libertad diferente. El camino comenzaba como lo recordaba: pinos, flores silvestres y muchas vueltas zigzagueantes. Me dolían los muslos. Por fin, apareció el acantilado.

Me había imaginado mi salto suicida como la zambullida de un cisne. Por un instante, estaría suspendida en el aire, sintiendo pasar el viento a través de mis dedos, desafiando la gravedad, como mi papá haciendo un salto desde lo alto del trampolín de la piscina pública, cuando se encontraba en plena condición física. Papá siempre daba tres pasos, levantaba la rodilla derecha, saltaba, y luego planeaba con los brazos extendidos. Volaba por el aire y luego entraba el agua con un limpio chapoteo.

Mi zambullida terminaría de otra manera, la gravedad me obligaría a ir hacia abajo, el granito pulverizaría mi cráneo y trituraría mis huesos en el momento del impacto. Cuando miré hacia abajo desde el acantilado, supe que la caída no iba a funcionar. Existía la posibilidad de que me quedara atorada en un árbol o en una saliente de la roca, que sólo cayera seis metros, me rompiera la médula espinal y quedara paralizada. Qué desastre.

Disgustada, escudriñé el horizonte. El pico verde oscuro del Santa Fe Baldy tenía un fino ribete de nubes blancas. El paisaje me obligó a detenerme. Unas gotas diminutas caían, desde el borde de la gorra de béisbol, a la parte posterior de mi cuello. Me estremecí. La lluvia goteaba desde las agujas de pino, corría por mis botas y por el acantilado, hacia la corriente que se encontraba más abajo. La gorra me mantenía la cara seca.

El debate comenzó en mi cabeza. ¿Estás segura de esto?

Hasta este momento, yo había dejado de responder a estas preguntas.

*Bueno, vamos a decir que hay muchas posibilidades de que no haya otra vida. Supongamos que sólo te mueres. ¿Quieres yacer en ese terreno y no sentir nada, no ver nada? ¿Perderte de esto? ¿Para siempre?*

Miré al Santa Fe Baldy y sentí que me devolvía la mirada. Las nubes se arremolinaban, las gotas de lluvia caían con más fuerza. Nunca había subido ese pico. Me preguntaba qué vería desde allí. "Vuelve", parecía susurrar Baldy. "Estás equivocada. No es tu momento."

Dando un paso atrás desde el acantilado, me volví y abandoné corriendo la colina. El agua chorreaba y el lodo salpicaba. Las hojas húmedas se deslizaban y liberaban un olor a humedad de tierra removida cuando mis pies tocaban el suelo. Ya era tarde para la cena, me preocupaba que Ken pudiera sospechar algo. Aparté una rama de mi camino, me bajé la gorra y corrí más fuerte. *Él me va a mandar lejos de nuevo.* La idea de pasar otra temporada en un manicomio espoleaba mi paso.

Me subí al auto y aceleré hacia abajo por el camino resbaladizo. Las ruedas se deslizaban en las curvas cerradas. Cuando abrí la puerta del coche en el garaje, una botella de agua cayó al bajarme. María se quedó boquiabierta cuando pasé corriendo a su lado. Me arranqué la ropa, me metí en la ducha, aceleré hasta el restaurante, con treinta minutos de retraso. Yo nunca llegaba tarde. Sin aliento, le dije a Ken y a la otra pareja, entre disculpas, que había dado vuelta hacia el lado incorrecto en el camino y me había perdido. Ellos asintieron y aceptaron mis mentiras sin cuestionar. Luego oí una voz muy parecida a la mía recomendando la entrada de atún de aleta amarilla.

Así de simple. Como si nada hubiera pasado.

Unos días después de que yo hubiera clavado la mirada hacia el abismo desde borde del acantilado, le conté a Ken sobre mi caminata en el monte.

Me miró derrotado. Mis mentiras lo confundían, lo herían y lo dejaban en un estado de alerta constante. Ya no podía determinar si lo que parecía ser progreso era realmente progreso.

Después de la ida a la montaña, decidí que ya no mentiría al escribir en mi diario. Mis anotaciones muestran mi desesperación.

Dios, yo no sé si estás allí… Por favor, guíame y ayúdame a ver las lecciones que tengo que aprender de todo esto. En este momento me siento cansada y lucho cada hora contra un deseo abrumador de suicidarme.

Mi mamá y mi hermana Eileen entendían en parte lo que yo sentía, pero nunca la historia completa. Yo no quería envenenarlas. Sentía mi depresión como un cáncer contagioso o como lepra mental. Veía en los demás cómo perdían energía cuando me hablaban, con ganas de ayudar, pero sin saber cómo. Mis amigos y mi familia querían que yo viviera, por lo menos al principio de ese verano. En agosto, no querían que yo muriera, pero su impaciencia se notaba. Incluso los más devotos miembros de la familia y los amigos más cercanos se tapaban los ojos. La luz roja de alerta de suicidio se encendía todos los días, a cada hora, a cada segundo. Estaban cansados.

La depresión desgasta, incluso al amor más profundo, hasta hacerlo un hilo fino. Las visitas, las charlas y las llamadas telefónicas deben haber parecido inútiles cuando yo respondía inexpresivamente con las mismas palabras. Mis amigos y familia no entendían, pero ayudaban. La interferencia ayudaba. Esos hilos de conexión, aunque estuvieran desgastados, me distraían. Me hacían ganar tiempo.

Para llevar a cabo un suicidio se requiere soledad, una desconexión final. No podía matarme si sonaba el teléfono con una llamada de mamá o de Eileen, de Miriam, de Kate o de Tara; o cuando leía una carta de mi hermano Patrick, o cuando mi hermano Teddy me envió su desgastada copia personal, de *Hacia la paz interior*, el libro de Thich Nhat Hanh. Teddy me escribió un mensaje en la cubierta interior del libro: "A mi hermana, que me enseñó la alegría de la poesía. Que cada día sea un poema."

Encontré que el concepto de Hanh sobre "El diente de león tiene mi sonrisa" era un significado difícil de asimilar mientras yo buscaba cuchillos, acantilados, cuerdas o Clorox para mi muerte; pero yo sabía que Teddy amaba ese libro. Me dio su única copia. Su pequeño gesto me obligó a hacer una pausa.

Esos hilos de conexión me hacían darme cuenta del impacto que mi muerte tendría en la gente que amaba.

*No, no puedo suicidarme hoy porque mi hermana Eileen llegará a Santa Fe en dos semanas y nunca ha estado en Santa Fe.* Mi hermana es una artista, y yo sabía que le encantaría Santa Fe tanto como a mí. Yo no quería que mi muerte manchara su buena impresión de la ciudad. Ese pensamiento me detenía, no la idea de que Eileen pudiera quedar traumatizada por mi muerte.

Cuando Cameron, el hijo de dieciséis años de edad de Eileen, vino a visitarnos por una semana, pensé: *No, no puedo suicidarme mientras Cameron esté aquí.* Eso podría provocarle a Cameron una herida de por vida, y para Eileen sería un fuerte golpe.

Mi amiga Kristi nos visitó la última semana que estuvimos en Santa Fe. Yo pensaba con mayor claridad junto a ella. *No puedo hacerle esto a Kristi.* Ella y yo tenemos una amistad de más de veinte años. Ella me inspira. Sospecho que, hasta ese verano en que intenté quitarme la vida, Kristi me veía como su roca de apoyo. Nuestra amistad era un hilo fuerte.

En el estante de mi oficina, tengo una piedra pintada que Kristi me dio ese verano. Kristi nos visitaba todos los veranos en Santa Fe, y cada verano nos presentaba un nuevo proyecto artístico en el que los niños y yo participábamos. Ese verano suicida, pintamos piedras.

Kristi recogió una piedra plana de color marrón para que yo la pintara. Por un lado, ella pintó una espiral con las palabras Julie-toda nube... En el otro lado, percibí una delgada y brillante línea de plata alrededor de una nube. Sin palabras, Kristi me dejó terminar el pensamiento *tiene un borde de plata*: *Toda nube negra tiene un borde de plata.*

Mi nube, esa nube ineludible que bloqueó mi visión por casi todo un año. Yo había saltado de Dallas a Tucson y a Santa Fe, y mi depresión me había seguido, inmutable. Cuando regresé a Dallas en agosto, mi depresión esperaba el momento oportuno para entrar en acción. Nadie podía protegerme de mí misma veinticuatro horas al día para siempre. Al regreso de Santa Fe ese verano, amontonamos nuestro equipaje en el techo de la Escalade, lo protegimos con una lona y lo aseguramos con una cuerda.

No había encontrado mi cura milagrosa.

Cuando salimos de Santa Fe, no miré hacia atrás como solía hacerlo, para ver las montañas hacerse pequeñas, hasta desaparecer en el desierto.

No pude. Nunca pensé que alguna vez volvería.

# 23

# En retrospectiva

*P*ara cuando llegamos a la frontera de Texas, Ken ya había arreglado el vuelo de mamá a Dallas.

—He hecho todo lo que he podido —susurró por teléfono—. Ya no aguanto más.

Yo no quería que mamá viniera. Debido a que ella nunca había aceptado el concepto de dejar algo sin decir, esta visita no sería conciliadora. Temía que me mirara fijamente a través de sus gafas —ésas que agrandaban sus profundos ojos azules— e hiciera un resumen de mi vida.

Tres días más tarde, después de que Ken se fue a trabajar, mientras mamá dormía en la habitación de huéspedes y mis hijos se encontraban en sus camas, conduje mi camioneta Escalade color vino al garaje. Con la puerta del garaje cerrada, dejé el motor de mi camioneta en marcha.

Incluso ahora, no puedo creer que fui capaz de mirar a mi madre a los ojos cuando había planeado suicidarme al día siguiente. Pero lo hice. Secretamente yo esperaba que ella se diera cuenta de algo malo y me pusiera en mi lugar. Dios sabe que ella había leído mi mente en ocasiones anteriores. A veces ella sólo necesitaba que yo dijera "Hola" al contestar el teléfono. Por lo general, hacía las preguntas adecuadas, sugería unas cuantas respuestas, y luego hablaba largo y tendido sobre las consecuencias de mis acciones, como lo haría cualquier buen psicólogo.

Pero no ese verano.

Ese verano, yo hice la pregunta, no ella. Le preguntaba todas las mañanas. ¿Vale la pena vivir *mi vida?* Sentía la pregunta como un grito en el cerebro, pero mamá suponía que yo sabía la respuesta a esa pregunta.

Sí. Sí, la vida vale la pena vivirla.

Ella no podía imaginarse otra respuesta, pero yo sí. Mamá miraba más allá de mí, a través mío, incapaz de reconocerme. Esta persona asustada, tartamuda en la que me había convertido no podía ser su hija. La niña que ella conocía tenía agallas y, establecía sus propias reglas. ¿Cómo podía una persona que vivía una vida sin límites ver la muerte como su única alternativa?

Yo no pensaba en las consecuencias del suicidio. Una pequeña muerte que cae como una gota en un estanque y donde todas son llevadas por las ondas a un nuevo lugar. He aprendido mucho de esas ondas desde que intenté morir por suicidio y no lo logré.

Una amiga mía, una mujer despampanante como una artista —una de esas mujeres que luce siempre a la moda y con estilo, pero que no reniega de su edad—, me dijo entre lágrimas que su padre se había suicidado cuando ella tenía tres años. Tres años de edad. Ni siquiera lo conoció. Aun así, treinta y cinco años después de su muerte, el recuerdo le curvaba hacia abajo las comisuras de su boca.

*Le teme a la semilla suicida. ¿Caerá en la tentación? ¿Podrá ver las señales de advertencia?* Traté de consolarla, de tranquilizarla, mientras mi propia culpa me destrozaba por dentro. Ella podría haber sido mi hija, atormentada durante más de tres décadas por un fatal error mío.

Esa mañana de agosto, yo no pensaba en las ondas en el agua. Yo era más bien una piedra que quería el confort del fondo del estanque. *Déjenme caer en silencio. Dejen que la caída se detenga. Déjenme descansar.*

Cuando el garaje no funcionó, cuando una jugarreta de la arquitectura me salvó, les dije sobre mi intento de suicidio. Le dije a Margaret, a mamá, a Ken, a todos ellos. No estoy segura por qué. Tal vez pensé que nunca llegaría al fondo del estanque. Tal vez parte de mí no quería creer en la analogía de la piedra. Tal vez me di cuenta de que en el fondo del estanque sólo hay lodo, un fango espeso que te ahoga. El dolor sobrevive en una forma nueva.

Después de mi mañana en el garaje, comenzó el proceso de mi recuperación. El Dr. Galen sugirió la TEC y casi un mes más tarde, me sometí al primer tratamiento. Las semanas antes de que me sometiera a la TEC son borrosas, éste es un efecto secundario común. Un recuerdo, sin embargo, se mantuvo vívido: nuestra fiesta anual de verano.

Analizándolo retrospectivamente, el organizar esa fiesta parece haber sido un acto de desesperación. La obstinación de Ken de mantener su vida en orden. ¿Estaba equivocado o esto era algo positivo?

Cada mes de agosto, desde hacía once años hasta ese momento, hacíamos una fiesta de verano. A través de los años, la fiesta fue creciendo desde unos pocos adultos en traje de baño hasta un carnaval en toda forma con estación de bebidas, masajistas, máquina para hacer helados y un mago para entretener a los niños. Esa vez esperábamos al menos 250 invitados. Por lo general me gustaba el comienzo y el final de la fiesta, pero el espacio entremedio me abrumaba. Demasiada gente, demasiadas conversaciones superficiales; simplemente ese tipo de fiestas no eran mi estilo.

A Ken le encantan las grandes fiestas, al igual que a mis hijos. Cuanto más grande fuera el evento y más escandalosos los juegos, mejor. He participado todos los años porque me da gusto su alegría. Así que una vez al año, me obligaba a ser una buena anfitriona, a pesar de mi malestar. El deleite en los ojos de Ken, el pavoneo de Andrew y la sonrisa de Becka, superaban con creces mi malestar. Además, la fiesta era sólo de un día; por lo general duraba once horas, pero sólo un día al año.

El mes de agosto de mi verano suicida, once horas parecían una eternidad. Tenía miedo de las preguntas, de las miradas y de los rumores sobre mi estado mental. Mientras se acercaba el día, sentía que mi aprehensión crecía. Me entrenaba a mí misma con el espíritu de "La pequeña locomotora que sí pudo", ese tesonero personaje de las historias infantiles. Y, así, yo pensaba: *Creo que puedo. Yo creo que puedo.* No quería que mi familia se sintiera decepcionada.

Ese año, Ken llenó las enormes hieleras con determinación diferente: una tarea que tenía un principio, un medio y un final, algo que él podría lograr. Unos empleados entraron rodando el Dunk Tank, el tanque acuático de tiro al blanco. Andrew y Becka saltaban y corrían, dando vueltas alrededor del gran Dunk Tank mientras se llenaba. Eddie Deen instaló la parrilla: pollo, costillas, elotes en mazorca y esponjosos panecillos blancos que la mayoría de los años yo sumergía hasta el fondo de la salsa.

Recipiente tras recipiente de comida fueron descargados, el olor penetrante era inevitable. Me di la vuelta, no lo podía aguantar. *Demasiada comida. ¿Por qué necesitamos todo eso?* Ken descargó la última bolsa de hielo, sonrió y me saludó con la mano. Yo lo miré, le devolví el saludo y me dirigí a la casa.

La fiesta comenzaba a las 11:00 de la mañana. Media hora antes, sonó el teléfono.

—Julie, soy Rox, ¿perdiste la cabeza?

—¿Qué?

—Vas a hacer la fiesta, en tu estado, ¿estás loca?

—Bueno…

—¡Jodidamente increíble!

Nos quedamos en silencio el tiempo suficiente como para que Roxanne me preguntara si yo todavía estaba allí. Traté de explicarle, pero Roxanne no entendía mis razones. Ella estaba enojada con Ken por haber insistido en la fiesta, furiosa conmigo por no haberme protegido a mí misma. Me pidió que me fuera a su casa o a cualquier otro lugar donde pudiera buscar refugio emocional. Me negué.

Media hora después de la llamada de Roxanne, los huéspedes se escabullían hacia nuestro patio. Me quedé cerca de la casa, para poder esconderme adentro si la conversación se ponía demasiado incómoda. Otra familia apareció en nuestro patio trasero y luego otra, y otra más. Pronto el ruido de las conversaciones ahogó la música.

Andrew y Becka convencieron a Ken para que fuera la primera víctima del Dunk Tank. Ken se subió al banco de madera que flotaba sobre el agua. Un adolescente lanzó la pelota con furia juvenil, pero sin dirección. La bola pasó rozando el blanco.

Ken se burló del chico y de la chica que se encontraba a su lado en la fila.

—¡Vamos! ¿Eso es lo mejor que puedes hacer?

La chica en la fila lanzó y le pegó al borde del blanco, pero el asiento no se movió.

—Casi, casi —dijo riendo Ken—, pero no lo suficiente. ¿Alguno de ustedes es lo suficientemente fuerte como para echarme al agua?

Atraída por esta escena, bajé por el patio de mi oficina, hacia el pasto. Formada en la fila, Becka saltaba: arriba y abajo, lista para lanzar el tiro ganador.

Sentí una mano sobre mi hombro desnudo. Shelly, la esposa de uno de los empleados de Ken. Jovial, rubia y algo regordeta. Su sombrero de paja blanco se inclinaba sobre su ojo derecho.

—¡Julie! Me alegro de verte. ¡Vaya, has perdido un montón de peso! ¿Cómo lo haces? ¿ La dieta del Dr. Atkins? Ya sabes, intenté Atkins una vez y perdí diez kilos, pero los recuperé casi al mismo tiempo. ¿Cuál es tu secreto?, tienes que decirme.

—Ah… —me sentí plana, una versión de cartón de mí misma de tamaño real.

Al otro lado del césped, vi a Becka alejarse a tres metros del blanco para lanzar la pelota con todas sus fuerzas. La cabeza de Ken desapareció en el tanque. Salió empapado.

—Oh, vamos. Quedará entre nosotras —Shelley se encogió de hombros como preparándose para oír mi secreto instantáneo para bajar de peso.

—No estoy realmente intentando. . .

Los niños se peleaban en la fila para tener la oportunidad de zambullir al señor Hersh en el Dunk Tank.

—¡Oh, sí, seguro! Shelly me palmeó el brazo, ya adivinando la respuesta a la pregunta que ella me había hecho—. Eres una de esas corredoras locas, probablemente estés entrenándote para un maratón. Eso es, ¿no es así? Apuesto a que eso es lo que hiciste.

Asentí con la cabeza y ella siguió hablando. Yo asentía con la cabeza, tratando de mezclarme en su plática, pero sólo le sonreía a su conversación unilateral. *Cuanto menos diga, mejor.* Sé aburrida. Sé mediocre. "La mediocridad es el mejor camuflaje. . ." Leí eso alguna vez, en *El poder de uno*.

—Bueno —suspiró Shelly; se quitó el sombrero y se enjugó la frente—. Me importa un comino cómo se vean mis muslos. Me voy a meter a la piscina.

En menos de media hora, la fiesta había aumentado de pocas familias a más de un centenar de personas. Cuerpos medio desnudos de todas las formas y tamaños lanzados a nuestro jardín. La gente merodeaba por las mesas, con costillas de puerco en sus platos, con manchas de salsa roja en labios y mejillas, en los dedos y en las servilletas usadas. Las abejas pasaban zumbando sobre latas de refrescos medio vacías.

Desde lejos veía yo a las familias que se encontraban a los lados de la alberca, reacia a acercarme demasiado. Brazos y piernas desnudos daban paso a más brazos y piernas desnudas y sudorosas. Ken se encontraba en medio de la multitud, agitando los brazos, sumido en la emoción de una historia que él había creado. Al llegar a la fase culminante de su historia, todos se rieron y le pidieron que continuara.

Roxanne apareció a mi lado. Sus ojos se llenaron de lágrimas cuando me vio y ahuyentó a sus hijos para que siguieran a su padre.

—Gran fiesta, ¿eh? ¿No pudiste irte?

Me sentí muy fina, delgada, como papel de China, casi invisible. Volteé hacia la casa.

—¿Quieres que vaya contigo? —Preguntó.

Negué con la cabeza.

—Sólo dile algo a Ken. Dile que me fui a dar un masaje.

—¿Estarás a salvo?

—Sí, te lo aseguro. Sólo necesito estar sola.

Pero no había forma de estar sola. Los masajistas se habían ubicado en nuestra habitación, en la sala de ejercicios y, además, yo podía oír niños en el piso de arriba. Mi oficina era un lugar de paso.

Me encerré en el medio baño de invitados, ubicado al lado de mi oficina. Miré mi reloj. *Son las 3:00 de la tarde. Sólo faltan siete horas.* Me escondí por quince minutos, hasta que alguien llamó a la puerta.

—Un segundo—, dije—. Ya termino.

Cuando salí, un joven salpicó agua a mi lado, todavía estaba mojado con el agua de la piscina. Cerró la puerta de golpe.

Derrotada, me quedé en mi oficina. La multitud pululaba por el patio, el cual se podía ver desde todos los ángulos a través de las ventanas de tres metros de las paredes este y norte de mi oficina. Quería sentirme fuera cuando estaba adentro, le había dicho al arquitecto. Cumplí mi deseo, pero el diseño de mi vida no me dejaba un sitio donde ocultarme, un lugar donde sentirme segura.

Ese mes de agosto lo sentí y todavía lo siento surrealista, incluso ahora, años después. Un intento de suicidio; después, una larga espera para la TEC, todo interrumpido por una fiesta con masajistas terapéuticos, un Dunk Tank y cientos de personas que, o bien no sabían, o fingían que no sabían.

Cuando llegó septiembre, los acontecimientos en el mundo se volvieron tan aterradores como lo que sucedía dentro de mi cabeza. En la mañana del 11 de septiembre, fui a jugar al tenis con un amigo. La noticia de que el primer avión se había estrellado en una de la Torres Gemelas de Nueva York llegó mientras esperaba en un semáforo en rojo. Apagué la radio, no era capaz de escuchar malas noticias.

Durante el primer partido en la cancha de tenis, el marido de mi amiga la llamó y le contó de la segunda torre. Corrimos a su casa. Cuando encendimos las noticias, el Pentágono había sido atacado. Mis pensamientos se movían en cámara lenta. *Mi hermano. Mi hermano Matt trabaja en el Pentágono. Mejor me voy a casa y llamo a mamá.* Después de varias llamadas, por fin hablé con ella. Matt estaba vivo. Nunca dudé de que sobreviviera a la colisión. No sé por qué, pero yo sabía que no estaba muerto.

Matt me dijo que se encontraba, junto con su oficial de mando, en una oficina a un paso de donde el avión había chocado. Incautando un carrito de golf, ayudó a sacar cuerpos de los escombros; hizo todo lo posible por detener los gritos. No podía llegar a las víctimas. Las llamas eran demasiado intensas para él o para cualquiera, como para entrar sin equipo de protección. El vidrio, a prueba de bombas instalado en el Pentágono después del atentado de Oklahoma City, convirtió el Pentágono en un horno impenetrable.

Matt recibió una medalla por su esfuerzo, pero él no consideraba haber hecho nada heroico. Mi hermano vio cuerpos carbonizados, vidas sacrificadas en una especie de guerra, que dejaron en estado de shock incluso a militares veteranos.

—No hubo nada de honor en esto—, dijo Matt meses más tarde, cuando le pedí que les mostrara su medalla a mis hijos—. No estábamos preparados.

Pocos días después del 11 de septiembre, ingresé al pabellón psiquiátrico en Zale Lipshy. Mi confortable vida me había llevado a un pabellón cerrado con llave, mientras que la terrible experiencia sufrida por Matt lo había puesto a prueba, pero a él lo había dejado intacto.

Esto parece extraño. ¿No debería la terrible experiencia de Matt haberle provocado la locura más de lo que me había pasado a mí? ¿Qué me pasó a mí? La vida, la muerte, la riqueza, la pérdida de rumbo, el mal tiempo prolongado?

En casos como ésos, tengo que recordarme a mí misma que la depresión es una enfermedad, un trastorno, una reacción desproporcionada a una situación manejable. Las circunstancias pueden agravar la enfermedad mental, pero no todas las mentes reaccionan de la misma manera. Desde cualquier punto de vista, mi situación en la vida parecía plácida, sin duda nada que pudiera llevar a una persona a intentar el suicidio. Pero realmente traté de matarme. El impulso al suicidio no es lógico y no se puede explicar o curar con cosas que puedan parecer los ingredientes adecuados para una vida perfecta. La depresión es una cuestión de la vida, de la electricidad y la química que aún tenemos que comprender.

Por suerte, me encontré con un rayo de luz que me salvó la vida. La explosión que me permitió pensar diferente. Ken me dice que lo llamé un par de horas después de mi primera sesión de TEC. No recuerdo la llamada, un recuerdo más de aquéllos perdidos en las semanas cercanas a la TEC. Ken se acuerda. Me dice que mi voz sonaba como la mujer que él había conocido.

—Ven a buscarme—, le dije—. Me siento bien.

# 24

# La cumbre Baldy Santa Fe

—Un año cambia todo, ¿verdad?

Me encontraba con Kristi en la curva de Raven's Ridge. Queríamos subir el Santa Fe Baldy, una caminata de cerca de 20 kilómetros.

Kristi asintió con la cabeza. Kristi, al igual que mi padre, concibe sus mejores ideas en silencio.

Un año antes, había llegado a esa misma curva en Raven's Ridge, planeando suicidarme al estilo del salto del ángel. La caminata hacia Raven's Ridge no es parte del camino que lleva al Baldy de Santa Fe.

Continuamos por el lindero hacia la espesura del parque Pecos. Los álamos parecían aplaudir con cada ráfaga de viento. Ya no teníamos necesidad de hablar.

Kristi suspiró. Ambas habíamos estado perdidas en nuestros propios pensamientos.

—¿Recuerdas cómo eras? ¿Te acuerdas de esa discusión?

—¿De cuál?

—Te pregunté: "¿Crees que soy estúpida?" Y me dijiste: "No". Luego yo sostuve: "Si estás tan perdida mentalmente, ¿crees que pasaría tanto tiempo contigo, que te pediría consejo?"

Traté de recordar la conversación, pero no pude. Otro momento perdido gracias a la TEC.

—¿Qué te respondí?

—Me dijiste que yo te compadecía —Kristi se veía afectada, en parte enojada y en parte herida.

Miré hacia abajo del lado izquierdo del camino, una pendiente pronunciada. Los ojos me ardieron. Traté de parpadear de nuevo, pero me brotaron lágrimas.

—Siento haberte hecho eso. Lamento que hayas tenido que pasar por esa experiencia.

Kristi me abrazó, un abrazo torpe, con los brazos alrededor de la mochila, alrededor del tubo y la boquilla de mi depósito para el agua CamelBak. La abracé con fuerza, luego me enjugué las lágrimas.

—Estás viva —dijo—. Eso es lo único que cuenta.

Continuamos por el camino, y llegamos a una pradera, un campo abierto a nuestra derecha. Flores silvestres salpicadas por el césped.

—Estoy tan contenta —le dije—, de dejar atrás la depresión. De que podamos compartir caminatas una vez más.

—Yo también —asintió Kristi—. Yo también—. Kristi metió la mano a la mochila y sacó el mapa. Lo alisó sobre una roca plana—. Parece que estamos a mitad de camino.

Le eché un vistazo a mi reloj.

—¿A mitad de camino? ¿Hablas en serio? Déjame ver esa cosa —le quité el mapa de las manos y seguí el rastro. Tenía razón. Pensé que el viaje iba a durar tres horas menos.

Nuestros teléfonos celulares no funcionaban a esa distancia. No había manera de hacer contacto con nadie para avisar que llegaríamos tarde. Kristi sugirió regresar; pero yo insistí en seguir adelante.

—No vamos a tener esta oportunidad otra vez en años —le dije mientras doblaba el mapa—. Los niños estarán bien. Alguien va a llamar a Ken. Él puede recogerlos.

—¿No se van a molestar?

—Yo quiero hacer esto, Kristi. Todo lo que hago es por ellos. —Le devolví su mapa—. Sólo por esta vez. Sobrevivirán.

Kristi negó con la cabeza, removió la tierra con su bota.

—Necesito hacer esto—. Apreté los puños con dramatismo.

—Está bien —dijo riendo—. Vamos.

Subimos por una hora más. El cielo de la tarde se llenó de nubes negras.

Aproximadamente un kilómetro y medio antes de la cumbre, vimos el primer relámpago a la distancia, a unos 15 kilómetros de distancia.

Miré por encima del hombro hacia el sur, la dirección de dónde provenía el rayo, y vi Raven's Ridge devolviéndome la mirada.

—Tenemos que regresar —sugirió Kristi—. Los relámpagos se mueven con rapidez. Estamos sobre la línea de los árboles.

El pico se encontraba a poco más de un kilómetro y medio de distancia, pero di otro paso hacia la cumbre.

—¡Julie! Somos blancos fáciles.

Sentí una ráfaga de aire frío de la tormenta golpearme la cara. Kristi tenía razón. Ella conocía las señales; no valía la pena arriesgarse con el ascenso, pero aun así di un paso adelante.

—¡Julie!

Traté de explicar lo inexplicable. Tenía que llegar a ese punto. Yo sabía que mi necesidad de llegar a la cima era una estupidez, pero también sabía que la tormenta estaba lejos, y que el viento soplaba en sentido contrario al que nos encontrábamos. Continuar era arriesgado pero sólo moderadamente arriesgado, no era una locura. Además, yo tenía hijos pequeños. Había seguido las reglas como un robot durante todo el año anterior: terapia, alimentarme bien, dormir bien, más terapia, no esforzarme demasiado, cuidarme. Necesitaba respirar.

—Tengo que llegar a la cima. Esto es más que una montaña para mí.

—¡La montaña va a estar aquí también mañana!

—Pero yo no. Me voy mañana a Dallas. No voy a volver en más de un año.

—¡Regresaré contigo! ¡Te lo prometo!

Sonreí.

—Todo está bien, Kristi. Voy a estar bien.

—De acuerdo —giró sobre sus talones—. Voy a bajar—. Ella se dirigió al sur y yo al norte, hacia la cima.

Desde arriba, era capaz ver por kilómetros de distancia. El desierto se extendía a mi izquierda y el abanico verde del parque Pecos a mi derecha. Las gotas me golpeaban la cara a cada paso que daba. Caminé con la silueta del pico Raven Ridge a mi espalda.

Llegué a la cumbre ese día, la tormenta se veía como un manto negro a la distancia, alejándose cada vez más, como yo lo había pronosticado. Cayó un rayo, astillándose en partículas de electricidad y llenó de terror esa parte del cielo. Y desde ahí, en la cima de la cumbre Baldy de Santa Fe, miré asombrada.

La lluvia se calmó. Levanté los brazos al cielo y sentí el viento contra mi espalda.

# 25

# La recaída

Yo quería que mi historia terminara en la cima de la montaña.

Con mi depresión superada, imprimí mis palabras, las até con una espiral negra de plástico y, así engargoladas, las envié a cincuenta amigos míos para contar mi historia. En esa primera versión, había derrotado a la depresión.

Con ayuda de la terapia y de la medicina, había pasado cuatro años sin tener una recaída importante. Me sentía curada.

Después de hacer muchos cambios en mi vida para reducir el estrés, decidí que ya no necesitaba más medicinas. Le pregunté al doctor Galen, mi psiquiatra, a quien seguía yo viendo una vez al año. Me senté en su consultorio y le presenté mi plan.

—¿Qué le parece? —Me adelanté al final—. ¿Puedo dejar los medicamentos?

—El Dr. Galen se retorció en su asiento, inquieto.

—No ¡NO! Dada la gravedad de tu depresión, en conciencia no puedo aprobarlo.

—¿Por qué?

—Estadísticamente eres de alto riesgo. Como tu médico, tengo que decirte que es una mala idea rechazar los medicamentos.

—De acuerdo.

Crucé los brazos sobre el pecho. Pensaba dejar de tomar las pastillas.

Si Galen no me apoyaba, me supervisaría yo sola.

Ya había hecho el trabajo más difícil de la depresión. Había eliminado el estrés de mi vida. Había establecido límites con mi suegra, con mi comunidad, con mis hijos y con mi esposo. Hice las paces con mi estatus económico. Contraté a un asesor personal de compras para sentirme más apropiadamente vestida para los eventos de negocios y de caridad que llenaban mi calendario. Me uní a una iglesia episcopal, asistía a los servicios semanales y también celebraba las fiestas judías con mi familia. Mis soluciones no eran perfectas, pero ¿qué es perfecto en la vida? Más importante que alcanzar la perfección, aprendí a tener una opinión, a tener una voz.

Todos estos cambios y mi permanente buena salud me convencieron de que debía dejar los medicamentos. "Me siento bien, por lo tanto estoy curada" es una conclusión errónea a la que llegan muchos de los que sufren enfermedades mentales. Muchos dejan los medicamentos y terminan de nuevo en crisis. Yo no quería ser uno de "ellos", de los que necesitan medicamentos por el resto de sus vidas.

Los libros que había leído, escritos por psiquiatras y curanderos espirituales, apoyaban mi idea. Un renombrado psiquiatra sostenía que los antidepresivos podían ser utilizados como si fuesen antibióticos, innecesarios una vez que la herida sanaba. La mayoría de los sanadores espirituales que había leído declaraban que un alma plena no necesitaba medicina. Yo me consideraba plena, entonces ¿para qué tomar medicamentos?

Mis medicinas no tenían efectos secundarios importantes. ¿Por qué tomar una pequeña píldora púrpura era tan desconcertante? Cuando me la tomaba, la píldora me recordaba mi debilidad: ese lugar pequeño y blando en la parte posterior del pie que yo quería olvidar: mi talón de Aquiles, mi enfermedad mental. La píldora me recordaba que mi depresión sólo estaba bajo control, en remisión. Una idea que yo me negaba a aceptar.

El verano en que decidí abstenerme de los medicamentos, hice una serie de viajes emocionantes. Un safari en África, una caminata de ochenta kilómetros a través de la Sierra High Trail, en el Parque Nacional Sequoia de California, y un viaje de campamento a Yellowstone con Andrew llenaron mi calendario. Ese verano parecía ser el tipo de descanso que a mí me gustaba: al aire libre, inmersa en el bosque, forzando mi cuerpo a nuevos límites.

Antes del primer viaje ya se me había terminado la receta. No pedí una nueva. El verano se extendía ante mí. Mis aventuras comenzaron sin control, sin la aprobación de mi médico y sin que mi familia o amigos lo supieran.

En septiembre le comuniqué a Ken y al Dr. Galen que había dejado mis medicamentos, aproximadamente tres meses después de haber tomado la última pastilla. Ken me aplaudió. Quería tanto como yo que mi depresión se hubiera curado. Una vida sin medicamentos parecía validar mi curación completa.

Cuando se lo dije al doctor Galen, sacudió la cabeza.

—No importa lo que yo diga —dijo él—, está claro que vas a hacer lo que quieras. Pareces estar bien. Reunámonos más a menudo, una vez cada tres meses para supervisar tu progreso.

Asistí a las citas por un tiempo, pero la agenda del médico y la mía estaban llenas con otros asuntos más urgentes. Las fechas de las citas se alargaron de tres a seis meses; ninguno de los dos se alarmó.

Durante casi dos años, mi vida se deslizó sin medicamentos. Trabajé en mi libro, también como voluntaria en las escuelas de los niños y en el Teatro para Niños de Dallas. Nuestra vida parecía estable. Volví a tener contacto con mi familia de origen por medio de llamadas telefónicas y correos electrónicos. La mayor parte de mi familia se reunió en México para Navidad, en una casa de playa que Ken y yo habíamos construido. Tuvimos discusiones positivas acerca de nuestros recuerdos familiares. Discutíamos sobre la versión que cada uno tenía de lo que habíamos vivido.

Cuando volvimos a Dallas en enero, llegó el mal tiempo. Día tras día de lluvia y de clima gris. El periódico indicaba que el invierno había sido el más lluvioso desde el año 1928. Podía sentir "lo gris". Mi cuerpo empezó a coincidir con el clima.

En marzo, las hojas de los rosales se pusieron de un extraño color amarillo, llenas de manchas negras. «Demasiada lluvia,» nos explicó el jardinero. A pesar de las hojas, los botones rojos aguantaron, aunque menos vivos que en años anteriores; se veían engañosamente saludables. Sólo me di cuenta de las manchas en las hojas cuando las miré de cerca una mañana. Les pusimos productos para esas manchas negras, un hongo común de las rosas. La lluvia persistía y obstaculizaba nuestros esfuerzos.

Lloré mucho, las cosas más pequeñas desencadenaban el llanto. Después de varias semanas de seguir con mi tono lacrimógeno, Ken sugirió que me tomara el antidepresivo o que, al menos, hiciera una cita con el doctor Galen. Perdí el control con Ken: yo estaba segura de que mis lágrimas eran provocadas por las hormonas. Mi depresión había quedado atrás; era cosa del pasado.

El estrés se acumuló más. En contra de su voluntad, le compré a mamá un apartamento en una comunidad de retiro. Dos años antes habíamos acordado que comprar el apartamento tenía sentido. Mamá quería vivir en Harrisonburg, cerca de sus amistades, lejos de todos sus hijos. Cuando el departamento estuvo disponible, se negó a mudarse.

Yo sabía que necesitábamos tener un plan, un curso de acción a seguir a medida que mamá envejecía. Sabía que, si no lo hacíamos, su cuidado recaería sobre mí, en un momento de mi vida en que yo ya no podía manejar una sola responsabilidad más. Mamá me llamaba varias veces por semana, molesta por mi decisión.

—¿Por qué haces esto? Estoy tan deprimida —mamá no lloraba, me acusaba—. ¿Por qué estás tratando de mandarme lejos?

Las conversaciones me agotaban, me hacían darme cuenta de que, a pesar de los años de terapias y meditaciones diarias de mamá, su propio deterioro físico era algo que ella no podía enfrentar. Al igual que su hija, mamá tenía un don especial para vivir negando las cosas. Debido a que mamá había nacido en Nueva York, tenía un enfoque estilo Scarlett O'Hara con respecto al envejecimiento. "Mañana —decía—. Mañana lo pensaré."

Algo más de estrés se acumuló mientras el tiempo gris continuaba. Becka envió solicitudes a una gran cantidad de escuelas privadas y fue aceptada en todas partes, de manera que sopesamos y debatimos sus opciones. Mi hermana fue sacudida por una crisis existencial de edad madura, así que hablaba por teléfono con ella varias veces a la semana. Ella me había ayudado cuando yo había estado deprimida y yo quería responderle de la misma manera.

Ken sugirió la idea de que nos mudáramos a Londres para el siguiente año escolar. Me gustaba la idea de vivir en el extranjero, pero sabía que miraría por la ventana y vería el cielo gris. *¿Podría sobrevivir todo un año con este tipo de clima?*

Por último, el Bar Mitzvah de Andrew se aproximaba en octubre. Se le ocurrió la idea de que quería hacer una película sobre los veteranos de la Segunda Guerra Mundial como su "proyecto de Mitzvah", un proyecto de servicio comunitario que se exige para la finalización del Bar Mitzvah. Ken me dijo que estábamos locos cuando empezamos el proyecto y, como siempre, tenía razón.

El proyecto se convirtió en una gran empresa; Andrew entrevistó a dieciocho veteranos de guerra que vivían en la ciudad, y yo trabajé como manager de su equipo. Bajé de Internet todas las imágenes originales y me di cuenta de que estábamos atorados. Ninguno de nosotros dos sabía nada sobre hacer películas. Tuve miedo a que Andrew fracasara por culpa de mi deficiente papel de madre, por mi incapacidad de ser realista y establecer límites. Me sentaba frente a la computadora por horas para hacer un cambio minúsculo en la película.

El proyecto hizo darme cuenta de que el mundo de la alta tecnología había pasado a mi lado sin detenerse. O mi cerebro se había vuelto más lento o trece años alejada del ambiente laboral me habían dejado incapacitada para aprender sobre software. Cualquiera de las dos opciones erosionaba mi confianza. Mi voz pesimista me regañaba: *¿Ideas fantásticas o fantasías imposibles? ¿Qué crees?*

El Bar Mitzvah también representaba algo más profundo. Cuando llevaba a Andrew a las clases particulares de hebreo una vez a la semana, me daba cuenta de que mi hijo era judío. Esto parece obvio, pero como se acercaba su Bar Mitzvah, sentía el dolor de una manera diferente. Nunca más los dos compartiríamos la misma historia religiosa. Andrew nunca entendería la comunión o muchas otras de mis tradiciones católicas.

Andrew tampoco parecía tener una fuerte conexión con su yo espiritual. El proceso del Bar Mitzvah estaba centrado en la memorización y el lenguaje. Yo sentía que a su experiencia le faltaba un elemento espiritual. Me preguntaba si yo le había fallado, si había omitido algún componente vital para su formación personal.

Mis amigos me aseguraban que ningún chico de trece años de edad es espiritual. "¡Relájate!" Pero yo no podía relajarme. No podía encontrarle humor a nada. Yo era una persona seria en fase terminal.

Caí y luego caí un poco más. Me alejé, me volví cautelosa con las reuniones sociales, perdí peso. No tengo una báscula; pero la ropa que antes me quedaba ajustada se me caía, se me hacía bolsas en el trasero. En abril, Ken salió de la ciudad por el fin de semana. Empecé a sentir que se me hacían cráteres por dentro.

Miriam percibió que yo iba por mal camino y me ofreció ayuda. Un viernes, alrededor de las 9:30 de la noche, llamé a Miriam. Me dijo que llegaría en media hora.

Becka ya se había ido a dormir y Andrew me pidió que leyera con él. Él estaba leyendo *Una arruga en el tiempo*, el libro de George Smoot, y sólo le faltaban diez páginas cuando oí a Miriam que tocaba el timbre. Le dije a Andrew que terminara él solo y que me contara en la mañana de qué se trataba el libro.

Miriam y yo nos sentamos un largo rato en los escalones de piedra fuera de la puerta de entrada. Yo no quería que mis hijos escucharan. Lloré en los brazos de Miriam. Lágrimas de confusión, lágrimas de frustración, de ira por la sola idea de que la depresión podría mostrar su cara otra vez en mi vida. Ella me abrazó, como una madre sostiene a un niño asustado por la tormenta.

Al día siguiente en un Bar Mitzvah, mi amiga Tara me arrinconó durante el almuerzo.

—¿Qué te pasa? —Su pelo oscuro caía suavemente sobre sus hombros—. Confiesa. No has estado durmiendo —hizo una pausa, me miró una vez más—. Pareces un palo.

Eché un vistazo al patio, el sol había salido, por fin, un escape de la lluvia.

—*Estoy bien.*

Tara negó con la cabeza.

—Sí; seguro. Pero yo no te creo.

—En serio —quería que ella me dejara en paz.

—En serio, no. Regresó, ¿no? La depresión. Lo sé con sólo mirarte a los ojos. ¿Has visto al Dr. Galen?

*¿Por qué siempre soy yo la que está mal? ¿No me pueden aceptar tal como soy? Y bien. . .*

—¿Has hecho cuando menos una cita? Estás tomando medicamentos de nuevo, ¿verdad? Por favor, dime que sí.

*Estupendo. Denle drogas a Julie para que sea la persona que ustedes quieren que sea. De ninguna manera.*

—Puedo arreglármelas. No quiero los medicamentos.

—¿Qué? —A voz de Tara subió de tono—. ¿Estás loca? ¿Qué te pasa?

—No creo que necesite los medicamentos.

Tara susurró las palabras siguientes muy bajito, para que nadie más pudiera oírlas, pero yo sí pude.

—Mira, estuviste en un pabellón psiquiátrico. Casi te mataste.

Escribiste un maldito libro sobre esto. ¿Cómo puedes quedarte sin hacer nada?

—Bueno, yo creo que me puedo recuperar.

—No —ella negó con la cabeza—. No, Julie. Tu cerebro está dañado. Debes pedir ayuda. Tú no puedes ver el deterioro, pero nosotros sí. Todos nosotros.

—¿Todos nosotros?

—Tú nos enseñaste el manual de tus síntomas. Pérdida de peso. Falta de sueño. Leí el libro, ¿recuerdas? Todos leímos el libro. ¿Qué va a ser necesario hacer? ¿Pensamientos suicidas? ¿Otra pasada por el garaje?

—No —me alejé de ella—. No, eso no va a suceder.

—No, eso no sucederá si consigues ayuda.

Ella tenía razón. Yo sabía que ella tenía razón, pero yo no quería admitir que los síntomas habían vuelto.

Llamé al doctor Galen, y comencé de nuevo con mis medicamentos acostumbrados. A los pocos días, me estrellé aún más, los pensamientos suicidas me golpeaban el cerebro.

*¿Cómo pasó esto?* Llamé al Dr. Galen y pedí otra cita. No podía soportar otra vez nueve meses de esta depresión.

Cuando Ken y yo nos reunimos con él, el Dr. Galen sugirió la TEC. Yo sentía que someterme a una nueva serie de TEC era un completo fracaso. Fracaso psíquico y espiritual. *La gente normal no necesita TEC.* Me sentía culpable. Culpable de que, una vez más, arrastraba a mis amigos y a mi familia por ese pantano, ese lodo que yo, a esas alturas, debería ser capaz de evitar.

Cuando recogí a Andrew de la escuela ese día, él sabía que algo andaba mal. Tenía doce años en ese tiempo y sabía lo que me había sucedido durante mi depresión anterior. Yo le había contado. A pesar de su edad, yo pensaba que debía entender lo que era una enfermedad mental. La depresión es y ha sido algo enraizado en mi familia. Aunque yo no quería asustarlo, me parecía irresponsable no darle a conocer la posibilidad de una transferencia genética. Nos detuvimos en el estacionamiento principal y salió del coche.

—Mamá —preguntó—, ¿ha regresado tu depresión?

Miré sus profundos ojos azules con manchitas amarillas alrededor del iris.

—Sí. Lo siento. Mi depresión ha vuelto.

—Está bien, mamá —sostuvo sus palmas hacia arriba, como si tuviera la respuesta—. Sólo ve con el médico; haz esa cosa del shock y toma tu medicina. ¿Cuál es el problema?

*¿Cuál es el problema?* ¿Por qué yo no podía ver mi depresión así, como una enfermedad que debe tratarse?

—Tienes razón. La TEC. Eso es todo lo que tengo que hacer.

Pero por alguna razón, yo no creía que la TEC fuese a funcionar de nuevo. Me tocó el brazo.

—Vas a estar bien, mamá.

Sonreí. Mi hijo volteó hacia el otro lado, sin saber qué más que decir. Le extendí la mano, le apreté el hombro, y se alejó de mí.

—Oye, Andrew, ¿cómo terminó el libro? *Una arruga en el tiempo.*

Andrew sacudió la cabeza con disgusto.

—Oh, ese libro era tan estúpido. El autor no pudo encontrar la manera de terminarlo, así que inventó un final tonto.

—¿En serio? —Me esforcé por recordar. Yo había leído el libro hacía más de veinticinco años—. ¿Cómo terminaba el libro?

—Al padre lo salvó el "amor". ¿Puede haber algo más estúpido que eso?

—¿Salvado por el amor?

—Sí, por amor, ¿puedes creerlo?

Eché hacia atrás su abundante cabello castaño. Mi hijo se parece a mí: cabello y cejas oscuras, ojos claros y una mandíbula cuadrada.

—Andrew —me preguntaba si un niño de doce años de edad podía entender lo que yo quería decir—. A veces la única razón por la cual puedo pasar el día es porque te amo, y sé que tú me amas.

Él me miró de soslayo, con una afectada sonrisa de doce años de edad.

—¿Eh…?

Levantó una ceja, perplejo, como si quisiera preguntarme algo, pero no lo hizo. En lugar de ello, se alejó de mí, sacudió la cabeza y se dirigió a la casa. Como de costumbre, dejó la puerta abierta.

Me quedé en el garaje y lo vi desaparecer por el pasillo hacia la casa. La luz brillaba a través de las ventanas, dando a la casa un cálido color ámbar. La luz automática del garaje se apagó, aumentando aún más el contraste.

La idea del hospital, el pabellón cerrado, el hecho de que mi depresión hubiera vuelto me provocó dolor en los hombros; sentía fatigada la parte posterior de las pantorrillas. Me apoyé en el coche. *¿Cómo dejé que esto volviera* *a suceder*? Podía rechazar el tratamiento y tratar de arreglármelas mientras durara la depresión, pero me acordé de lo que pasó la última vez que la depresión me atacó. Nueve largos meses y ningún cambio real antes de someterme a la TEC. Podría mejorarme por mi cuenta, pero podría terminar en el mismo punto: contemplando el garaje con desesperación renovada.

Andrew asomó la cabeza por la esquina.

—Mamá, ¿qué estás haciendo? ¿Por qué estás parada ahí, en la oscuridad?

—Ya voy.

Me incorporé y me sacudí el polvo de la parte de los jeans que había apoyado en el coche. Parecía que no lo había lavado en años; demasiada lluvia. Entré, cerré la puerta y me dirigí hacia mi oficina. Llamé al consultorio del Dr. Galen y programé la siguiente ronda de TEC.

# 26

# Decido vivir

El rumor de voces, risas, tenedores golpeando platos de ensalada y vasos tintineando con buenos deseos se elevó a un volumen tal que sólo escuché un estruendo, una masa de energía sin un punto claro de enfoque. Tragué el último sorbo de vino. Éste va a ser un público exigente.

Yo había hablado con grupos más grandes, pero ninguno tan intimidante. Recién habíamos presenciado un desfile de moda con mujeres delgadas como lápices, vestidas con ropa impresionante que desfilaban ante nosotros al ritmo de una música estridente. Yo creía que iba a odiar ese evento, que me iba a sentir de baja estatura y torpe entre una multitud de mujeres altas y gráciles. En cambio, me encontré atraída por el flujo de la tela, las pisadas de los tacones de más de 10 centímetros sobre la pista y la energía de las extremidades café chocolate de una modelo. El desfile de modas fue teatro, buen teatro. Ahora era mi turno.

Ocupé mi lugar en el podio. Mi discurso comenzó por encima del fragor de conversaciones privadas sin interés.

"La vida no siempre sale como lo planeamos..."

Presenté a Jenny, mi mejor amiga de la escuela secundaria. Jenny había viajado a Dallas para recaudar fondos para el Centro de Suicidio y Crisis del Norte de Texas.

La idea de un desfile de modas para prevenir el suicidio se convirtió en foco de bromas de mis invitados. Sólo en Dallas se puede hacer estas dos cosas juntas. Los chistes de humor negro zumbaban en los e-mails. ¿Alguna vez te has suicidado socialmente? ¿Alguna vez has matado por un vestido?

Jenny y yo no nos habíamos visto en más de diez años, pero todavía teníamos una buena sintonía. En mi discurso, hablé del muro de piedra gris al final de la calle. En la escuela secundaria, nos sentábamos en esa pared y soñábamos con nuestro futuro. Le hice una seña a Jenny, que estaba sentada a mi mesa, rodeada de ocho de mis mejores amigas de Dallas.

—Jenny —sonreí en dirección a ella—, corrígeme si me equivoco, pero yo no recuerdo haber pensado que íbamos a subir a una limusina, en Dallas, Texas, para ir a un desfile de modas, en beneficio de un centro de suicidio y crisis.

El público se rió entre dientes. Recordé lo brillante que parecía nuestro futuro en aquel momento, lleno de posibilidades. Las siguientes frases las dije lentamente, para asegurarme de que todo el mundo pudiera oír.

—Nunca me hubiera imaginado que un día iba a conducir el coche a mi garaje, que cerraría la puerta y que dejaría el motor andando por noventa minutos —hice una pausa—. Pero así fue.

Los tenedores se detuvieron. Las voces se callaron. *Oh, mierda. Realmente me están escuchando.* Hice contacto con sus miradas.

—Y por suerte, por alguna razón, todavía estoy viva.

Mi discurso continuó, impulsado por una fuerza mucho más grande que yo. Hablé de personas, de amigos y de algunos perfectos extraños, quienes me habían contado las historias de sus pérdidas. Mi hermano. Mi madre. Mi padre. Mi amigo. "No tiene por qué ser así", los exhortaba. "La enfermedad mental es una enfermedad."

El silencio se mantuvo. Mi amigo, que es actor, dice que los actores viven para ese momento, el foco principal, el silencio. Quería escoger las palabras correctas, las palabras adecuadas para ayudarlos a sanar, las palabras adecuadas para mejorar su comprensión. Sentía que el peso de mi propia expectativa era imposible.

En menos de cuatro minutos, terminé y me senté con mis amigas.

—Bien hecho —susurró Jenny—. ¡Así se hacen limones con limonada!

Yo sabía que quería decir lo contrario, pero la ironía me llamó la atención. Desde fuera, mi vida parecía perfecta. Nadie, inclusive yo, podía creer que casi me había quitado la vida. Casi lo hice. Este extraño cerebro mío tomó un mundo de posibilidades que se me ofrecieron y creó limones, con el único objeto de estrujar la vida una vez más y crear una bebida agria pero dulce.

Después de que di el primer bocado, algunos desconocidos surgieron del mar de celebridades, el grupo que había pagado por un desfile de moda y que me había ganado a mí como premio sorpresa. Una mujer, en sus cincuenta años, me habló de su marido, que se había suicidado cinco años antes.

—Era tan brillante —ella se enjugó las lágrimas—. Tanta fuerza de vida. Los que se suicidan no son estúpidos.

Sonreí, tomé su comentario como un extraño cumplido. Yo había oído eso antes. Algo acerca de cómo las personas deprimidas a menudo son profundos pensadores, más complicados que la mayoría. Mi ego quiere creer que es así, creer que mi depresión es una especie de intercambio por una inteligencia superior, pero las investigaciones demuestran otra cosa. Todo tipo de personas se suicidan, inteligentes, tontos, morenos, negros, blancos, ricos, pobres, jóvenes y viejos. La enfermedad mental es una enfermedad con igualdad de oportunidades.

Un bocado más y la siguiente persona apareció a mi lado, inclinándose para darme la mano mientras me sentaba. Era un hombre de pelo oscuro y llevaba gafas; cara de líneas muy marcadas. Parecía amable, gentil. Me habló de su hija.

—Once amigas suyas han intentado suicidarse. Y ella también padece depresión.

—¿Está aquí? —Le pregunté. Él asintió con la cabeza—. ¿Puedo verla? Lléveme con ella.

Por un laberinto de mesas me condujo hacia su hija, que parecía tener unos veinticinco años de edad. Me presenté y la animé a continuar apoyando a sus amigas. Seis de ellas se habían suicidado. Cinco habían sobrevivido, igual que yo.

—No pierdas la fe en nosotros —mis propias palabras sonaban raras. ¿Quién me había nombrado representante de todos los deprimidos? — Te necesitamos.

—Tú me das esperanzas —ella sonrió con tristeza—. Tú me ayudas a creer que la gente se puede mejorar.

Quería abrazarla, sostenerla y decirle cuánto la amaban sus amigas, incluso si no vivían el tiempo suficiente como para decírselo ellas mismas. En lugar de esto, le estreché la mano. Me ofrecí a ayudarle si había algo que yo pudiera hacer. Me sentí tan malditamente impotente. Su padre me dio las gracias y me senté.

Mis amigas me dieron de nuevo la bienvenida a la mesa. Maggie, una de mis buenas amigas del grupo de la limusina, me frotó el brazo; quería saber a dónde había ido. Cuando le dije, movimos la cabeza con incredulidad. Esa joven y los once intentos de suicidio de sus amigas. Es una zona de guerra, ahí, en nuestras propias casas, en nuestras propias cabezas. La enfermedad mental es una enfermedad epidémica, incontrolada, que se extiende. ¿Cuál es la causa de la in*dignación? 30 000 personas al año se suicidan en los Estados Unidos, y se preocupan más por el virus del Nilo.*

Maggie tomó un sorbo de vino y me animó a probar el postre.

—Tienes que comer algo.

Retomamos la plática con una conversación más trivial. Jenny habló de Londres, donde había vivido durante quince años. Habló sobre cómo el clima gris volvía locas a algunas personas. Yo me iría a vivir a Londres por un año, en agosto, y veía el clima como un gran obstáculo. Sin embargo, vivir en otro país parecía ser una oportunidad de vida. Si mantenía mis medicamentos, me vigilaba, tal vez podría evitar la depresión. En el peor de los casos, volvería a Dallas en Navidad. Quería manejar mi enfermedad, mi depresión, que no me definiera el temor a una recaída. Sentí el enojo de Maggie cerca de mí.

—¿Es que Jenny no lo sabe? —Maggie me decía al oído—. ¿No leyó tu libro?

—Ella sí leyó mi libro —le aseguré—, pero no se dio cuenta de la relación. Jenny no me ha visto en diez años, no se lo tomes a mal.

Los ojos azules de Maggie se agrandaron y volteó. Maggie es un pitbull, nació el mismo día del cumpleaños de mi madre. Ella es amable, pero que no la hagan enojar o lastimen a las personas que ama. Y ella me considera una de esas personas.

Miré alrededor de la mesa. Cualquiera de esas mujeres se la jugaría por mí y ni siquiera estaban todas las personas que yo consideraba amigas cercanas. *¿Qué suerte, no?* Esa noche celebramos, pero cuán diferentes hubieran sido esas vidas si mi plan para quitarme la vida hubiese funcionado. ¿Qué habría pasado si no hubiera habido ventilación en ese garaje?

Otra mujer apareció a mi lado, joven, despampanante. Le pregunté si ella era una de las modelos.

—Oh, yo no —se sonrojó, se llevó los delgados dedos a la boca.

—Podrías serlo —le dije—. Eres increíble.

Me contó su historia, la de su madre, que había luchado contra la depresión durante toda su vida. Después la historia se volvió más personal, sobre su propia lucha. Sus ojos vacilaron, incapaces de hacer contacto conmigo cuando contaba su historia. Ella no me dijo que había intentado suicidarse, pero pude sentir que ella había omitido ese detalle. Había pensado en la muerte; yo podía saberlo a raíz de nuestra conversación, sentía el dolor en mis propios huesos.

—Yo nunca podría ser como tú —ella miró al suelo, derrotada—. Yo nunca podría ser tan honesta. No con esta gente. Todos ellos son tan perfectos…

Sonreí. Pensé en las seis amigas muertas de aquella otra mujer, en la esposa del hombre que se suicidó.

—La perfección es una máscara, ¿no te das cuenta? Interiormente, algunas de estas personas están destruidas. Necesitaron de todas sus fuerzas para estar aquí esta noche, para vestirse, modelar una sonrisa y que nadie pudiera adivinar los pensamientos que tenían esta mañana.

La mujer sacudió la cabeza, desconcertada. Quería decirle algo, darle algo que pudiera ayudarla.

—Mira —puse mis manos sobre sus hombros—. Sé que puedes ser más abierta sobre ti misma. Vamos a hacer un trato. Cuando estés bien y te sientas capaz, quiero que hables en un evento como éste.

—¿En serio? —Sus ojos se iluminaron—. ¿Realmente crees que yo podría hacerlo?

—Sí. Y te diré más: si me invitas, ahí estaré. Voy a estar ahí para ti, tal como tú me escuchaste esta noche.

Ella sonrió, su primera sonrisa de la noche. Se incorporó y se alejó, en perfecto equilibrio sobre sus descomunales tacones.

Al día siguiente, revisé los obituarios buscando la fotografía de la joven. Yo no había podido preguntarle su nombre, pero ella parecía ser el tipo de persona que se saca su mejor foto sentada en un lugar destacado, en caso de suicidarse. Hojeé el periódico, respirando lentamente, hasta estar segura de que ella no estaba allí.

No la encontré. Miré las fechas, la descripción de las muertes, pero no había ninguna que coincidiera. Hice lo mismo todos los días durante algunas semanas. Ken me miraba con curiosidad por encima de la sección de deportes.

Una mañana dejé de hacerlo. Al mediodía me di cuenta de que había olvidado buscar. Había llevado a mis hijos a la escuela, había corrido con mis amigas, y había asistido a una reunión para el próximo evento de recaudación de fondos para el Teatro de Niños de Dallas. Había un periódico en la mesa de la cocina cuando volví a casa, pero ya no sentí la necesidad de hojear las páginas de vidas perdidas. Había hecho lo que había podido.

La supervivencia de esa mujer depende de la manera en que ella ve su mundo. Mis palabras alteraron su visión por unos minutos, tal vez veinte, quizá lo suficiente para sumar una hora. Esas palabras duran sólo lo que su cerebro permite recordarlas. Ayudé a sembrar la idea en su cabeza, pero ella necesita convertir la idea de la recuperación en su propia idea si ella quiere mejorarse.

Al final, su vida depende de un delicado equilibrio de electricidad, de química y de la capacidad elegir. De estos tres, la capacidad de elección es la más inmediata y decisiva. La decisión elegida es la que aprieta el gatillo, abre la botella de pastillas o enciende el motor del automóvil en un garaje cerrado. Pero esa decisión también puede poner el arma en el suelo, guardar la botella de píldoras y levantar el teléfono para pedir ayuda.

Con la ayuda de una casualidad arquitectónica, decidí vivir. Mi comienzo no fue glamoroso, un solo paso fuera del garaje y una aceptación sincera. Con el catalizador de esa pequeña decisión, probé la TEC y acepté la ayuda de psiquiatras y de psicólogos; de mi grupo Shabat, de mis amigos, de mi familia y de mi esposo. ¿Esta mujer joven tomará la decisión de vivir? Sólo ella puede responder a esa pregunta. Espero que sea tan afortunada como yo. Decidí vivir.

Decido vivir.

# Los 10 puntos que ayudan a proteger el cerebro del adulto

*Julie K. Hersh*

¿*Q*ué determina la aparición de una enfermedad mental? ¿Qué influye más, la predisposición genética o el entorno? Como muchas otras, la enfermedad mental también plantea la típica pregunta: "Qué fue primero: la gallina o el huevo". Y, cuando se da la ocasión, yo siempre respondo: ambos, el entorno y la predisposición genética. Sin embargo, la mayoría de las veces, es la manera como reaccionamos la que determina la enfermedad mental y esto influye más que el propio entorno. Todos hemos visto el caso en que una persona es devastada por un fracaso o por una decepción, mientras que, ante esa misma situación, otra persona se siente motivada a alcanzar el éxito. Como decía Charles Darwin: "No es la especie más fuerte la que sobrevive, ni la más inteligente. La que sobrevive es la más adaptable al cambio."

Esta lista de los 10 puntos que ayudan a proteger el cerebro del adulto ha experimentado varios cambios; muestra que una lista así puede cambiar, según las diferentes fases de la vida. Los cinco primeros puntos, a los que pudiéramos llamar "técnicas para el buen estado de preservación del cerebro", consisten en actividades que hacemos todos los días para conservar la salud. El resto son técnicas para el manejo del estrés. Y he visto que los puntos generadores de estrés han ido modificándose a lo largo de los años, según los cambios que han ido ocurriendo en mi vida. La clave está en que usted haga su propia lista. Nadie tiene una lista perfecta y, por supuesto ¡yo tampoco! Trate usted de recordar que mañana es siempre un nuevo día y que hay una nueva oportunidad para crear hábitos saludables. He aquí los puntos que me han funcionado a mí:

- **Sueño:** Procure dormir el tiempo adecuado para usted. Muchas personas que sufren depresión reportan problemas de sueño. La combinación de depresión, insomnio y ansiedad es peligrosa porque, si no se atiende, puede llegar a ser un síntoma precursor de la conducta suicida. Personalmente, yo necesito unas 7 horas de sueño. Y he visto que, si duermo 5 o menos horas por noche, es un indicativo de que el estrés está interfiriendo con mi sueño. El dejar de tomar bebidas con cafeína y evitar la lectura en medios electrónicos antes de irse a la cama ayuda a dormir mejor. Si esto no me funciona, consulto a mi médico para que me recete algún medicamento que me garantice la cantidad de sueño apropiada para mí.

- **Ejercicio.** Debido a lesiones sufridas en otras épocas, que coincidieron con mis tres episodios depresivos, fui incapaz de correr en esas temporadas. Ahora, he encontrado un ejercicio alternativo para poder hacerlo, en caso de volverme a lesionar. Se ha visto que, de acuerdo con las investigaciones hechas por el Dr. Madhukar Trivedi de UT Southwestern, unos 150 minutos de caminata rápida pueden reducir —y en algunos casos eliminar— la depresión.

- **Medicación.** Tome la medicación prescrita por su médico. Es importante saber que no todas las personas necesitan medicamentos para controlar la depresión. Sin embargo, todas las personas necesitan saber cómo afectan el alcohol y las drogas al funcionamiento del cerebro. El alcohol es un depresivo que tiene efectos sobre la dopamina, una hormona que se produce en el cerebro. La dopamina controla nuestra capacidad de experimentar placer. Al beber, el alcohol incrementa la dopamina y es por eso que nos sentimos bien después de tomar unas cuantas copas. Una vez que dejamos de beber, los niveles de dopamina bajan bruscamente, dejando a la persona con un déficit en su nivel de dopamina. Si usted tiene tendencia a ser depresivo, el alcohol o las drogas aumentan el efecto de la depresión.

    Yo tomo diariamente un antidepresivo, que tiene efectos similares a los de la dopamina. Muchas personas dejan de tomar sus medicinas tan pronto como sienten que su cerebro se ha estabilizado; no obstante, al poco tiempo se dan cuenta de que la depresión ha regresado. Esto me pasó en 2005. Recaí y aprendí una dura lección: que una dosis pequeña de prevención asegura la salud. La medicación, combinada con otras medidas enumeradas en esta lista, crea un buen amortiguador preventivo sobre el nivel potencialmente mortal de la depresión.

- **Meditación.** Yo medito todos los días, durante 30 minutos. Para mí, la meditación es una combinación de meditación y oración; sin embargo, cada una tiene diferentes características. La oración pide, en cambio, la meditación escucha y acepta. Mientras mi vida como practicante de la oración ha sido esporádica y generalmente ha estado provocada por alguna crisis en mi vida, la meditación me ha permitido profundizar y dar consistencia a ambas prácticas. Con la meditación, a menudo surgen ideas y fuentes de bienestar que no me ha sido posible obtener en otras áreas de mi vida, tan llenas de actividades.

- **Nutrición.** Estoy convencida de que el Trastorno Afectivo Estacional (TAE), que se da principalmente en climas húmedos y fríos, está causado por una falta de luz solar y una deficiencia de vitamina D y sé que esto influyó en el desarrollo de mi depresión. Mis tres episodios depresivos empezaron en enero e hicieron crisis en primavera. Los tres transcurrieron en un clima gris, uno en South Bend, y los otros se desarrollaron en dos de los inviernos más crudos, con récord de haber sido los más lluviosos registrados en Dallas. Yo trato de obtener 15 minutos de luz solar directa todos los días; se pueden comprar también lámparas y visores para medioambientes grises. Los suplementos de vitaminas pueden ayudar, especialmente los de vitamina D, pero asegúrese con su médico de que realmente usted tiene deficiencia de esa vitamina. El exceso de vitaminas puede provocar otro tipo de problemas imprevistos.

- **Familiares y amigos, un barómetro de la salud.** Mi familia y mis amigos han sido la mejor ayuda para que yo acepte con honestidad cualquier cambio en mi salud mental. Si ellos ven que no duermo, me adjudico muchas actividades (más de las normales) o que me retraigo de las actividades sociales, me lo dicen. Recuerde: la depresión es una enfermedad mental. Tratar de resolver la depresión con un órgano dañado, en este caso el cerebro, es una tarea difícil.

- **Compromiso con nuestro cerebro.** Un cerebro feliz es un cerebro productivo. Es por ello que trato de tener un día al mes en el que pueda alimentarlo con algo que yo ame y que no esté relacionado con el trabajo. Amo el teatro, el arte y los museos y, en el pasado, hice a un lado esas cosas por considerarlas innecesarias. Hoy, sé que son esenciales para mi bienestar y mi creatividad.

- **Un guía o mentor.** Cuando los problemas no son muy grandes y son de fácil solución, una persona que sea mayor que uno por 10 o más años puede actuar como "caja de resonancia". A menudo, esa persona mayor tiene la perspectiva que su experiencia le da y nos puede ayudar a enfrentar algún problema.

    Uno de mis más valiosos amigos es un hombre que actualmente tiene 85 años. Es una persona que, a mis 53 años, me sostiene en los momentos de crisis. Me ayuda a mantener la perspectiva y el sentido del humor.

- **Tenga un plan pro-activo** en caso de una crisis de salud y aprenda a reconocer los síntomas de la depresión. Mi plan incluye hablarle a mi médico cuando sé que voy a tener un acontecimiento importante en mi vida y, juntos, monitoreamos la situación. Mi médico y yo conocemos las señales de alerta de mi depresión (insomnio, falta de apetito, aislamiento); cuando las detectamos, actuamos de inmediato.

    Si usted no conoce los síntomas de la depresión, consulte la lista de la Fundación Grant Halliburton en *www.granthallibourton.org/ knowthesigns.html*. O bien, acuda a algún centro de ayuda de su localidad, de preferencia, especializado en depresión.

- **Recuerde que su valor no está determinado por sus logros**, sino por lo que usted mismo es como persona. Las personas triunfadoras tienden a considerar como un fracaso la falta de éxito y de actividad constante. Esto no es realista. Muchas veces, los peores momentos de nuestra vida se convierten en un punto de cambio positivo para una nueva ruta. "No hay mal que por bien no venga". Desafortunadamente, con frecuencia sólo vemos esa nueva ruta en retrospectiva. En el período gris de la incertidumbre, trate de considerar que usted tiene valor por el solo hecho de ser una persona. Para mí, éste es quizá el punto más difícil de recordar; pero, cuando lo hago, me da gusto. Esta lección nos hace humildes y, en ese mismo instante, nos libera para continuar con nuestros propósitos.

La mayor parte de mi vida no he estado deprimida; sin embargo, uso esta lista para mantener la depresión bajo control, así puedo maximizar los momentos positivos en mi existencia.

Para más información sobre Julie K. Hersh, visite el sitio:

*www.decidivivir.com*

# Agradecimientos

Existen momentos en donde las fuerzas del universo, conspiran para crear su propia energía y de hecho lo logran. *Decidí vivir* es uno de esos casos. Aunque el libro trata de mi propia experiencia, muchas personas la pueden reclamar como propia. La depresión es un terrible padecimiento; no obstante, la conexión entre las personas que viven con él, es profunda y poderosa. Yo encuentro fuerza en sus historias y ellas me dicen que encuentran fuerza en la mía. Imagino el sistema de apoyo que se puede construir con el simple hecho de compartir nuestras experiencias.

En 2010, recibí un correo electrónico de Jorge Correa, originario de Chile, quien había traducido el libro al español para su esposa Patricia. Le había leído página por página, pues sabía que, en su idioma natal, ella podía identificarse mejor con la historia. El libro había llegado a manos de Jorge por coincidencia. Su hijo me había escuchado en una entrevista de la estación de radio NPR (National Public Radio), y pensó que la información podría ser de utilidad para sus padres. Después de leerle el libro a su esposa, Jorge me mandó un correo electrónico. Sus palabras me conmovieron: "Seguimos tu consejo de no tomar el libro como una recomendación médica. Lo que más nos llamó la atención fue el tono familiar y personal que le diste al libro. Lo leímos despacio, y cuando hacíamos pausas, comentábamos sobre algo que nos había conmovido especialmente."

Por coincidencia también, Jorge resultó ser el profesor de español en la escuela de mi hijo. Finalmente, nos conocimos y nos saludamos como si fuéramos viejos amigos. Cuando lo encontré en un evento de la escuela, le comenté que varias personas me habían preguntado si el libro estaba traducido al español. Como el libro jamás había sido traducido, de inmediato Jorge se ofreció para hacerlo. Sentía que el libro podría ayudar a otros, así como le había ayudado él, tanto para entender la enfermedad, como para aprender la mejor manera de apoyar a quien la padece. Sin Jorge Correa, *Decidí vivir* seria sólo un sueño.

Por coincidencia, mi compañera de cuarto en la Universidad de Notre Dame, Chris Cervenak y su esposo Steve Reifenberg, quienes dominan el español por haber vivido durante casi diez años en Chile, habían leído la versión en inglés y conocían muy bien mi historia. Me aseguraron que la traducción de Jorge no sólo era buena, sino poética. Chris y Steve me dieron la confianza para seguir adelante con este proyecto.

Por coincidencia también, dos muy buenos amigos, Mónica y Emilio, originarios de la ciudad de México, accedieron a "mexicanizar" el español "chileno" de Jorge, considerando que la demanda más importante para el libro, vendría de los inmigrantes mexicanos en los Estados Unidos. Mónica, Emilio y Jorge se hicieron muy buenos amigos al comparar entre carcajadas las expresiones idiomáticas de sus respectivos países. Cuando pienso en las horas que estos amigos han dedicado a entender el libro, me siento muy agradecida.

Y, también por coincidencia, un amigo de Emilio, Mario Ramírez, me recomendó ampliamente a Isabel Serrano para hacer la corrección de estilo y ayudarme en la publicación del libro. Gracias a Mario y a Isabel, la creación de *Decidí vivir* ha cruzado fronteras y conectado vidas. Finalmente, también Mónica y Emilio me contactaron con Ramir Camú, quien diseñó la espectacular portada de *Decidí vivir.* El diseño está inspirado en una piedra pintada para mí por Kristi Jamason, cuyo significado describo en el libro. Todavía conservo esa piedra en una repisa de mi librero para inspirarme cuando escribo. Sin una portada que sea visualmente interesante, nadie escogería un libro para leer su contenido. Gracias a la artística "piedra de amor" de Kristi y al increíble trabajo de Ramir, siento que las personas leerán mis palabras y encontrarán consuelo.

Uno tiene que preguntarse si todas estas coincidencias son producto de la suerte. Este libro ya no es mío, ni es mi historia. *Decidí vivir* ha sido adoptada por una fuerza más grande que yo, que se mueve ya sin mi ayuda. Me siento muy afortunada de tener amigos que están dispuestos a dedicar sus brillantes mentes y su amor por las letras a este esfuerzo. Isabel, Mario, Mónica, Emilio, Chris, Steve y, por supuesto, el padre de *Decidí vivir*, Jorge Correa: no puedo agradecerles suficientemente su inmensa ayuda. Cuando tanta alegría y amistad pueden ser forjadas a partir de una historia dolorosa, me hace sentir que cualquier cosa es posible. He visto el momento más sombrío de mi vida transformarse en un tesoro que nunca imaginé.